Vamos abrir o jogo?

Anna Sale

Vamos abrir o jogo?

Como falar de morte, sexo, dinheiro e outros assuntos complicados

Tradução de Rosane Albert

Copyright © 2021 Anna Sale
Copyright da tradução © 2022 Alaúde Editorial Ltda.

Título original: *Let's Talk About Hard Things*

Nenhuma parte desta edição pode ser utilizada ou reproduzida – em qualquer meio ou forma, seja mecânico ou eletrônico – nem apropriada ou estocada em sistema de banco de dados sem a expressa autorização da editora.

O texto deste livro foi fixado conforme o acordo ortográfico vigente no Brasil desde 1º de janeiro de 2009.

Preparação: Carolina Hidalgo Castelani
Revisão: Claudia Vilas Gomes e Carolina Forin
Capa: Amanda Cestaro

1ª edição, 2022

Impresso no Brasil

Dados Internacionais de Catalogação na Publicação (CIP)
(Câmara Brasileira do Livro, SP, Brasil)

Sale, Anna
Vamos abrir o jogo? : como falar de morte, sexo, dinheiro e outros assuntos complicados / Anna Sale ; tradução Rosane Albert. --
São Paulo : Alaúde Editorial, 2022.

Título original: Let's talk about hard things
ISBN 978-65-86049-62-6

1. Autoajuda 2. Comunicação interpessoal 3. Dinheiro - Aspectos sociais 4. Morte - Aspectos sociais 5. Psicologia aplicada 6. Sexo - Aspectos sociais I. Título.

21-94356	CDD-153.6

Índices para catálogo sistemático:
1. Comunicação interpessoal : Psicologia aplicada 153.6
Maria Alice Ferreira - Bibliotecária - CRB-8/7964

2022
Alaúde Editorial Ltda.
Avenida Paulista, 1337
Conjunto 11, Bela Vista
São Paulo, SP, 01311-200
Tel.: (11) 3146-9700
www.alaude.com.br
blog.alaude.com.br

Para Arthur

Os valores exigidos para a reparação social
são os mesmos necessários para a reparação pessoal.

— *Sarah Schulman*

Procuro lembrar o tempo todo que, se tivesse nascido
muda ou feito voto de silêncio para a vida toda por segurança,
ainda assim sofreria e morreria. Isso é muito bom
para estabelecer perspectiva.

— *Audre Lorde*

Abertura cria abertura.

— *Ann Simpson*

Sumário

Introdução 10

Morte 22
Sexo 58
Dinheiro 96
Família 138
Identidade 170
Conclusão 210

Agradecimentos 215
Notas 219
Índice 230

Introdução

Aos 30 anos, as palavras me faltaram.

Eu não conseguia impedir que meu casamento desmoronasse, mesmo procurando o aconselhamento de casais e a igreja, comprando livros novos sobre relacionamento e relendo trechos que tinha sublinhado nos antigos. Estávamos juntos desde a faculdade e juntos aprendemos a ser adultos. Éramos o melhor amigo um do outro e nos amávamos. E, depois, passamos a ser duas pessoas que não conseguiam ficar na mesma sala.

No início, a ruptura ocorreu de maneira tão gradativa que não percebemos. Ou melhor, percebemos, mas não admitíamos o que estávamos percebendo. Cada discussão parecia um caso específico e isolado, mas, uma a uma, foram virando uma mágoa persistente que acabou por romper nossa amizade. Tentamos conversar sobre isso. Analisamos cada argumento e fizemos o possível para suavizar os ressentimentos. Passei meses tentando dizer tudo o que conseguia pensar que pudesse me fazer retornar ao nosso casamento, me reaproximar do meu marido e manter a vida alinhada àquilo que eu pensava que deveria ser.

Não funcionou. Porque, durante o tempo todo, o conflito subjacente não foi mencionado. Era muito simples, não queríamos mais as mesmas coisas.

Nosso divórcio foi enfadonho. Não havia escândalos reais, não tínhamos filhos nem animais de estimação. Eu e meu ex-marido concordamos em terminar o casamento. Ainda assim, foi devastador e estranho. Não conseguia explicar o que tinha acontecido, nem para mim nem para os outros. Passaram-se anos até isso fazer sentido para mim.

Era uma coisa nova. Cresci acreditando que encontraria as palavras certas para lidar com qualquer coisa que surgisse na vida. Minhas duas irmãs mais velhas estavam na faculdade quando eu estava na quarta série, e elas sempre me davam uma perspectiva para as questões mais prementes: em relação a amizades, drogas, sexo, música. Bastava fazer as perguntas certas, e eu podia beber da sua sabedoria. Também mantinha cadernos rabiscados com citações de poesias, discursos, livros e letras de música – fragmentos de ideias para guardar para uso futuro. Quando me tornei repórter política aos 24 anos, foi em parte seguindo a mesma crença implícita de que, com um número suficiente de telefonemas e pilhas de documentos – e a pergunta perfeita –, conseguiria revelar a verdade e endireitar o mundo.

É evidente que eu sabia que era uma visão cor-de-rosa, ainda assim, por muito tempo, tudo o que estudei e pesquisei me fazia sentir que estava no caminho certo. Até que precisei decidir se devia permanecer casada e o que faria se o casamento de fato tivesse acabado. A resposta não era do tipo que pudesse ser pesquisada no Google. (Eu tentei.) A verdade é que ninguém podia me dizer o que fazer. Precisei procurar minhas próprias escolhas e enfrentar as contrapartidas que vieram com elas.

O que afinal me ajudou a encontrar certa clareza foi conversar com outras pessoas sobre as escolhas que tinham feito quando se sentiram perdidas. Falei com parentes, amigos, colegas de trabalho e antigos orientadores. Eles me contaram sobre seus erros e onde conseguiram ajuda quando precisaram. Me fizeram ver o quanto é normal encontrar-se debatendo com a incerteza e o desespero. Suas histórias eram histórias desordenadas, sem ensinamentos ou aforismos prontos para serem reproduzidos num diário. E, sobretudo, eles me fizeram sentir que não estaria sozinha à medida que começasse a pensar nos meus próximos passos.

As histórias me marcaram. Assim que me vi fora do casamento e comecei a refazer minha vida, decidi que queria continuar tendo aquelas conversas profundas. Resolvi fazer disso o meu trabalho.

Apresentei minha ideia para o podcast *Death, Sex & Money* [Morte, sexo & dinheiro] aos meus chefes na WNYC, a rádio pública da cidade de Nova York, como um programa sobre as coisas mais importantes da vida, mas das quais menos falamos: como morte e perda, sexo e relacionamentos e dinheiro e trabalho moldam nossa vida. O nome me surgiu quando eu estava passeando com meu cachorro, e ri da sua ousadia, mas, então, pensei: "Que título poderia ser melhor? Fugimos desses tópicos nas conversas, mas eles são os detalhes mais animados da vida!". Quando o programa começou, percebi que, quando explicava a ideia aos meus entrevistados, eles aceitavam o desafio. Avisava a eles que faria perguntas sobre as coisas mais difíceis e solitárias pelas quais todos passam, na esperança de que outras pessoas ouvissem e se sentissem menos à deriva. Nossos papos se tornaram abertos, colaborativos e honestos. Era como desobstruir uma passagem soterrada para uma conexão emocional imprevista.

Durante sete anos, o programa me permitiu explorar quem e como amamos, como sobrevivemos e passamos por isso e, é claro, a urgência disso tudo, porque não vamos ficar aqui para sempre. Muitos têm reações de luta e fuga quando acontecem coisas desagradáveis, mas também existe a necessidade profunda de compartilhar o que ocorreu com outras pessoas. Todos querem ser compreendidos e todos querem dar a impressão de que estão lidando de modo elegante com reveses, dor e separação. Mas a vida não é tão simples, e não ajuda nada fingir que ela é. Em cada episódio do programa, meu objetivo tem sido transmitir a todos que podem tentar, errar e tentar outra vez.

Conversas difíceis na vida real são muito mais complicadas do que num podcast. Para começar, elas não acontecem num estúdio de rádio, entre estranhos, com uma equipe de edição de prontidão. Elas se dão em tempo real, com pessoas que amamos, quando nossas emoções estão emaranhadas e em estado bruto. Quando a tensão está elevada, uma só conversa tem o potencial de transformar uma relação sólida numa ligação duradoura ou de colocá-la em dúvida. Nesse sentido, existe uma razão para despejarmos nossos problemas em cima de garçons e apresentadoras de podcasts: é assustador discutir as questões que são mais importantes para nós com as pessoas com quem mais nos importamos. Mesmo assim, os momentos mais significativos são determinados pelas conversas difíceis que temos com a família, os amigos, os colegas de trabalho e os companheiros.

Viver de maneira completa e honesta depende da decisão de entrar nessas conversas apesar do risco. Coisas difíceis acontecem na vida de todos: brigas familiares, doença, rejeição amorosa, oportunidades desperdiçadas, perdas repentinas. E cada um tem recursos diferentes para lidar com os desafios – e, nesse aspecto, as crises não são distribuídas com uniformidade entre nós; a dor é muitas vezes acrescida de mais dor. Nenhum de nós, entretanto, consegue seguir seu caminho ao largo de todos os momentos difíceis, em especial os que nos tocam de modo direto. Falar com mais abertura sobre o que estamos enfrentando nos ajuda a entender o que é específico da nossa situação e como nossas experiências se encaixam em padrões mais amplos com os quais podemos aprender e nos consolar.

Nestas páginas, trato de cinco categorias abrangentes, que compreendem muitas das conversas mais difíceis que teremos na vida – morte, sexo, dinheiro, família e identidade. São assuntos dos quais não podemos escapar, cada um deles sendo desafiador em suas próprias especificidades. Em cada capítulo, vou compartilhar histórias de pessoas que passaram pelos desafios e problemas que cada assunto apresenta e descobriram como falar a respeito. Vou reproduzir também conversas decisivas que tive na minha vida e o que aprendi enquanto lutava para encontrar as palavras certas. Tudo que encontrará à medida que for lendo foi extraído de entrevistas feitas com exclusividade para este livro, embora eu também inclua aqui e ali alguns momentos retirados dos arquivos de *Death, Sex & Money* quando eles têm a ver com a discussão.

Quero que sinta este livro como uma verdadeira companhia. Meu objetivo é desobstruir passagens enterradas entre nós para podermos nos conectar e compreender nossa vida com mais clareza. Por meio das histórias de outras pessoas que já estiveram lá, você vai perceber como transitar pelos terrenos pedregosos da vida. Vai ver o caminho que percorreram para conseguir expressar o que precisavam dizer e como começar a traduzir isso para suas próprias conversas. Essas histórias, reunidas, vão lembrá-lo de que não está fazendo isso sozinho. Todos nós vamos passar por tudo isso com você.

Morte, sexo, dinheiro, família, identidade – os assuntos centrais deste livro não são novos. Desde que a sociedade humana passou a existir, temos lutado com eles geração após geração, e extenso material literário, artístico e religioso é devotado a cada um deles, mas a novidade é que – nas últimas décadas, nos Estados Unidos – cada um de nós está carregando sobre os ombros uma carga maior dos conflitos mais difíceis.

Costumávamos ter instituições, rituais e convenções que nos conduziam pelas fases difíceis da vida, então dependíamos menos da capacidade de comunicação individual. Se alguma vez você foi convidado a realizar a cerimônia de casamento de um amigo, sabe que, com o convite, vem uma mistura de entusiasmo e pânico. Quando se liberta de antigos modelos que pareciam bastante rígidos, você se torna responsável por escrever seu próprio roteiro. Sou de uma geração que saiu de uma fazendinha familiar e pertenço à primeira geração de mulheres dos dois lados da família a tentar manter um trabalho de tempo integral depois de se tornar mãe. É um aumento incrível de possibilidades. Ainda assim, seguir em frente sozinha pode ser solitário e opressivo. "Tanta liberdade deixa você por conta própria", observou George Packer em *Desagregação*,[1] de 2013, em que faz a crônica da mudança geracional e da transição econômica nos Estados Unidos. "Sem estruturas sólidas, os estadunidenses precisaram improvisar seus destinos, criar suas histórias de sucesso e salvação."

As estruturas que usávamos para nos apoiar nas conversas difíceis desmoronaram. As igrejas e as instituições religiosas costumavam lidar com as cerimônias de nascimento, casamento e morte. Nos Estados Unidos, entretanto, na última década, houve um declínio tanto na frequência regular das igrejas[2] quanto na identificação com alguma religião em particular, e a confiança dos estadunidenses em organizações religiosas atingiu o mínimo histórico em 2019, de acordo com uma pesquisa da Gallup.[3] Esse desencanto acompanha o declínio gradual da confiança nas instituições,[4] incluindo governo, mídia e grandes empresas.

O que explica em parte tanta desconfiança em relação às instituições é o fato de as pessoas se sentirem abandonadas por elas. Estamos vivendo e trabalhando numa economia em que, como disse Jacob Hacker, cientista político de Yale, tem havido um "grande risco de mudança" do governo e das instituições às pessoas e às famílias.[5] A maioria de nós trabalha por conta própria – mais de um quinto dos trabalhadores estadunidenses são autônomos ou profissionais independentes[6] –, uma tendência que vem aumentando há décadas. O número de estudantes que precisam pegar empréstimos para pagar o ensino superior mais do que dobrou entre 2003 e 2019,[7] o que significa que muitos estão começando suas carreiras com um buraco no orçamento que as gerações anteriores nunca precisaram cobrir. Mesmo quando se consegue um trabalho com benefícios, a maioria dos programas de aposentadoria não abrange mais as pensões[8] – é você, poupando em sua conta individual, à mercê das flutuações do mercado.

Caso se sinta sobrecarregado, é natural. Se não sabe onde conseguir ajuda, isso também é natural. Quando o governo e as instituições não estão presentes para nos ajudar a dar sentido às coisas difíceis, nos apoiamos nas redes informais, nas pessoas que nos cercam, para que nos auxiliem a entender o que está acontecendo e troquem informações para podermos ajudar uns aos outros. Mas as redes sociais, nosso relacionamento mais básico, também estão sob pressão. Os estadunidenses cada vez mais relatam que se sentem sozinhos, em torno de 60% de acordo com uma pesquisa realizada no começo de 2020, e isso foi antes da pandemia. A partir daí, a covid-19 apenas continuou a esgarçar nosso tecido comunal. Com muitos locais de trabalho e escolas fechados, além das restrições impostas às reuniões públicas, cada um precisou criar sua estratégia individualizada para continuar a ganhar dinheiro, educar os filhos e cuidar dos entes queridos doentes – tudo agora a distância. Apesar de nossas vidas terem atingido seu patamar mais local, ainda assim perdemos a confiança em nossos vizinhos. Nas primeiras semanas da pandemia em 2020, mais da metade dos entrevistados disse ao Pew Research Center que acreditava que a maioria das pessoas nos Estados Unidos cuidava mais dos próprios interesses do que ajudava os outros.[9] E essa perda de fé se agrava. Como a pesquisa do Pew Research Center destacou: "Quanto menos confiança mútua as pessoas têm, mais sujeitas estão a terem crises de ansiedade, depressão e solidão".[10]

O volume de trabalho exigido é massacrante. Com o declínio da comunidade, de instituições cívicas e de rituais, cresce nas pessoas a necessidade de reconectar-se por conta própria. Fazer isso significa estender a mão, apoiar um ao outro e falar sobre os desafios mais difíceis que estamos enfrentando. Todos nós estamos imaginando como ter relacionamentos, sustentar nossas famílias e nos manter seguros durante uma época de tanta turbulência. Transitamos também por uma paisagem distorcida onde a desigualdade e o racismo tornam difíceis as oportunidades que muitos poderiam ter na vida, sem que nós tenhamos culpa. Lidar com esses problemas enormes exige vontade política, não apenas ação individual, mas ambas começam pela mesma centelha. Quando falamos e ouvimos uns aos outros sobre nossos problemas e nossas necessidades mais profundas, começamos a nos enxergar com mais clareza, e a ligação entre nós fica reforçada. Isso vale tanto para o nó fechado das famílias como para a trama mais larga do tecido da sociedade. A vulnerabilidade amacia as relações e incentiva mais a humildade do que a presunção. De maneira mais concreta, quando você conta histórias sobre como passou por dilemas em torno de identidade, dinheiro ou família, está compartilhando conhecimento que pode servir a todos.

Há muitas coisas difíceis na vida, e não temos como desviar delas. Uma boa conversa não vai anular o impacto de uma morte ou cicatrizar um coração partido, mas o isolamento e o estigma vão agravar muito mais essa dor. A disponibilidade para conversar é uma tábua de salvação que qualquer um pode oferecer.

Mas como começar uma conversa que sabemos que será difícil? Por onde começamos?

Por experiência própria, tanto como entrevistadora quanto na minha vida pessoal, aprendi que o modo como você aborda uma conversa difícil vai determinar o caminho para um diálogo ou vai arruinar a confiança na relação. Você pode se preparar para uma troca de palavras mais produtiva, menos volátil, ao deixar claro o que está tentando atingir ao pisar em terreno tão desafiador. Esse é um conselho óbvio e, ao mesmo tempo, bem impossível de seguir. (Inclusive por mim. Pergunte ao meu marido.)

Ao começar uma conversa difícil, você quer ser capaz de dizer por que gostaria de falar. Antes de tudo, precisa perguntar a si mesmo o motivo que o leva a desejar uma conversa sobre algo tão delicado. Então comece por perguntar se é um bom momento para falar e explique por que deseja ter essa conversa em particular. "Andei pensando sobre uma coisa" ou "Preciso lhe dizer algo que não disse antes". Preparando o terreno, vai sinalizar que deseja que entrem juntos em outro clima. Repito, percebi durante as entrevistas que, quando explico por que estou fazendo uma pergunta sensível em particular, as pessoas ficam muito mais abertas para respondê-las. Elas se sentem convidadas a participar em vez de acharem que caíram numa cilada.

À medida que for falando, atente-se ao modo como se relaciona com seu parceiro de conversa, mesmo quando aborda coisas incômodas. Observe a linguagem corporal, quando as respostas dele ficam abreviadas ou contidas e o que o faz mais expansivo. Você está procurando por pistas sobre onde pode forçar mais e sobre o que deve deixar para outra hora. Essa é a parte da conversa que não trata do que está ouvindo, mas de como está ouvindo. Ao prestar mais atenção, você está cuidando do seu relacionamento, da dinâmica emocional entre vocês enquanto trocam palavras e ideias.

Em outras palavras, a habilidade-chave em toda conversa difícil é a forma como você ouve. Isso pode parecer simples, algo que qualquer um pode fazer no dia a dia, mas, em todas as minhas entrevistas, percebi como o diálogo pode murchar ou desabrochar dependendo da forma como é ouvido. Com frequência, durante uma troca mútua, nos apressamos para preencher qualquer pausa na conversa. Passamos a relatar nossa própria história, a fim de sugerir que entendemos; ou começamos a disparar conselhos para mostrar que podemos ser úteis. "A maioria das falhas na escuta não se deve a egocentrismo ou má-fé, mas à nossa necessidade de dizer alguma coisa", escreveu o terapeuta e psicólogo de família Michael Nichols em seu livro *The Lost Art of Listening* [A arte perdida de ouvir].[11] No entanto, quando esperamos, quando damos mais espaço para o outro, abrimos a porta para que, dali, surja algo novo e íntimo. A pessoa com quem estiver falando vai perceber se está preso ao que ela diz ou apenas repete as palavras dela para clarificá-las. Sentir que alguém nos ouve nos faz sentir muito respeitados.

Algumas vezes, claro, a parte mais difícil de uma conversa desse tipo é saber quando falar e se fazer ouvir. É estressante pedir espaço para falar sobre algo que guardou em silêncio durante anos. E você não tem de falar sobre um trauma ou uma perda enquanto não se sentir pronto. Na verdade, nem todos os que fazem parte da sua vida são parceiros apropriados para conversas sensíveis. Mas, quando você deixa de falar porque pode perturbar alguém, está pondo o bem-estar do outro acima da sua necessidade. Decidir mudar essa dinâmica é se fortalecer. "Eu me recusei a deixar que a realidade na qual ele insistia fosse a minha realidade", a poeta Claudia Rankine escreveu em seu livro *Só nós: uma conversa americana*,[12] sobre quando decidiu desafiar um homem branco que estava sentado ao seu lado num avião depois que ele insistiu em dizer que não via cores. "Fiquei feliz por não aliviar o momento, feliz por ter sido capaz de dizer não ao mecanismo silenciador que rege as boas maneiras."

Quando estiver no meio de uma conversa difícil, movendo-se entre ouvir e falar, o mais importante é prestar atenção ao seu ritmo. Algumas das minhas conversas mais espinhosas pareciam corridas de carro desenfreadas, em que eu era tomada por surtos de raiva ou de mágoa e sentia por alguns instantes como se estivesse perdendo o controle. Esses surtos tinham um propósito – eles me mostravam o que estava em jogo e onde eu estava sendo mais desafiada –, mas sua utilidade se extinguia de forma rápida. Aprendi que vale a pena fazer uma pausa quando estou prestes a me sentir no limite, seja para interromper a discussão no ponto em que está, caso eu precise de algum tempo para recomeçar, seja para respirar fundo e reduzir a intensidade da argumentação. Uma forma de recuar é tentar colher mais informações com uma questão em aberto ou apenas refletir em voz alta sobre a intensidade da minha resposta e me perguntar qual foi o gatilho que provocou uma reação tão forte. Ir mais devagar ajuda a pensar sobre o que está escutando, a perceber como está reagindo a isso e a verificar se você concorda com o que foi dito. Quando possível, tento finalizar minhas conversas difíceis voltando quase à neutralidade, falando devagar, ouvindo com mais clareza, assim eu e meu parceiro de diálogo conseguimos então reforçar o porquê de termos desejado começar esse papo difícil.

Nesse sentido, isto não é um manifesto pela honestidade radical. Conversas difíceis acontecem dentro dos relacionamentos, os quais exigem seu próprio tipo de cuidado. Creio em bondade e lutar por compaixão, não em discursar independentemente da dor que as palavras possam causar. Este livro trata de usar as conversas para fortalecer nossas ligações. Algumas vezes isso exige trazer à tona assuntos delicados que precisam ser discutidos. Ainda mais importante é ouvi-los quando são trazidos até você.

Não vou lhe dar palavras ou frases apropriadas para corrigir constrangimentos, incertezas ou desacordos. Muitos livros de negócios e de autoajuda oferecem listas de itens de como controlar conversas de alto risco com confiança. Não se trata disso. O que você vai ler aqui são caminhos que outras pessoas e eu descobrimos para nos levar através de assuntos desafiadores com o objetivo de criar relacionamentos mais abertos e mais fortes, em vez de alcançar um resultado específico. A meta dessas conversas é enxergar com mais clareza, não reduzir a complexidade do relacionamento a uma fórmula.

Ainda assim, é bom ter alguma orientação de por onde começar quando estiver pronto para aceitar o desafio de uma conversa difícil. Para isso, conforme você avançar por esses cinco capítulos e ficar sabendo mais detalhes da vida das pessoas, vai encontrar uma frase curta que se provou útil no esclarecimento ou na transformação de um relacionamento. São frases úteis, simples e repetíveis: "O que eu queria mudou", ou "Tudo o que peço é compreensão", ou "Conte-me aquela história mais uma vez". Se precisar de um empurrãozinho, considere essas frases curtas como apoio, abrindo caminho para você e as pessoas que fazem parte da sua vida começarem a explorar o que não é dito.

Assim que abrimos a porta, essas conversas podem mudar de maneira radical sua vida. Como Andrew Solomon escreveu em seu livro *Longe da árvore*, "a falta de palavras é a falta de intimidade".[13] Quando permitimos que as tensões brotem ou a familiaridade passe para a incompreensão, deixamos partes de nós fora dos relacionamentos mais importantes. Desperdiçamos a oportunidade de continuar crescendo. Nós nos perdemos daquilo que desejávamos ser e não conseguimos nos compartilhar por inteiro com aqueles que amamos.

Falar com franqueza sobre temas difíceis nos ajuda a tomar consciência dos limites do nosso controle. Os conflitos mais difíceis não podem ser resolvidos de modo fácil ou completo. Conversas cara a cara sobre dinheiro ou identidade não resolverão as tensões inerentes nas diferenças entre as pessoas. Falar sobre morte não vai anular sua inevitabilidade ou a perda que a acompanha. Muitas vezes, admitir os limites das palavras pode ser uma das coisas mais importantes a dizer. "As palavras são incríveis e têm importância. Elas podem fazer uma diferença enorme entre carregar a dor ou aumentar o sofrimento", foi o que me disse Megan Devine, escritora e conselheira do luto. "E", acrescentou, "as palavras só apontam para algo que está por trás delas e que a linguagem não consegue tocar."

Essa tensão vibra no âmago deste livro. Nele todo, nosso objetivo é entender as possibilidades e os limites das conversas difíceis – como podemos usar palavras para descrever, comparar e dar apoio mútuo nos momentos da vida em que as palavras sozinhas não conseguem resolver. Posso lhe garantir que qualquer pessoa é capaz de alcançar a habilidade de manter conversas compreensivas e construtivas, mesmo que sinta que esse tipo de conversa não é seu forte. É por isso que vamos fazer isso juntos.

Morte

Eu tinha 16 anos na primeira e última vez que vi alguém morrer. Era a comemoração de cinquenta anos de casados dos meus avós, na sede do Clube Ruritan de sua comunidade. Penduradas nas paredes, fotos de grupos de homens, algumas com meu avô no centro, outras com meu tio Bailey, seu irmão. Eles tinham presidido o clube de fazendeiros locais na pequena cidade da Carolina do Norte, nos arredores de Elizabeth City, onde o pai deles havia sido fazendeiro e, antes, o pai do seu pai.

Minha família tinha vindo da Virgínia Ocidental para o fim de semana para comemorar as bodas de ouro dos meus avós com todos que faziam parte da sua comunidade – fazendeiros e suas mulheres, membros da igreja e bombeiros voluntários. Tio Bailey tinha um procedimento cardíaco marcado para a semana seguinte.

Bailey era o irmão mais novo do meu avô. Ele tinha servido na guerra, na Europa, antes de assumir a fazenda do pai com meu avô. Quando ele voltou da guerra, meus avós já tinham começado a namorar. Foi assim que Bailey conheceu a irmã mais nova da minha avó, com quem se casou. Os irmãos com as esposas criaram suas famílias em duas casas de tijolos, separadas apenas por um pasto para gado entre elas.

Tínhamos acabado de tirar as fotos de família, as primas que tinham sido criadas longe da fazenda – eu e minha irmã, "garotas da cidade"

– junto dos primos que moravam lá. A imagem da qual mais me recordo é a da minha mãe e do seu irmão sorrindo, em pé atrás dos pais, que estavam sentados em cadeiras dobráveis brancas, o lugar de honra ressaltando as décadas de vida em comum.

Quando olhei para a mesa de doces na parte da frente do salão, vi tio Bailey lá. Ele agarrava a quina da mesa enquanto desfalecia. Ouviu-se um grito. Então alguém começou a chamar: "June, June!". O nome da minha mãe.

Na hora, ela se agachou ao lado de Bailey. Minha mãe é fisioterapeuta e também a única pessoa da família que permanece calma em momentos de crise. Minha tia, enfermeira, e meu pai, médico, juntaram-se a ela no chão. Começaram as manobras de ressuscitação. Um-dois-três... Sopra, sopra. Um-dois-três... Sopra, sopra.

Todos os outros olhavam em silêncio. A mulher de Bailey, minha tia Ann, sentou-se numa cadeira de dobrar a pouca distância, cercada pelos filhos. Meu avô também mantinha o olhar em direção ao grupo no chão. Um-dois-três... Sopra, sopra.

Alguém havia chamado os paramédicos. Quase ninguém falava, só se ouviam alguns cochichos sobre a possibilidade de a chuva atrasar a chegada da ambulância. Embora tenha parecido uma eternidade, os paramédicos chegaram logo, e ficamos olhando enquanto entravam com a maca e colocavam o corpo de Bailey sobre ela. Ele não se mexia. Eu me lembro das meias marrons aparecendo entre a barra da calça e seus sapatos.

Poucos dias depois, nos reunimos de novo. As mesmas pessoas que tinham estado na festa de aniversário se dirigiram à capela de uma funerária local. Usei o mesmo vestido da festa de aniversário para ir à cerimônia – só tinha levado um. Depois do acontecimento, no salão anexo, o mesmo tipo de mesa de doces nos esperava, com porções individuais distribuídas em pratos de papel. Celebramos a vida de tio Bailey e nos despedimos.

Mais tarde, fiquei sabendo que, no dia em que morreu, antes de tomar banho e vestir-se para a festa, tio Bailey tinha ajudado no parto de um bezerro. Suas roupas sujas ainda estavam na máquina de lavar.

Quando revisitei meus avós, percebi que a foto de família tirada logo antes do colapso do meu tio ocupava um lugar de destaque na sala. Eu me lembro de olhar para o sorriso de todos, de pensar que não tínhamos ideia do que estava para acontecer. Minha avó, entretanto, não ia esconder a lembrança das suas bodas de ouro porque Bailey tinha morrido na festa. Providenciar uma moldura bonita para uma foto de festa de aniversário era o que se fazia com fotos de grupos em reuniões de família. Sua morte teve sua série própria de rituais: as pessoas levaram travessas de comida, o pastor preparou a cerimônia, todos se reuniram na capela da funerária e, depois, o cortejo de carros seguiu em direção ao jazigo da família no cemitério da cidade.

Aconteceu, foi triste, mas foi natural.

Não cresci na comunidade rural dos meus avós, então essa proximidade com a morte e os rituais já estabelecidos para marcá-la não faziam parte da minha formação. Enquanto meus primos da Carolina do Norte criavam com amor porcos e ovelhas para a feira de pecuária sabendo muito bem que eles seriam abatidos, eu era do tipo que pegava *Meu melhor companheiro* na locadora de vídeos por causa do logotipo da Disney na capa e, então, quando o cachorro da família é sacrificado no fim do filme, perguntava entre lágrimas a meus pais: "Como vocês nos deixaram assistir a isso?!?".

Hoje, quando fico sabendo que alguém que conheço morreu ou está de luto, não é por obituário local ou telefonemas, mas por mensagens de texto ou mídias sociais. Em vez da reunião numa igreja ou numa funerária, em geral, vivencio a morte on-line. Clico para saber o contexto e os detalhes, depois acabo deixando uma mensagem clichê – uma que trafegue com cautela entre a visão religiosa da pessoa enlutada e a minha. Algumas vezes dedico orações, mas, com mais frequência, encaminho uma mensagem secular: "Envio meu carinho" ou "Tenho você no meu coração". E daí, na próxima vez que falar com alguém que também conhecia a pessoa que morreu, trocamos informações sobre o que sabemos para preencher as lacunas.

Sempre que isso acontece, sinto como se estivesse improvisando, como se não soubesse bem o que fazer ou dizer nessas situações. Isso faz sentido, porque não fui treinada para lidar com a morte dessa maneira. Na minha família, depois que alguém morria, havia o funeral e, então, procurava-se formas de ser prestativo. Quando era criança, me lembro de estar dentro de uma minivan diante da entrada de uma casa desconhecida enquanto minha mãe levava uma travessa com comida até a porta da frente. Isso acontecia numa casa que nunca tinha visto antes nem veria outra vez. Alguém tinha morrido, minha mãe explicava, então estávamos levando uma refeição para a família. Esse cuidado sem palavras era como minha mãe chegava às pessoas que estavam de luto ou que estavam no fim da vida.

"A coisa mais importante que podemos fazer para alguém que está morrendo?", reflete a escritora Anne Lamott. "Visite; ouça; concorde."[1] Mas, na minha vida adulta, moro longe de muitas pessoas que amo, e aparecer diante da porta delas nem sempre é uma opção. Meu marido e eu temos duas filhas pequenas e ambos trabalhamos em tempo integral, então nos realizamos quando conseguimos cozinhar para nós algumas vezes por semana. Nem preciso dizer que nunca levei uma refeição para alguém.

Nossa vivência é mais uma regra do que uma exceção hoje. Por toda parte, as pessoas estão se reunindo menos do que antes em torno da morte, e, quando acontece de juntarem-se para prestar homenagem a alguém, isso é feito, cada vez mais, em cerimônias individualizadas do tipo "faça você mesmo". A indústria funerária nos Estados Unidos, por exemplo, está tendo de lidar com a diminuição da demanda por cerimônias fúnebres e enterros. "Nós nos tornamos mais transitórios e menos tradicionais, então a noção de lotes em cemitério para os familiares visitarem perdeu parte do seu significado",[2] declarou o site US Funerals Online em 2018. O grupo relatou que a cremação era a escolha na maioria das mortes, com os crematórios assinalando que 80% de sua atividade é "cremação direta".[3] As pessoas estão buscando as cinzas dos entes queridos e levando-as dali.

Ao mesmo tempo, estamos menos ligados a casas de oração, que têm como tradição velar por nós nos momentos difíceis que a morte de alguém traz. Assim, em 2019, mais de um quarto dos estadunidenses declarou não ter religião,[4] um segmento da população que triplicou nos últimos vinte e cinco anos,[5] coincidindo com o declínio da confiança nas instituições religiosas.[6] Entretanto, a crença dos estadunidenses em algum tipo de vida após a morte se manteve bastante consistente, girando em torno de 70% desde a Segunda Guerra.[7] Não se trata de hoje encararem a morte de um modo mais secular, mas sim de que a maioria está às voltas com o sentido da vida fora das instituições religiosas.

Cerimônias funerárias mais personalizadas e individualizadas significam que as comunidades enlutadas não têm manuais, rituais ou listas a cumprir que as tornem mais centradas nos momentos de grande vulnerabilidade. "Depois da morte da minha mãe, senti falta de rituais para formular minha perda e me apoiar", declarou a escritora Meghan O'Rourke em suas memórias sobre a morte da mãe, *The Long Goodbye* [O longo adeus].[8] "Eu me vi sentindo inveja da prática da reza *Kadish* dos meus amigos judeus, que, com a adoção cerimonial, dedicavam um tempo por dia para relembrar a pessoa que se foi."

E então chegou a covid-19. Perdemos a possibilidade de nos aproximar no final, ou de ficarmos juntos para relembrar quem estávamos perdendo. Pessoas que frequentavam templos religiosos não mais puderam se reunir ali. Não éramos mais capazes sequer de seguir o conselho de Anne Lamott, de apenas visitar nossos queridos que estavam morrendo. Tudo o que tínhamos eram palavras e a aparente impossibilidade de saber quando e como começar aquela conversa difícil sobre morte.

A pandemia acelerou tendências que já estavam em curso. Agora, dependemos mais de nós mesmos para passar pelo luto e curar nossos relacionamentos. Quando alguém chegado a mim morreu e pessoas próximas perderam entes queridos durante esse período, não importava o quanto desejasse ir a um velório e dar um abraço silencioso, isso não era uma opção. Precisei me fortalecer e lutar por palavras que me fizessem aceitar a morte e a perda. Precisei aprender a falar sobre morte.

O objetivo das conversas difíceis sobre morte é expressar cuidado. Antes disso acontecer, precisamos perguntar a pessoas idosas ou que ficaram doentes quais os cuidados que desejam e de que necessitam. Quando a morte se aproxima, demonstramos cuidado por aqueles que estão partindo e por aqueles que sofrerão a perda ao lhes dizer o quanto eles significam para nós. Quando já ocorreu, mostramos nosso cuidado ao viver o luto, ao nos aproximar e relembrar quem partiu com os que ficaram. É o que podemos fazer.

Ainda assim, essas conversas são delicadas. Elas acontecem em relações há pouco tempo fragilizadas, e é preciso prestar atenção para saber quando ouvir e quando falar. O que você precisa dizer pode ser muito doloroso para o outro escutar. A pessoa que está morrendo pode não querer falar sobre sua morte próxima; pode ser a última coisa em que deseja pensar, mesmo que o tempo esteja se esgotando. Um amigo bem-intencionado pode tentar consolá-lo quando você está enlutado, mas talvez esteja com medo de encarar o caráter definitivo da morte. "Você vai superar", ele diz, desvalorizando sem querer sua perda em vez de se solidarizar com ela.

Muitas vezes ficamos hesitantes em relação às conversas sobre morte, por isso elas acabam acontecendo com pouca ligação real. Ou adiamos a resolução do problema que temos em torno da dor e da perda ou do declínio, mas não devemos fazer isso. Precisamos apenas falar a respeito e testemunhar juntos sobre o que acontece quando a morte entra em nossa vida. Em algum momento, acontece com todos nós. Como William Faulkner escreveu em *Enquanto agonizo*: "Para fazer a gente, são necessárias duas pessoas; para morrer, basta uma. É assim que o mundo vai acabar".[9] A morte chega para todos, e nenhuma palavra pode alterar esse fato. Evitar falar sobre morte porque as palavras não vêm com facilidade é fugir do desafio final da morte: usar bem nosso tempo e com objetivo.

Mas, apesar de inevitável, a morte chega de muitas formas que alteram seu significado e seu impacto. Pode ser repentina ou um processo moroso, ocorrer muito cedo ou finalizar uma longa vida. Ela ocorre por acidentes, suicídios, overdoses ou, na maioria das vezes, em camas de hospital. Perdemos companheiros, filhos, pais e irmãos; gravidezes, companheiros de trabalho, colegas de faculdade e pessoas famosas. Como e quando nos deparamos com a morte revela quem está sendo cuidado por nossa sociedade e quem não está. Exploro essas diferenças neste capítulo, mas tento evitar a silenciosa competição hierárquica que pode entravar as discussões sobre luto e morte. Trato todas as mortes com igualdade, porque, se a pessoa está enlutada, ela está sofrendo o luto.

Ao longo dos anos, tenho procurado aprender com aqueles que passaram pela morte e pela perda, tentando entender quais palavras ajudaram e quais não. Também falei com pessoas próximas a mim sobre suas perdas e o medo da morte, como se eu estivesse me desafiando a ter conversas que, de outro modo, não teria. Foram papos úteis e elucidativos, mas, também, insatisfatórios. Queria ser capaz de me sentir melhor em relação à perda, ou perda iminente, ao reconhecê-la. Mas isso não funcionou. Em vez disso, aprendi que a comunicação que funciona quando se trata de morte começa com a consciência de que nada do que disser vai revertê-la ou afastá-la. A melhor maneira de lidar com o tema é abrir espaço para aquela tristeza incontornável, oferecer consolo e dignidade, e dizer o que precisa ser dito enquanto ainda há tempo.

"Tudo bem não estar bem."

Depois de uma morte, nos resta encontrar a forma certa de reconhecê-la – e o vazio que ela deixa – com aqueles que amamos. Num momento de muito sofrimento, muitas vezes causamos ainda mais dor ao nos afastar ou tentar resolver a morte com uma frase clichê.

"A falsidade evidente era assombrosa", Megan Devine disse quando me contava sobre suas conversas informais depois que seu companheiro, Matt, se afogou num rio aos 39 anos. "De longe, as pessoas que eu esperava que fossem as mais preparadas eram as piores."

Megan é terapeuta, faz aconselhamento sobre luto e tem um site chamado *Refuge in Grief* [Refúgio no luto]. Sua página de abertura exibe dois botões – "Estou de luto" e "Alguém que conheço está de luto" – para demarcar as duas experiências distintas. Para os dois públicos, a mensagem de boas-vindas conclui: "Algumas coisas não têm conserto. Elas só podem ser suportadas ".[10] Ela encoraja as pessoas enlutadas ou aquelas que estão tentando cuidar das que estão de luto a irem além do desejo de oferecer chavões tranquilizadores e, em vez disso, testemunharem o horror da perda. "As pessoas se sentem bastante inúteis diante da dor dos outros e querem fazer a dor ir embora para que elas mesmas se sintam menos inúteis", ela me disse. "Se pudermos apenas parar de fingir que está tudo bem, as coisas ficarão bem melhores."

Mesmo Megan já sendo terapeuta antes de o marido morrer, foi a experiência da perda e a repetição das condolências ineptas que se seguiram que a fizeram repensar seu trabalho "ao mudar o foco do luto como problema a ser resolvido para uma experiência a ser seguida", como ela escreveu em seu livro de 2017, *Tudo bem não estar tudo bem*.[11]

A perda de Megan foi repentina, impensável, devastadora. Ela e Matt estavam fazendo uma caminhada num bosque na periferia de Portland, no Maine, em julho de 2009. Depois de seis semanas de chuva, o nível do rio estava mais alto do que o normal. Matt resolveu nadar enquanto Megan olhava o cachorro deles, Boris, entrando e saindo da água. Num desses momentos em que se virou para olhar o cachorro, ela ouviu uma tosse e um pedido de socorro. Olhando na direção de Matt, ela o viu agarrado a uma árvore no rio e depois se soltando. Megan e o cachorro pularam na água atrás de Matt e foram levados uns três quilômetros rio abaixo antes de conseguirem sair e procurar ajuda. Três horas depois, as equipes de socorro encontraram o corpo de Matt.

Megan não sabia o que fazer em seguida nem ninguém à sua volta. Uma assistente social chegou com a primeira equipe de socorro. Assim que o corpo de Matt foi localizado, Megan me contou que "a jovem encarregada de dar apoio em crises aproximou-se, me entregou um pacote e disse: 'Agora que ficou viúva, vai precisar desses recursos'. Era a coisa mais equivocada para ser dita naquele momento!".

Então, de muitas direções, vieram as mensagens mais inoportunas assegurando que ela "encontraria outra pessoa". Isso começou logo depois da morte de Matt, até mesmo em seu velório. A intenção, Megan sabia, era consolá-la com a perspectiva de que não ficaria sozinha para sempre. Mas, para ela,. aquilo soava como uma negação insensível do relacionamento que ela perdera. "Para mim, ele era insubstituível. Não era possível reparar a dor em que estava mergulhada naquele momento colocando outra pessoa no lugar", ela explicou.

Muitas vezes esses comentários equivocados vinham de colegas terapeutas, "porque eles imaginavam que sabiam o que estavam fazendo por serem terapeutas". Ela se lembrou daquilo que parecia "condescendência involuntária", que incluía, no começo, afirmações de que não tinha problema ficar triste. "Bem, primeiro, eu não sou burra", ela me disse. "Dois, quem me conhecesse de verdade saberia que tenho consciência de que não tem problema ficar triste depois de assistir à morte do meu companheiro."

Mais do que tudo, ela se ressentia ao ouvir sua experiência sendo descrita para ela por outros, em vez de apenas contar com alguém que parasse, reconhecesse e ouvisse. "As pessoas têm a presunção de saber sobre a luta que você está travando e, então, resolvê-la por você, sem verificar se isso é mesmo real ou relevante. Creio que é uma coisa comum de acontecer com quem está enlutado."

Megan sabia que as pessoas estavam procurando pela coisa certa para dizer que pudesse levar a algum processo de cura ou, pelo menos, a um sorriso. Mesmo assim, com a dor do luto ainda em carne viva, as tentativas desajeitadas a atingiam com profundidade. "Quando está sofrendo o luto, quando sua vida acabou de explodir, você não tem nada mais. Não tem barreiras, nada que a estabilize, nenhuma capacidade de lidar com besteiras. Sente-se destroçada. Tudo é doloroso. Então percebe mais as coisas", Megan me explicou. "De repente, você está num mundo novo, mas as pessoas à sua volta pensam que é o mesmo mundo. E tudo o que dizem não ajuda e acentua ainda mais esse abismo."

Para Megan, as conversas mais significativas eram diretas e honestas. Ela se lembra de um papo rápido com o dono de uma livraria local. Eles se cruzaram num café, no lugar em que Megan conhecera Matt, e, por isso, ela já estava uma pilha de nervos quando entrou ali. Enquanto aguardava na fila pela sua bebida, o livreiro se aproximou dela. "E me disse algo do tipo: 'Ele era um grande sujeito. Eu não o conhecia bem, mas ficava impressionado pelo que ele era'. E acrescentou: 'Só quero que saiba que vai levar muito mais tempo do que qualquer pessoa possa imaginar até que você volte a sentir uma certa normalidade.'"

Então ele pegou seu café e saiu. "Foi muito bom ouvir alguém me dizer o que eu já sabia. Era a validação da realidade", Megan disse. "E, para mim, é a melhor coisa que se pode fazer."

Essa ocasião foi bonita e rara. Megan percebeu com que frequência as pessoas se prontificavam de maneira superficial: "Me avise se precisar de alguma coisa", enquanto se esquivavam de conversar com ela. Podiam até ser sinceras, mas parecia que estavam depositando mais responsabilidades sobre ela.

> A pessoa enlutada nem sempre sabe do que está precisando. Você está tentando fazer algo que não pode ser real. Isso consome noventa e nove das suas cem unidades diárias de energia. Não consegue imaginar sua necessidade, e então passa a pensar em qual dos seus amigos é capaz de descobrir isso, para, em seguida, começar a remoer que não deveria pedir ajuda porque pessoas enlutadas são um peso e, portanto, se ligar para alguém em quem confia a fim de pedir ajuda, vai se arriscar a receber como resposta: "Sinto muito, não posso fazer isso agora". Isso não vai acontecer.

Mas Megan também aprendeu que, mesmo que estivesse em meio ao seu luto devastador, as pessoas precisavam ouvir isso dela. Alguns, na verdade, preocupavam-se com sua segurança. Uma amiga enviava-lhe mensagens quase diárias, ainda mais quando não tinha notícias dela, e Megan lembra-se disso com carinho pelo modo franco com que tratava o incômodo daquele momento. "O texto podia dizer: 'Estou num dilema agora. Meu desejo é respeitar sua solidão e compreender que você sabe como se cuidar e que vai acenar quando estiver pronta. Ao mesmo tempo, estou preocupada com você porque sei que isso tudo é uma loucura e eu não tenho nenhuma evidência de que está viva." Então a amiga propôs um sistema: Megan podia responder apenas com um asterisco para mostrar que estava recebendo as mensagens, mas preferindo ficar sozinha. E Megan fez isso, respondendo apenas com "*".

Nessas trocas de mensagem, elas estavam rodeando questões e temores assustadores e sombrios com a forma mais simples de troca. Muitas vezes é desse modo que se dão as conversas que admitem a morte. "Não são fáceis, mas são simples", disse Megan.

A morte é avassaladora, mas não é muito complicada. Alguém estava aqui. Agora, se foi. E, algum dia, nós também vamos partir.

A simplicidade está nas palavras para admitir isso: "Sinto muito. É muito triste. Também sinto falta dele. Queria muito que isso não tivesse acontecido". Todas as outras afirmações que são feitas para consolar não ajudam. Para Megan, eram as expressões de perda mais honestas e realistas que a faziam se sentir menos solitária.

"Não se trata apenas de sim ou não."

Megan sentiu, por experiência própria, como pode ser ruim falar a respeito da morte quando ela acontece de repente. Entretanto, também podemos falhar ao vê-la se aproximar. Há ocasiões em que o diagnóstico de uma doença potencialmente fatal abre caminho para conversas que precisamos ter, mas, com frequência, perdemos essa oportunidade. Em vez disso, somos bombardeados com uma série de opções médicas que poderiam ainda *salvar* uma vida, o que impede a aceitação da morte.

É o que Katie Couric descreveu para mim em *Death, Sex & Money* ao me contar sobre a morte do seu primeiro marido causada por câncer. Como ele estava morrendo, ela queria manter seu moral elevado e encorajá-lo a lutar. "Olhando para trás, houve muita desonestidade", disse. "Queria ter tido a coragem de dizer ao meu marido que sua morte era provável."[12]

Quando os médicos estão tratando de uma doença, suas conversas com pacientes e familiares muitas vezes giram em torno de quais procedimentos podem ser tentados a seguir. "Nossa relutância em examinar com honestidade a experiência de envelhecer e morrer tem aumentado o dano que infligimos às pessoas e lhes negado o consolo básico de que eles mais precisam", o médico Atul Gawande escreveu em seu best-seller de 2014 *Mortais: nós, a medicina e o que realmente importa no final.*[13]

"Não nos ensinam a falar com as pessoas a respeito da morte. Nos ensinam a falar sobre doenças e curas ou terapias possíveis para elas", me explicou Fernando Maldonado, um clínico geral de Vallejo, na Califórnia. "Mesmo quando os pacientes estão muito mal." Ele sentiu falta desse treinamento de forma aguda porque, enquanto se formava em Medicina, Angelita, sua mãe, estava em tratamento de câncer de mama. Ela havia sido diagnosticada quando Fernando estava no último ano do colegial e, enquanto cursava a faculdade e vivia os rigores da residência, sua mãe passava pelo tratamento, depois remissão, então recidiva, e mais tratamento. "Por doze anos, ela ficou melhor. Ela sempre ficava melhor", Fernando disse. Isso fez a morte dela em 2016 parecer súbita, mesmo depois de uma doença longa. "Penso que estávamos mais preparados para a morte da nossa mãe quando ela, a princípio, foi diagnosticada."

Esse é o flagelo que acompanha uma doença longa. Você tem tempo para se preparar e para começar a ter conversas difíceis sobre o que os médicos querem e quais são os cuidados terminais, mas essas trocas também precisam ter continuidade, como a família de Fernando vivenciou. Há chances de a doença regredir, de recuperar a saúde, de os envolvidos na experiência terem um lampejo de esperança. É por isso que, com o diagnóstico de doença grave, admitir logo a possibilidade de morte pode ser tão importante, mesmo quando ela não for tão iminente. Já se conversou sobre o lado mais difícil, o que cria mais abertura para avaliar todas as decisões ambíguas e complicadas que virão.

De certo modo, a pandemia da covid-19 quebrou a ilusão de que os médicos estão sempre prontos para tentar evitar o fim. Enquanto a comunidade médica mundial se esforçava para entender o vírus, os equipamentos essenciais para salvar vidas eram racionados, as visitas proibidas e as despedidas finais eram feitas através de telas de celulares. Não havia como fugir da vulnerabilidade e da mortalidade que recaem sobre nós e aqueles que amamos. Nunca saberemos com certeza quantas pessoas morreram com o coronavírus nos Estados Unidos, já que pessoas com doenças crônicas e problemas respiratórios apenas escolheram ficar em casa, sem serem testadas, para garantir a si mesmas mais controle sobre onde morreriam e quem estaria com elas nos momentos finais.[14]

Existe a escolha de a pessoa doente recusar tratamento adicional quando os médicos oferecem outras opções para serem tentadas, mas é preciso conversar sobre isso com quem se ama. A mulher de Fernando, Cynthia Maldonado, é médica no setor de emergência da mesma rede de hospitais em que ele atende. Ela me contou que, quando chega ao pronto-socorro um paciente incapacitado de se comunicar, ela tem que se apoiar nos familiares para decidir sobre os cuidados que deverão ser seguidos. "As primeiras palavras que ouço são: 'Faça tudo o que for possível', porque acham que é isso que deveria ser feito para uma pessoa querida", disse Cynthia. Ela compreende que amar é querer proteger e fazer todo o possível, mas, depois de anos de prática e vendo como terminam os procedimentos contínuos, ela aprendeu a fazer uma pausa e lembrar os parentes que fazer todo o possível na área médica tem custos e não significa que a pessoa amada será a mesma que era antes de chegar à emergência. "Algumas vezes, eu insisto: 'Não estou perguntando o que vocês querem que eu faça. Quero que se coloquem no lugar do paciente e pensem: *Isso é o que ele desejaria*.'"

Fernando estava sentado perto de Cynthia no sofá enquanto ela descrevia suas conversas, e ele se questionou em voz alta se deveria ter abordado os médicos da sua mãe perto do fim. "Durante dez anos, ela nos falou: 'Não quero medidas de reanimação.'" Mas, quando a saúde de Angelita piorou na primavera de 2016, o oncologista dela sugeriu tentar mais uma rodada de quimioterapia para ver se ajudava. Fernando percebeu que a mãe estava exausta. "Eu estava dividido", ele disse. "De um modo egoísta, você sempre quer que algo mais seja feito, mesmo que uma vozinha interior esteja dizendo que isso não parece certo."

Juntos, a família de Fernando e sua mãe decidiram fazer mais uma rodada de químio, embora, mais tarde, ele tenha suspeitado que a mãe só tinha concordado porque sentia que essa era a vontade dos filhos. O tratamento a deixou tão doente que ela precisou ser levada para a emergência.

"O médico me olhou e disse: 'Por que estão fazendo isso com sua mãe? Vocês a estão matando!'." Fernando recordou. "Porque, na sua visão, ele enxergava uma mulher com um longo histórico de câncer, que sofria de deficiência cardíaca e que acabara de passar por uma rodada de químio. Na cabeça dele, soava como: 'Vocês são uns idiotas!'."

Fernando também conhecia os detalhes do quadro da mãe. "Sabíamos bem o que aconteceria. Estávamos apenas tentando entender a situação, porque não se trata apenas de sim ou não." Olhando para as fotografias tiradas na ocasião, agora Fernando vê que a mãe estava prestes a morrer quando eles decidiram pela última rodada de químio. A pele e a postura mostravam que ela estava muito doente, mas ele disse: "Naquele momento, eu só conseguia enxergar seus olhos, e os olhos dela eram os mesmos olhos de sempre". Ele queria cuidar dela e não tinha certeza de quando seria a hora certa de se despedir.

Ficar junto de alguém que está morrendo, mesmo que cuide dela todos os dias, não significa que esteja enfrentando a realidade do seu declínio. Em um artigo de 2009 sobre luto e cuidadores para um jornal, Kathrin Boerner e Richard Schulz fizeram a distinção entre saber e sentir que a pessoa vai morrer. Alguns cuidadores, eles escreveram, "podem se sentir preparados em questões pragmáticas e de informação, mas ainda sentem o emocional bastante despreparado".[15] Esse tipo de preparo requer conversas em separado entre a pessoa que está morrendo e seus cuidadores. E, depois do fim, falar de maneira específica sobre a experiência de cuidar – o que foi estressante e o que foi reconfortante – pode ser uma parte importante do luto para quem cuidou da pessoa que se foi, escreveram eles.

Esse tem sido o caso para Fernando. Desde a morte da mãe, ele fala sempre com os pacientes sobre ela. Quer que saibam que algumas das suas escolhas não serão óbvias e admite para eles que acha que sua família e ele erraram. Costuma começar essa conversa com cuidado, perguntando o que os pacientes sabem sobre seu estado de saúde, atento para qualquer sinal de abertura. "Se um paciente menciona a palavra 'morte', eu sigo adiante: 'Vamos começar pensando em como você imagina qual será seu fim'." Ele quer que os pacientes se acostumem com a ideia de que talvez precisem tomar decisões em cima de dados incompletos e da incerteza em relação à linha do tempo. Até podem ter de tomar decisões difíceis sobre encerrar o tratamento antes de se sentirem prontos para se despedir.

Fernando diz que essas conversas nem sempre se desenrolam do jeito que ele gostaria. "Algumas pessoas não aceitam isso bem", admitiu. Mas, para ele, falar sobre morte com os pacientes se tornou uma espécie de ritual, que o tem ajudado em seu luto pela mãe e em se perdoar por arrependimentos que teve em relação aos cuidados com ela. Tomar decisões médicas no final, ele sabe, implica um difícil e inevitável equilíbrio entre expressar amor, defender o melhor cuidado possível e deixar que a pessoa se vá.

"Admita isso. Não finja que não aconteceu."

Reunir-se e compartilhar a dor em grupo é um importante bálsamo durante o luto. Mas algumas mortes podem ser mais privadas, com formas mais sombrias de encontrar apoio e prantear. "Senti como se ninguém conhecesse aquilo pelo que eu estava passando", me contou minha amiga Lesley McCallister sobre a interrupção da sua primeira gravidez na vigésima terceira semana. A criança morreu antes que ela e o marido tivessem escolhido seu nome. Eles não sabiam ainda seu gênero e ninguém o tinha sentido exceto ela. "Eu não conhecia ninguém que tivesse chegado tão longe e dado à luz um natimorto, que tivesse passado pelo trabalho de parto e ficado sem nada para mostrar no final."

Lembro-me de quando Lesley telefonou e contou o que tinha acontecido. Afundei numa poltrona e lá fiquei, estática, enquanto ela me descrevia os horrores daquele dia. Em uma consulta naquela manhã, depois de uma gravidez muito saudável, o médico não conseguiu sentir o batimento cardíaco. Mais médicos apareceram para confirmar. O feto, por razões desconhecidas, tinha morrido. Sua gravidez estava tão adiantada que eles recomendaram o parto natural. Conforme começaram a induzi-lo, ela se lembra de toda a papelada que lhe passaram. "Me senti inundada por tanta informação. Um panfleto sobre luto. Outro panfleto sobre o pós-parto." E a equipe do hospital perguntando sobre o nome. "Como queriam que desse um nome ao meu filho morto?"

Ela estava me telefonando depois de ter tido seu filho. Estava ainda na ala da maternidade, numa sala no final do corredor, que tinha uma sala de espera separada do resto do andar. Os pais dela e do marido tinham passado por lá durante o dia para visitá-la. "Você sentiu fisicamente o parto?" Eu, ingênua, lhe perguntei mais tarde. "Ah, sim", ela disse, e repetiu, "sim". Eles decidiram dar-lhe o nome de William, embora ela sempre o tenha chamado de Will.

Durante algumas horas, Will permaneceu no quarto, perto da cama dela, sob um aquecedor para que não estivesse frio quando o tocassem. Uma enfermeira entrou durante a troca de turno. "E ela agia como se estivesse perguntando: 'E então, vai ficar mais um pouco com seu bebê?'" Lesley recorda. "E só me lembro de pensar: 'Não sei quanto tempo mais devo ficar com meu bebê. Será que esperam que eu fique com ele mais tempo? Não sei qual é a resposta certa.'"

Ela estava em choque, tanto seu corpo quanto seu emocional. Não sabia como passar esse breve tempo com ele. Mas sabia, naquela noite no hospital, que precisava falar sobre o que acabara de acontecer. "Fiz questão de telefonar para as pessoas que eu queria que me escutassem, porque desejava ter uma rede de apoio", ela disse. "Assim, se mais tarde eu telefonasse numa crise de histeria, todos saberiam por quê."

Eu me sentia imobilizada pela tristeza imensa daquilo que ela havia me contado. Não conseguia acreditar no que tinha acontecido à minha amiga. Não tinha o que dizer, a não ser repetir: "Eu sinto muito, muito mesmo". Lembro-me também de ficar sentada lá ouvindo sua voz em choque e pensando se Lesley se lembraria daquele momento como uma ocasião em que eu tinha sido uma boa amiga. Será que tinha dito as coisas certas?

É evidente que ela não estava registrando o que eu estava dizendo. Podem existir coisas erradas para dizer, segundo Megan Devine, mas não há a coisa *certa*. As palavras não importam muito, o importante é que você esteja lá. Quando perguntei a Lesley sobre aquela noite anos depois, ela não tinha fixado nenhuma palavra daqueles telefonemas. Ela se lembrava de que horas eram, do anúncio de um jogo das finais da NBA e de sentir que queria contar para as pessoas logo para poder assistir ao basquete com o marido no quarto do hospital. Lembrava das crises de choro, de quando parava de chorar e de chorar de novo.

Lesley é autodepreciativa e mais aberta do que a maioria. Sua forma de ir direto ao ponto carrega um ar de eficiência. Naquela noite, sua objetividade era a única ferramenta que possuía. Tudo o que sabia e o que estava à sua volta desmoronava. Contar a história, telefonema após telefonema, era a única forma de controle que ela possuía. Ela estava entrando em contato para dizer: "Isso me aconteceu".

Admitir qualquer tipo de morte é importante. Para os pais cuja gravidez foi interrompida, a morte pode parecer ainda mais premente, porque a perda é invisível para o mundo lá fora. No início, minha amiga Lesley tentou voltar à sua rotina normal depois do acontecido e tirou só uma semana de licença de um trabalho exigente numa empresa lobista. Cerca de um mês depois, a mãe lhe deu um vale-massagem. E, assim que se deitou na maca, sentindo o corpo ser pressionado e puxado, Lesley contou de novo a história, e a massagista dividiu com ela sua própria experiência com parto de natimorto. Décadas antes, ela dera à luz gêmeos, mas apenas um tinha sobrevivido. Lesley relembrou: "Ela disse: 'Vou lhe dar um conselho, eu enterrei meus sentimentos e não lidei com o luto da maneira certa. Apenas deixei-o de lado. Eu tinha um recém-nascido e precisava me sentir feliz por isso.'" Ela alertou Lesley de que, se não chorasse quando estivesse triste ou se não ficasse brava quando sentisse raiva, essas crises se repetiriam.

Esse se tornou o novo compromisso de Lesley: viver o luto. Diante das pessoas que conhecia e das que não conhecia. Ela percebeu que isso a ajudava, além de poder incentivar outras pessoas ligadas a ela a falarem e serem ajudadas pelo seu compartilhamento. Na prática, isso significava que Lesley ia se permitir desmoronar em público. Todas as vezes que sentia a emoção aflorar, ela deixava que as lágrimas viessem aos olhos. As idas à loja Target eram bem desafiadoras. "Eu me sentia como se estivesse sendo seguida por grávidas para qualquer lugar que eu fosse", ela disse, rindo ao se lembrar. "Não importava em que seção da Target eu estivesse, sempre encontrava uma grávida. Chorei muito lá."

E Lesley também acabou por valorizar o conselho, mal-recebido na época, de dar um nome ao seu bebê natimorto. Eles receberam o atestado de óbito fetal em que consta o nome dado – William Andrew McCallister. Ela gosta de ter palavras que confirmam que ele foi seu primeiro filho e que ela é a mãe de Will. Com o passar do tempo, para ela, tem sido um prazer a gentileza de outras pessoas ao dizerem o nome dele. "Valorizo de verdade aqueles que querem dizer o nome dele em voz alta, porque muita gente não quer me perturbar, mas não percebem que estão fazendo isso de qualquer modo", ela disse. "Seria preferível que, pelo menos, admitissem o fato em vez de fingirem que nunca aconteceu."

Lesley e o marido tiveram dois outros filhos, que estão sendo criados sabendo sobre "seu irmão mais velho, Will, que está no Céu". Eles o incluem nas orações antes de dormir e, no mês de abril, marcam a data do aniversário de Will com um bolo de sorvete. Houve um ano em que a confeiteira foi entregar o bolo e perguntou a um dos filhos de Lesley, Luke, se era aniversário dele, e o menino respondeu com orgulho: "Ah, não, é o aniversário do meu irmão mais velho que está no Céu!". A mulher congelou e deu um sorriso nervoso em direção a Lesley. "Mas me aqueceu mesmo o coração. Ele estava tão orgulhoso", ela disse, com voz embargada. "Nunca desejei que fosse um dia em que eles ficassem pensando, 'Ah, é hoje que a mamãe fica deprimida'. Não queria que eles ficassem assustados com isso. Porque, por mais triste que seja e que tenha sido, algo bom surgiu daí."

Grande parte da coisa boa surgiu da decisão de Lesley de se abrir para o luto. Seus filhos compreendem que a morte e a tristeza são normais. Outras famílias que tiveram o mesmo problema ficaram sabendo que ela é alguém com quem podem falar sobre isso. Ela estima que esteve ao lado de pelo menos cinco mães quando elas passaram pelas primeiras crises do luto. Algumas eram conhecidas da igreja, outras eram estranhas. Quando ouve suas histórias, muitas vezes por mensagens on-line, "meu sentimento imediato é: 'Eu sinto muito, de verdade', porque sei como essa dor é profunda e o vazio que fica". Ela diz que parece um fardo pesado, como se precisasse vestir uma armadura para contar outra vez sua história. "Depois fico bem, pois estou diante da oportunidade de apoiar alguém, porque eu não conhecia ninguém quando passei por isso."

Ela diz brincando que se preocupa que possa parecer uma mãe mórbida e estranha que interrompe uma conversa informal quando do lhe perguntam quantos filhos tem. Na verdade, são três; apenas dois estão vivos. Quando as pessoas perguntam, ela aprendeu a dizer: "Tenho dois filhos em casa". Lesley me contou que Lydia, sua caçula, há pouco parou no alto da escada e olhou para ela. "Ei, mamãe, você gostaria de ter tido três filhos em casa?", ela perguntou. "E respondi: 'Sim, querida, eu gostaria'. Mas estou numa posição em que aprendi a valorizar essas perguntas."

"Como eles morreram?"

A morte muitas vezes nos deixa com a pergunta *por quê*. Lesley foi informada da probabilidade de o filho Will ter morrido no útero por um problema com o cordão umbilical que não poderia ter sido previsto nem prevenido. Nunca haverá uma resposta satisfatória.

Quando ficamos sabendo da morte de alguém, ou estamos de luto por alguém, é natural procurar saber os detalhes do que aconteceu. Também pode ser um modo de nos distanciarmos da sina deles e negarmos que a morte também vai chegar para nós. Ele fumava? Eles eram mais velhos do que eu? Será que cometeram um erro – dizemos a nós mesmos – que não cometeríamos?

Indo atrás dos detalhes sobre onde, quando e por que, Freud escreveu em 1915: "Revelamos um esforço em reduzir a morte de uma necessidade para um acontecimento fortuito".[16] Sentimos a inadequação em nós, e, por isso, esse tipo de curiosidade é considerado deselegante. Quando sou a pessoa que deseja perguntar "O que aconteceu?", aprendi que devo fazer isso em voz baixa ou, no mínimo, não num comentário no Facebook. Ou usando um eufemismo, como: "Foi de repente?". Caso contrário, pode parecer que estou desonrando o morto ou tentando desencavar uma fofoca.

Existem, entretanto, razões importantes para reconhecer de maneira aberta as circunstâncias em torno da morte, com funções pessoais e públicas. Isso nos ajuda a encarar estigmas, como abuso de substâncias tóxicas ou doença mental. Também nos ajuda a ver quem está recebendo o cuidado de que necessita e quem não está. Nos Estados Unidos, a expectativa de vida caiu pela primeira vez em cinquenta e cinco anos em 2014[17] em função do aumento das taxas de mortalidade de pessoas de meia-idade causado por "mortes por desespero" – overdoses de drogas, abuso de substâncias e suicídio – com as "falhas de vários sistemas orgânicos". O estudo investigou muitos motivos para isso. A desigualdade de renda, o acesso limitado ao sistema básico de saúde e os cuidados psiquiátricos insuficientes nos grupos raciais contribuíram para essa elevação em todo o país.

A forma como vivemos neste país indica como morremos. Observamos isso mais uma vez com os dados das mortes causadas por covid-19 nos Estados Unidos. Morreram duas vezes mais negros do que brancos. Nativos norte-americanos e latinos também tiveram taxas de mortalidade mais altas em comparação com as dos brancos.[18] E as dos pobres foram mais altas ainda. "O maior fator preditivo das mortes por coronavírus parece ser a renda", resumiu a revista *American Prospect* em julho de 2020, citando uma análise que mostrava as taxas de mortalidade duas vezes e meia mais altas nos bairros de baixa renda da cidade de Nova York do que nos bairros ricos.[19]

Assim, a capacidade de priorizar a delicadeza em relação às causas da morte vem, de algum modo, do privilégio. Alguns podem desviar o olhar, outros não.

"Estou cercada por mortes. Pessoas da minha comunidade morrem o tempo todo, vítimas de balas, facas ou negligência", me disse em entrevista Alicia Garza, de Oakland, cofundadora do movimento Black Lives Matter [Vidas Negras Importam].[20] "Todas as vezes que tenho de falar sobre a forma indigna em que as pessoas morrem, isso desencadeia um processo de luto em mim. E, com o luto, vem uma raiva profunda em que você começa a reconhecer, bem no fundo, que a forma como a pessoa morreu não foi natural e foi desnecessária."

Depois que George Zimmerman foi inocentado do assassinato de Trayvon Martin, em julho de 2013, Alicia foi à internet e postou "#blacklivesmatter". Minutos depois, outra postagem: *"Black people. I love you. I love us. Our lives matter"* [Pessoas negras. Amo vocês. Amo a nós. Nossas vidas importam]. Suas palavras claras e contundentes ajudaram a lançar um movimento, e elas foram motivadas, em parte, por sua exaustão diante do modo como falhamos em falar com franqueza sobre a morte em nossa cultura.

Morte é algo com que Alicia tem estado em sintonia desde os 16 anos, quando cursava o ensino médio e se inscreveu para um curso universitário na Universidade da Califórnia, em Berkeley, chamado

"Sobre a morte e o morrer". "Eu era uma criança muito angustiada. Superangustiada", ela me disse, rindo. "Talvez eu tenha sido um pouco obcecada com isso."

Naquela ocasião, seu avô tinha morrido, "e eu era a neta preferida", então ela estava em contato com a dor e o luto. Alicia queria explorar as formas como as sociedades ocidentais, e os Estados Unidos em particular, tentam manter a realidade da morte a distância.

"Os estadunidenses passam ao largo do tema morte do mesmo modo que evitam falar de raça ou outras desigualdades que existem em nossa sociedade", disse Alicia. Eufemismos para morte como "passagem" ou "foi para um lugar melhor" mascaram a conversa, ela explica, do mesmo modo que os debates sobre raça e desigualdade são postos à margem ao se ignorar as diferenças. Enquanto esses tipos de expressão em torno da morte podem ser expressões sinceras de crença religiosa, assim como formas mais gentis de descrever a morte em momentos delicados, elas podem, também, minimizar a perda ou, quando alguém morre de forma não natural, esconder o que foi injustamente praticado. "Se estivermos falando em código, então não chegaremos ao responsável. Não viveremos de modo apropriado o luto e continuaremos a transmitir o trauma da irresolução ao sermos desonestos com o que está acontecendo."

Alicia acredita que a capacidade de enfrentar a injustiça profunda que existe nos Estados Unidos exige uma linguagem rigorosa. Ela apresenta como um bom exemplo a morte de Walter Scott, um homem negro da Carolina do Sul assassinado com tiros nas costas dados por um policial branco, em 2015, depois de uma blitz de trânsito. "Walter Scott não 'passou para o outro lado'. Ele foi morto por um policial, de forma injusta, indigna e sem motivo", afirma Alicia. "E precisamos ser capazes de dizer isso a fim de poder indagar: 'Certo, e o que fazemos a esse respeito?'"

Na internet, qualquer um podia testemunhar a morte de Walter Scott, um homem de 50 anos. Depois de ser arrancado do carro por causa de uma lanterna quebrada, um pedestre o filmou fugindo do policial Michael Slager, que atirou diversas vezes nas costas de Scott até ele cair no chão. O vídeo segue mostrando Slager algemando Scott e andando para pegar e colocar uma arma de eletrochoque perto do corpo inanimado de Scott. Um juiz federal, mais tarde, classificou os tiros como "inúteis, irresponsáveis e descabidos", sentenciando Slager a vinte anos de prisão.[21]

Imagens desse tipo têm sido um importante condutor para conversas sobre racismo, justiça e cumprimento da lei nos Estados Unidos, mas a natureza gráfica e onipresente da filmagem da morte pode ser separada do impacto emocional da morte e da humanidade (da maioria) dos homens negros cujos corpos mortos ou agonizantes foram vistos de perto na tela. Walter Scott, George Floyd, Eric Garner, Alton Sterling e Philando Castile: as imagens da morte deles são muito acessíveis, puxadas com facilidade na palma das nossas mãos. Existe uma tensão entre testemunhar ao vivo e ver perto demais. Quando não vemos a pessoa morrer, sua perda pode ser invisível. Ao vermos de forma tão gráfica, Alicia se preocupa com outro tipo de morte: "A morte da dignidade e seu impacto nas pessoas negras em particular". Alicia disse: "Na verdade, não consigo mais olhar essas imagens. Sei como elas são, então preciso escolher o que vou carregar comigo todos os dias para poder continuar a fazer o que faço".

Ela também me disse que se preocupa com a falta de publicações ou a inviabilidade de filmar algumas formas de morte, como a causada por violência doméstica, o que pode distorcer ou afetar o entendimento de quem está vulnerável. "Tenho muita consciência de como o entendimento das massas em relação à morte torna alguns corpos visíveis e outros invisíveis", disse Alicia. "Parte da luta é não se dessensibilizar em relação a isso." E mais, fazer esse movimento exige o peso total da perda de uma pessoa e sua lamentação. Todas as mortes injustas merecem homenagem ao lado de protesto. "Não são apenas palavras. Eu, por exemplo, choro", me contou Alicia. "Faço todo um ritual para homenagear esses mortos, para celebrar a vida deles, como eles me ajudaram a crescer ou a aprender algo sobre mim mesma, e então acabo por pensar muito sobre isso, o que eu estou levando adiante?"

Alicia me contou que aprendeu a dar espaço para o luto depois da morte de uma amiga muito próxima, Joy de la Cruz, que morreu num acidente de carro logo depois de ambas terminarem a faculdade. Joy era poeta e estava percorrendo o país para então se fixar em Nova York. Dois dias antes do acidente, ela ligou para Alicia quando estava passando por Oakland. "E eu a dispensei. Estava mal-humorada e exausta", ela lembrou. Depois, recebeu a ligação da irmã de Joy dando-lhe a notícia, e Alicia foi obrigada a comunicar o acontecido a todos os amigos em comum. "Eu estava passando por muitas emoções diferentes – culpa, vergonha, raiva, tristeza. Então, todas as vezes que precisava contar a alguém, começava tudo de novo."

Passar por todos esses sentimentos foi devastador e confuso, mas ela não se arrepende, e não fez isso sozinha. Em vez disso, Alicia abriu sua casa para uma reunião em memória de Joy. Os amigos vieram para a cerimônia, e então foram ficando. "Passamos mais ou menos uma semana juntos." Durante anos, o mesmo grupo de amigos se reuniu na região de São Francisco no dia da morte de Joy, mesmo não mantendo contato durante o ano. "E muitas coisas diferentes surgiram daí. Pessoas se descobriram, se apaixonaram", contou Alicia. "Aquele tipo de exposição de vulnerabilidade criou abertura para muitas coisas que vieram depois."

"Amo você. Como você está?"

Existe outra forma de a morte entrar em nossa vida, não por quem ela nos tira, mas pelo modo como ela insinua sua aproximação com o envelhecimento. Lamentamos ficar mais velhos porque isso significa que temos menos tempo.

Tenho pensado muito a respeito disso desde que fiquei amiga de Ann Simpson, que conheci quando ela estava com 82 anos. O tempo limitado que compartilhamos tem sido sempre um subtexto da nossa amizade. Eu a vejo de tempos em tempos, e, assim, os sinais progressivos de declínio são perceptíveis. Eu me encho de temor, do tipo que sinto no meu corpo antes e depois que nos encontramos.

Conheci Ann por telefone, quando o marido dela, Al Simpson, ex-senador por Wyoming, me telefonou a pedido do meu atual marido, que era naquele momento meu ex-namorado. O que começou como uma súplica delirante de Arthur para voltarmos foi o que levou ao nosso casamento, o assunto de um dos primeiros episódios de *Death, Sex & Money*, e a uma amizade muito especial com Ann.[22]

Quando eu estava na 36ª semana de gravidez da nossa primeira filha, eu e Arthur, por acaso, ficamos vizinhos de Al e Ann. Tínhamos decidido passar minha licença-maternidade em Cody, no Wyoming, onde Arthur tinha feito trabalho de campo ligado à vida selvagem. Quando June nasceu, Ann e Al foram as primeiras visitas que recebemos depois dos meus pais. (Eles trouxeram um chocalho de prata e um par de botas de vaqueira cor-de-rosa.) Ann organizou com as mulheres da cidade a entrega de refeições para nossa primeira semana em casa depois da saída do hospital. Durante aquele longo verão de sonecas e passeios com o carrinho de bebê, encontrei muitas vezes com Ann no seu quintal. Ela me convidava para tomar limonada, e nos sentávamos na cozinha, onde ela admirava as orelhas da minha recém-nascida e me contava histórias sobre como lidara com a necessidade de trabalhar enquanto criava três filhos.

Naquele período, percebi que as roupas de Ann estavam ficando frouxas. Ela tinha falado por alto sobre distúrbios digestivos, um incômodo que persistia e poderia oscilar por segundos. Pouca coisa foi falada além disso. Mas, depois da nossa convivência, comecei a sentir um pânico silencioso por não ter agradecido o suficiente por ela ter nos alimentado ou por ter me ajudado tanto nos primeiros dias tão delicados da maternidade. Eu tentava explicar a sensação de urgência a Arthur, mas minha ansiedade não fazia sentido quando a expressava em voz alta. Aos poucos, percebi que estava tomada pela gratidão por nossa amizade e ficando aterrorizada com a perspectiva de não termos mais tempo juntas.

Logo antes de eu voltar a trabalhar, deixamos Cody e nos mudamos para a Califórnia. Passaram-se meses enquanto nos adaptávamos. Pretendíamos visitar Cody, mas nunca conseguíamos. Por sorte, Al foi a Berkeley para uma série de palestras, então marcamos um encontro para vê-los na ocasião. Quando eles chegaram, não demorou muito para percebermos que, naqueles meses, Ann tinha ficado muito doente. "Pensei: 'bem, tenho câncer de cólon'", ela me disse, "e, de forma egoísta, acrescentei: 'espero não sofrer muita dor'. Não era uma coisa fácil de admitir, mas, sendo uma pessoa prática, comecei a pensar a quem daria minhas joias, entre todas as coisas estúpidas que passaram pela minha cabeça."

De algum modo, eu imaginava que, uma vez chegando aos 80, a pessoa aceita mais sua mortalidade. Mas, durante o jantar naquela visita a Berkeley, Ann me disse que, quando a doença a tinha deixado tão cansada e fraca, ela percebeu, pela primeira vez, que iria mesmo morrer. Durante as inúmeras noites em que não se sentia bem, pegava um livro que alguém dera a ela, *A morte íntima,* de Marie de Hennezel, uma psicóloga francesa que trabalhou com pacientes terminais.[23] "E eu achei isso tão reconfortante", ela disse. "O fato de que o fim da vida não precisa ser uma experiência terrível."

Comprei um exemplar do livro e consegui entender o que Ann queria dizer. À medida que a autora descrevia suas interações com amigos e parentes morrendo de aids e de câncer, me sentia tocada pelas observações simples que captavam a dimensão de enfrentar a morte. "Mesmo quando alguém passa à condição de impotência, ainda pode amar e ser amado", ela escreveu sobre um paciente que estava morrendo.[24] A autora falou das suas conversas com ele, sobre o fato de não ter palavras para responder às suas perguntas urgentes sobre o que estava acontecendo – e sobre o que aconteceu em seguida. "Você não sabe todas as respostas, mas eles têm o direito de fazer todas as perguntas."[25]

Ela também descreveu o objetivo claro que surge à medida que a iminência da morte é aceita. "Antes de morrer", ela escreveu, "a pessoa tenta deixar sua essência com aqueles que ficam – um gesto, uma palavra, às vezes apenas um olhar para transmitir o que de verdade conta e o que deixou – por inabilidade ou falta de palavras – de ser dito."[26] No momento da partida, ela testemunhou não apenas a aceitação pessoal do fim, mas a premência de comunicar isso para as pessoas que estavam deixando. Mesmo quando nossa capacidade de falar está reduzida, queremos ter uma última conversa sobre aquilo que é mais importante.

Mas tudo isso vem depois de aceitar que a morte está acontecendo. Até esse ponto, o que há, em geral, é raiva e negação. Como Marie de Hennezel escreveu: "Lamentar a perda da autonomia de alguém é uma das torturas mais agonizantes".[27] Esse, penso eu, é um fator importante no modo de abordar o tema da morte com alguém que está envelhecendo. O declínio é constrangedor. O encolhimento é visível. A capacidade de fazer o que sempre fez lhe escapa. "A doença reivindica para si muitas coisas, sendo a privacidade uma das suas primeiras vítimas", escreveu o psiquiatra Harvey Max Chochinov no seu livro *Dignity Therapy* [Terapia da dignidade].[28] Isso vale também para o envelhecimento.

A proximidade com a morte se torna óbvia, mesmo quando não se fala dela. Essa inabilidade social foi o que levou Chochinov a conceber a prática da "terapia da dignidade", uma forma de recolher as lições, as histórias e os arrependimentos que uma pessoa que está morrendo quer comunicar. É ela que está no comando. Quando a pessoa está perdendo o controle de tantas outras coisas, o ato de escutá-la lhe confere uma dignidade essencial.

A ideia de que perguntar sobre a experiência de alguém lhe confere dignidade foi o que me ajudou a tomar coragem para pedir a Ann para entrevistá-la para este livro, sobretudo para falar sobre sua doença e seus pensamentos sobre a morte. Eu tinha voltado a Cody alguns meses depois do nosso encontro em Berkeley e, mesmo que ela tivesse declarado que estava em paz com a doença, eu estava cada vez mais preocupada, achando que precisava expressar com mais clareza o quanto ela significava para mim. Não queria perder a oportunidade.

Quando lhe pedi, ela aceitou sem hesitar. E nos sentamos diante da mesa da cozinha, com dois copos de limonada, para falar sobre sua morte.

Ela me contou que, por fim, chegaram ao diagnóstico de *Clostridium difficile*, uma infecção gastrintestinal, e que, depois do tratamento, não estava mais perdendo peso. Sentia-se bem melhor para começar a se referir à doença no passado. Mas ela tinha perdido nove quilos, o que ainda lhe dava uma aparência de fragilidade. Eu lhe pedi para me contar mais sobre o que tinha aprendido enquanto lia sobre uma clínica francesa durante o longo inverno de Wyoming.

"Todos de repente me tratavam como se estivesse morrendo!", disse Ann. No auge da doença, ela se manteve aberta em relação a isso com os netos adultos, mas tentara não dar muita importância ao fato. "Não gosto de lhes contar muita coisa", ela disse. "Não quero que me tratem como uma pessoa idosa porque não penso em mim dessa forma."

Ann vem de uma longa linhagem de pessoas fortes e autossuficientes. "Minha avó quebrou a bacia porque era deveras independente. Ela não deixava que ninguém a ajudasse a se sentar numa cadeira", e continuou, "agora que estou com esta idade, as pessoas tentam me ajudar. É um lembrete de que estou velha, mas, como não me sinto velha, me causa certo choque."

Quando a ajuda é oferecida, nem sempre ela gosta disso. "Isso me lembra de não fazer a mesma coisa com outras pessoas." Com o passar dos anos, ela me contou que tinha aprendido a oferecer o braço quando caminhava ao lado de alguém fragilizado e retirá-lo se a pessoa fizesse um gesto dispensando a ajuda. "Mas você pode ficar por perto caso a pessoa perca o equilíbrio", ela disse. "É uma coisa muito delicada."

Ann contou como tinha desenvolvido uma espécie de objetividade respeitosa em relação à morte ao cuidar de outras pessoas. Ela me falou de uma amiga de 99 anos que estava internada num hospital local. Quando moça, ela tinha sido atriz, e sua beleza era tal que fazia os homens girarem a cabeça para olhá-la quando passava. Quando Ann foi visitá-la em seus últimos dias, "ela tinha alguns pelos sobre o lábio superior". Assim, durante a visita, Ann perguntou à amiga se poderia levar uma pinça na próxima vez que viesse. "Ah, você poderia fazer isso?", a amiga respondeu. E Ann passou a visita seguinte arrancando os fios.

Mas ficar na posição de receber cuidados deixava Ann constrangida. "Senti que tinha assumido minha vida e minha boa saúde como garantidas e que tinha sido um pouco crítica em relação à doença dos outros", ela admitiu para mim. O pai de Ann morreu de câncer no cérebro quando ela estava com 15 anos, deixando a mãe com duas gêmeas adolescentes. Ann integrou o fato de a vida ser tão frágil à sua abordagem prática. "Quando [Al] ia viajar, ficava o tempo todo pensando: 'O que vai acontecer se ele for assassinado?'. Meu pai morreu e minha mãe não estava preparada para o pior."

No entanto, até o momento em que ficou doente, ela não se preparou para a própria morte. Ela me disse que ainda não tinha escrito a relação de suas joias nem as cartas para os filhos lhes dizendo o quanto significam para ela. "Estava tão cansada", ela disse. Jogava paciência e conversava com Al na mesa da cozinha. "Ele estava muito apreensivo, mas foi uma época muito feliz para mim quando não me sentia bem porque Al era todo atenção e cuidados."

Declarações grandiosas e listas sobre o que fazer não ajudaram; a companhia silenciosa, sim. Ela também refletiu sobre o motivo de não estar pronta para morrer. "O que eu penso quando reflito sobre morrer é: 'Quero ver os netos crescerem'. Isso é o que eu quero", ela disse, com voz embargada. "Não quero perder nada."

Perguntei-lhe como acabaram suas visitas à amiga no hospital. "Todas as vezes que eu saía, dizia: 'Amo você. Um dia me encontrarei com você do outro lado'. Depois, eu ia embora e ela ainda continuava ali!" Com os olhos úmidos, Ann fez uma pausa. "E então cheguei um dia e o quarto estava vazio e as roupas empacotadas."

Naquele dia, bebendo limonada com Ann, esgotei as perguntas antes de sentir que tinha todas as respostas.

Mas lhe falei, me sentindo hesitante e desajeitada, que às vezes me sentia ansiosa por só tê-la conhecido depois de ela ter mais de 80 anos, e percebia como isso fazia eu querer me agarrar a todas as conversas que tínhamos. "Isso é tão especial", eu lhe disse, tentando traduzir em poucas palavras o quanto eu gostava dela e da nossa relação. Com sua característica falta de ródeios, ela aceitou a declaração com um aceno de cabeça. E foi isso.

"Há alguma coisa mais que você queira saber?"

Alguns dias depois de ter me sentado com Ann e ter conversado sobre a morte enquanto tomávamos limonada em sua cozinha, almocei com a filha dela, Sue. Ela e a mãe são muito próximas, mas Sue não gosta de falar sobre a mortalidade de Ann. Depois da salada, comecei a lhe falar sobre minha entrevista com sua mãe e, assim como Ann tinha descrito, quando mencionei a palavra "morte", Sue tapou os ouvidos e começou a cantarolar. É o que ela faz quando o assunto morte dos seus pais vem à tona, Ann tinha dito rindo.

Eu rira também e, quando esbocei mais ou menos por que tinha ido conversar com Ann, os olhos de Sue ficaram vidrados e vermelhos. Ali estava eu, uma amiga recente da sua mãe, sendo a idiota que está descrevendo o *meu* medo de que a mãe dela morra. Sue ouviu e me disse que, para ela, a preocupação constante em relação à morte dos pais é desperdício de tempo. "Sei que isso vai acontecer, mas por que focar isso enquanto ainda temos tempo com eles?"

É um ponto importante. Todos nós vamos morrer, mas saber disso não significa que precisamos nos reunir como um bando de adolescentes góticos para ler Nietzsche. Existe o risco de ficar preso a neuroses, em ciclos de pavor. O ideal, eu acho, é encontrar uma forma de tecer a aceitação da morte com a capacidade de não se debruçar demais sobre o assunto antes do tempo. Isso vale para conversas sobre morte e também sobre a dor e o sofrimento presentes na vida. Como minha avó me mostrou com suas fotos emolduradas, é possível encarar a morte no momento e ainda se lembrar com carinho da festa.

Depois do almoço, Sue desviou da conversa sobre os pais de maneira corajosa e começou a descrever uma cerimônia de homenagem póstuma a que todos eles tinham ido uma semana antes em Jackson. Uma amiga dos tempos de faculdade, Shelley Simonton, tinha morrido de um melanoma dezoito meses depois de descobrir um caroço na axila. Numa tarde de fim de verão, centenas de pessoas se reuniram num terreno pertencente a uma empresa de pecuária. Havia uma tenda, filas de cadeiras e uma fileira de banheiros químicos, do tipo "legal", como Shelley havia pedido.

Ela havia planejado a cerimônia fúnebre inteira nas últimas semanas de vida, inclusive indicando alguns tópicos em particular para a lista dos oradores. Seu primo devia falar sobre a família dela, um amigo falaria sobre esquiar e sobre o quanto ela amava a vida ao ar livre e o irmão mais novo, Mike, poderia falar o que quisesse. E era desse tributo que Sue se lembrava. Ela me contou algumas das brincadeiras de Mike, como quando eles haviam adaptado clássicos do rock para os últimos dias de Shelley. Ele garantiu à irmã que levaria uma multidão para sua homenagem póstuma numa versão empolgante de "Don't Stop Bereaving" [Não deixe de estar em luto].

Mike era o único irmão de Shelley, cinco anos mais novo que ela, e os dois eram muito próximos apesar de terem morado em estados diferentes desde a faculdade. Umas seis semanas depois da homenagem póstuma, telefonei para ele em Chicago, onde trabalha como gerente da agência Fitch Ratings de classificação de risco de crédito. Ele, de imediato, compartilhou os vinte minutos de apresentação de slides que reuniu para a cerimônia. Com músicas folk e grandes baladas ao fundo, ele mostrou Shelley quando criança; Shelley adulta, sorrindo na arquibancada de um estádio de futebol; Shelley se casando; depois, Shelley recebendo uma infusão intravenosa de químio; Shelley numa loja de perucas; e Shelley esquelética vestindo uma camisola de hospital, inclinada para segurar a cabeça do seu cachorro entre as mãos.

Mike me contou que, quando ele montou os slides, seguiu a orientação da irmã de ser específico sobre o que tinha acontecido a ela. Tinha sido assim que ela lidara com a doença. Até poucos meses antes de morrer, ela havia relatado seu tratamento de câncer on-line no *CaringBridge*, um site destinado a atualizar familiares e amigos durante uma crise.

No fim de março de 2016, numa postagem chamada "Jornada dá uma guinada...", Shelley relembrou suas anotações, voltando alguns meses antes, às opções de químio, cirurgia e radioterapia, chegando à conversa que tivera com seu médico sobre seus últimos exames. "As notícias não são boas", ela escreveu. A massa debaixo do braço não tinha encolhido. "Meu tumor é grande e, de certo modo, sai através da pele. Começa a sangrar a partir de terminais de vasos sanguíneos que agora estão expostos." E continuou descrevendo: "O sangramento é dramático e intenso... Quando aconteceu pela primeira vez, encheu a manga da minha blusa de sangue e ficou incontrolável". Ela contou como o marido, Matt, precisou usar um produto para desentupir a pia depois da hemorragia. E, ela acrescentou, a última rodada do tratamento não estava funcionando. "O melanoma é conhecido por se espalhar, por ser agressivo e por derrotar os tratamentos. O meu tem sido bastante agressivo." E ela concluiu: "Por isso, não estou mais fazendo nenhum tratamento para o câncer".[29]

Essa foi a última postagem de Shelley no *CaringBridge*. Meses se passaram. Não houve postagem no dia da sua morte. As pessoas que a amavam contribuíram depois escrevendo sobre a última viagem que Shelley e Matt tinham feito para ver baleias na costa de Washington. As postagens finais, feitas por seu irmão, Mike, convidavam todo mundo para a homenagem póstuma a Shelley.

Quando todos estavam reunidos, Mike ficou diante da multidão usando óculos escuros e um boné do time de beisebol da Universidade de Wyoming. Ali, ele falou que o período seguinte ao diagnóstico de Shelley de estado terminal "é uma espécie de peça que está faltando para muita gente. Espero desmistificar um pouco essa fase". Ele contou que, depois de meses "lutando, usando força de vontade para passar por tudo que enfrentamos, o diagnóstico de câncer terminal foi como se uma barragem se rompesse". Para ele, "algumas emoções eram egoístas", disse, em particular "uma profunda sensação de fracasso". Ele tinha dito à irmã que venceriam isso juntos, e agora sabiam que ela não conseguiria. "Eu estava me sentindo infeliz, constrangido e humilhado comigo mesmo."

Ele sentia como se precisasse se desculpar. Eles estavam sentados num sofá na casa de Shelley, os dois olhando para a frente. Mike estava com o braço em volta do ombro dela. "Não era para ser assim", ele lhe disse. "Talvez fosse", ela respondeu. Mike ficou indignado, insistiu, e os dois discutiram como só os irmãos conseguem fazer. Por fim, Shelley lhe disse: "Você pode acreditar no que quiser", e fez uma pausa, relaxada. "Deve haver algo maior acontecendo aqui que está além da nossa compreensão."

Então ela lhe pediu que cozinhasse alguma coisa gostosa, já que teria apenas poucas semanas para comer alimentos sólidos.

No dia seguinte, eles repassaram as orientações médicas e, enquanto Shelley telefonava para parentes e amigos para comunicar-lhes sua condição terminal, Mike começava uma planilha com todas as apólices de seguro, os beneficiários delas, as senhas e as respostas para confirmações de segurança. Eles dividiram o que precisava ser feito, disse Mike, "ela sentada no sofá, eu diante da mesa da cozinha". Amigos dela começaram a visitá-la, um depois do outro, assim que souberam da notícia. Mike às vezes os interrompia, fosse para perguntar o número de uma apólice ou para Shelley acompanhar a redefinição de senha do celular. "Era como se nossos rostos impassíveis estampassem a determinação de que aquilo tinha de ser feito." Era bom ter tarefas, mesmo que focadas na morte, para distraí-los do que era iminente.

Shelley passou, então, para uma nova planilha: a programação de como deveria ser a cerimônia de homenagem póstuma.

E assim, dois meses mais tarde, diante de centenas de pessoas, Mike descreveu uma de suas últimas noites de vida. Estavam na fase em que enfermeiros faziam visitas regulares. Matt tinha ido dormir depois de mais um longo dia cuidando de Shelley, então só estavam Mike e a irmã. Ela precisava ir ao banheiro e avisou-o de que talvez precisasse de ajuda.

"Alguns minutos depois, ela chamou: 'Ei, parceiro! Preciso de ajuda para sair da privada'", Mike escreveu em seu tributo a ela e compartilhou com os presentes à homenagem póstuma.

Prendemos a bolsa de colostomia à sua blusa. O recipiente com morfina estava em sua mão direita. Me agachei do seu lado esquerdo e segurei sua mão esquerda, que estava livre, a mão forte, junto do meu corpo. Levei-a um pouco para trás até ficar fora do assento da privada para que eu pudesse escorregar meu braço direito debaixo dela para tirá-la dali. Fiquei desviando o olhar até que ela dissesse que estava tudo bem.

Então Mike contou a todos como ela puxara a calça do pijama de bolinhas para cima e como se arrastara até a pia para escovar os dentes. Ele tinha perguntado brincando se aquilo era necessário. "Gosto de estar com o hálito fresco quando Matt me beija de manhã", ela respondeu. Foi quando Mike se sentiu atingido por tudo. "Fiquei atrás dela, apoiado na parede ao lado do chuveiro e dei o grito mais longo e profundo desde a minha infância", ele disse. "Shelley olhou para mim pelo espelho enquanto escovava os dentes – ela tinha uma forma de me abraçar apenas com um olhar –, esse foi o olhar que ela me deu. Então desviou os olhos e me deu espaço."

Shelley estava ajudando Mike a encarar a morte dela e não tentava suavizar seu impacto. "Ela poderia ter se virado e me dado um abraço, mas continuou a escovar os dentes", Mike me contou mais tarde por telefone. Parecia que Shelley o estava deixando pronto para começar um "pré-luto", permitindo que ele se lamentasse o quanto quisesse. Isso é diferente, disse ele, do que as pessoas chamam de *cura*. "Não sinto que a conclusão do processo seja um objetivo para mim, como seguir adiante e voltar ao que eu era antes. Não estou tentando voltar a ser aquela pessoa que fui", me afirmou.

O tempo que passou com Shelley em seus últimos dias lhe deu esse presente. Conforme ela seguia com as listas de coisas a fazer e o conduzia a conversas francas sobre seu fim, Shelley obrigava ambos a verem que o tempo deles juntos estava de fato acabando. Desde a morte de Shelley, Mike tem conversado com outras pessoas que perderam irmãos, inclusive uma amiga bem próxima. Ela lhe contou algo que o marcou. "Ela disse: 'Aprendi a carregar meu luto como se fosse meu celular ou qualquer outra coisa. Trata-se apenas de algo que está comigo e não vou contra isso.'" Ouvir essas palavras ajudou Mike, porque ter ficado com Shelley em seus últimos meses e dias não amorteceu a dor da sua perda. Ela não deixava de ter partido. O que esses momentos com a irmã que estava morrendo lhe deram foi a compreensão da morte. "Passar do surreal para a realidade disso tudo", ele disse. "Não tenho crença alguma, mas sou capaz de sair dessa bem rápido porque testemunhei aquilo e tinha consciência do que acontecia."

É isso que se perde na maioria das nossas experiências com a morte. Quando não falamos a respeito dela, sobre o que ela significa e como leva algo de nós, nosso luto fica incompleto. A morte é bem pessoal e, ao mesmo tempo, uma experiência compartilhada. Era essa a intenção de Mike na cerimônia fúnebre de Shelley. "Eu estava apenas tentando imaginar como deve ter sido surreal para eles, sem contato próximo, sem testemunhar seu declínio, sem terem tido nenhuma quebra em suas próprias rotinas, tentarem também sentir essa sensação de perda. Seria muito difícil." Eles não tinham tido um velório, assim, sem o corpo dela como prova, Mike sentiu a responsabilidade de fazer a morte de Shelley real através das palavras.

A morte é inconcebível, um fim que conseguimos enxergar, mas não somos capazes de conhecer. Isso é verdade quando estamos distanciados dela, seja em sala de espera de hospital, seja em frente de uma tela, seja quando ocorre bem diante de nós, como nas últimas horas de Shelley com sua família ou no súbito colapso do meu tio Bailey. A poeta Elizabeth Alexander encontrou o marido caído na ponta de uma esteira ergométrica, fez respiração boca a boca, deitou-se sobre o corpo dele no hospital depois que a morte dele foi declarada. E ainda assim restou a pergunta. "Perdi meu marido. Onde ele está? Muitas vezes eu me pergunto", ela escreveu.[30]

Existe uma habilidade para se falar com cuidado sobre a morte. Exige abertura e disposição para ser perturbador. Mas, acima de tudo, essas conversas difíceis tratam de encontrar, em alguma medida, a aceitação de que a morte existe. Nem mesmo a elegia mais artística vai nos proteger da perda de quem amamos ou nossos entes queridos de nos perderem. Ainda assim, há uma enorme diferença entre expressar nosso amor enquanto é tempo e perder a oportunidade.

Quando a escritora Cory Taylor estava morrendo de câncer, ela se dispôs a ir a um programa de tevê na Austrália chamado *You Can't Ask That*

[Você não pode perguntar isso]. "As perguntas, na verdade, eram previsíveis", ela escreveu depois na revista *The New Yorker*:

> Se eu tinha uma lista de coisas que queria fazer antes de morrer, se já tinha pensado em suicídio, se me tornara religiosa, se estava com medo, se havia algo de bom em relação à morte, se eu tinha arrependimentos, se acreditava em vida após a morte, se tinha mudado minhas prioridades, se estava infeliz ou deprimida, se estava disposta a arriscar mais já que ia mesmo morrer, o que teria de mais importante a perder, como eu gostaria de ser lembrada?[31]

Quando está lutando para encontrar palavras, essa lista é um bom ponto de partida. Quando faz alguma dessas perguntas a alguém que está morrendo, você proporciona um momento de aceitação de que a morte está chegando. Está honrando a dignidade da vida da pessoa e invocando sua sabedoria. A questão, aqui, é saber a hora certa e ouvir as pistas que a pessoa está lhe dando. Isso foi o que Fernando Maldonado aprendeu a fazer com seus pacientes. Enquanto ele procura orientação através daquilo que está ouvindo para saber até onde a conversa pode ir, ele faz a primeira pergunta, porque eles podem não começar a falar por iniciativa própria.

E se as grandes questões são penosas ou se você sente que a pessoa doente ou fragilizada ainda não quer encará-las, pode deixá-la mais à vontade usando meios práticos para tornar as coisas mais fáceis. Oferecer o braço a alguém, como fez Ann Simpson, e dizer que o ama quando vai embora. Quando o fim está próximo, pode perguntar coisas tão concretas como nomes e senhas do computador, como Mike Simonton, porque, embora pareça um processo moroso de aceitação da aproximação da morte, também é uma forma de cuidar.

Quando quebramos o silêncio em torno da morte, isso permite que o amor floresça. Falar nos ajuda a capturar a história de uma vida e como essa pessoa se sente em relação a ela, da mesma forma que um arco narrativo vai chegando ao fim. Como descreveu Margalit Fox, ex-escritora de obituários do *The New York Times*: "As pessoas têm um medo primitivo da morte, mas 99% do obituário não tem nada a ver com a morte, mas com a vida".[32] Encarar a morte, seja para aquele que está morrendo, seja para quem ele está deixando, permite a declaração tanto do impacto que você teve na vida dos outros quanto a falta que sentirão uns dos outros. Abre espaço para conversas que serão suas últimas lembranças juntos, e essas são recordações que permanecem.

Nem sempre se tem essa oportunidade, no caso de morte repentina ou quando a pessoa que está morrendo não está mais lúcida. Pode ser que não chegue a dizer o que gostaria ou juntar todos os fios complicados de um relacionamento. Essas mortes podem deixar nossas emoções mais enredadas, com luto e tristeza misturados a raiva e negação. Algumas vezes, ficamos nos perguntando o porquê de uma forma que nos leva a verdades mais dolorosas, como disse Alicia Garza. Apenas palavras não estancarão a dor. Podemos ter o impulso de dizer algo para consertar, curar ou manter as coisas de forma positiva. A morte, porém, nos mostra que as palavras não conseguem fazer nada disso.

O que as palavras *podem* fazer é descrever o que está sendo perdido, como disse Megan Devine. Então, em vez de tentar suavizar o incômodo, dê suas condolências ou compartilhe uma lembrança. Tente não desaparecer. Fique atento. E, se a oportunidade surgir, dê algo que tenha significado. Depois da morte do filho, Lesley McCallister me contou que alguns amigos dos seus pais, que tinham tido um filho natimorto algumas décadas antes, enviaram um vaso de lilases que florescem no começo de abril, perto do aniversário da morte de seu filho Will.

Mas, mesmo com as melhores intenções, as conversas difíceis em torno da morte requerem que você assuma que vai cometer erros. Como é de sua própria natureza, uma morte na sua vida modifica a composição da sua realidade. Altera seus relacionamentos – quem vai procurar para lhe dar apoio, quem é confiável, quem é estável. Todos os que estão enfrentando uma morte estão num processo de absorção, dos mais próximos aos que têm um contato mais superficial. Todos estão se debatendo e encarando a dura realidade de que não há como contornar essa dor.

Shelley Simonton reconheceu, em seus últimos meses e semanas, que as palavras podiam fazer muito. "Preocupar-se não traz nenhuma recompensa ou benefício", ela escreveu em janeiro de 2017, um ano depois de encontrar o primeiro nódulo e menos de cinco meses antes de morrer.[33] "Você não suplanta a dor porque se preocupou por alguns dias a mais."

Acontece a mesma coisa quando se fala de morte. Você não supera sua dor, mas, ao falar com alguém, pode encontrar companheiros no sofrimento para ajudar a rechaçar o isolamento particular da morte. Foi isso que Shelley fez em suas conversas com o irmão, o marido, os pais e os amigos em suas semanas finais. "Preciso lhe falar mais alguma coisa?", ela perguntava várias vezes. "Há alguma coisa mais que precisa saber?"

De conversa em conversa, ela reuniu as pessoas queridas. Criou espaço para que a apoiassem quando ela mais necessitasse – e, depois, para que se apoiassem quando mais necessitassem. A morte não desapareceu, a dor não diminuiu, mas a solidão, sim. Isso se torna possível quando conversamos – de forma corajosa, constrangedora, aberta – sobre morrer e os espaços vazios que a morte deixa atrás de si.

Sexo

Sentado numa sala de exames esterilizada no hospital Kaiser, em Oakland, um ginecologista dá dicas para a minha intimidade pós-bebê. Por dentro, ardo de vergonha, mas me recuso a fugir do contato visual com ele.

Eu tinha ido ao consultório mais ou menos um ano depois que minha primeira filha nasceu para retirar o implante contraceptivo do braço, brincando que não tinha precisado muito dele nos últimos meses. Não esperava que aquele comentário casual levasse a uma série de questões de acompanhamento, por parte de um médico que eu tinha acabado de conhecer, sobre a pouca frequência de relações sexuais depois de dar à luz e como eu me sentia a esse respeito. Mas o tom de voz era empático e respeitoso. Ele prosseguiu dando dicas práticas, que incluíam palavras como "agendar", "repensar a intimidade" e "à medida que envelhecemos". Ah, meu Deus, como eu queria que aquilo terminasse, mas não desviava o olhar. Em parte, por valorizar o esforço dele em ser direto, mas também porque ele deu a entender que conhecia meu podcast, portanto, demonstrar que estava constrangida seria ruim para a minha imagem.

Enquanto me concentrava nas pupilas dele, ficava pensando: "Como me tornei esse clichê? E, se sou um clichê, isso significa que minha vida sexual é normal? Mas quem quer ser 'normal' sexualmente, ainda mais uma mãe casada chegando aos 40?".

60 VAMOS ABRIR O JOGO?

O médico seguia em frente, desviando com destreza do terreno minado que era a minha idade, minha atratividade, minha *maturidade*. Sentado em sua cadeira com rodinhas, vestido em seu jaleco branco, ele tentava me dizer algo consolador com palavras descontraídas: o sexo pode ser divertido! Não precisa terminar de um modo só. Que a intimidade pode ser redefinida e reconfigurada a fim de dar espaço para ser realizada a dois. Em especial se quiser ter outro filho, ele concluiu sem rodeios. Porque passar de "raro" ou "sem sexo" para "fazer-sexo-para-ter-bebê" é uma pressão muito grande.

Fui para casa e transmiti, conforme recebi, o conselho prático ao meu marido. Eu e Arthur conversamos a respeito da mesma forma direta e pragmática que pais recentes negociam atualizações em relação aos compromissos agendados e lacunas nos cuidados com o bebê. Quando a conversa era só entre nós dois, eu não precisava controlar os meus olhos, embora ambos déssemos a impressão de digerir a informação como "uma coisa a mais para acrescentar à lista de coisas para fazer!"

Falar sobre sexo também nos forçou a encarar o modo como o fato de nos tornarmos pais tinha mudado nossa intimidade. Nossas disponibilidades tinham ficado mais limitadas, mais programadas. A espontaneidade era um luxo que não tínhamos. Sexo entre nós dois assumia a utilidade de um programa de exercícios de sete minutos para ser feito quando estamos num hotel: um pouco constrangedor, mas suficiente para cumprir uma meta. Uma vez, tentamos encaixá-lo antes do entregador de comida tailandesa chegar e mal conseguimos acabar. Isso não foi lento e sexy, mas também *não* deixou de ser divertido.

Então, quando resolvemos ter outra criança, passaram-se meses sem que um teste de gravidez desse positivo. Recorri à ajuda de aplicativos e bastões de urina para detectar minha ovulação. Eu me preocupava com minha idade e fertilidade e se, como tantas amigas, teríamos de decidir sobre quantos processos estávamos dispostos a nos submeter. Também tinha consciência de que, embora *quiséssemos* outra criança, eu sentia uma onda de alívio todos os meses quando a menstruação descia. Já tínhamos dois empregos e uma filha. Mesmo sabendo que era preciso tentar naquele momento se de fato quiséssemos a segunda, ainda assim suspirávamos de alívio quando tínhamos mais um adiamento.

Aquela conversa com o médico não resolveu nossa questão sobre o momento certo, mas me fez sentir que tinha um lugar para onde poderia levar meus questionamentos, o que acabei fazendo cerca de um mês antes de engravidar de novo. E também deu a mim e ao Arthur as palavras que permitiam que o sexo fosse mais do que apenas fazer outro filho. No intervalo entre nossas relações bem direcionadas ao objetivo que tínhamos, arranjamos tempo para fazer sexo com menos pressão. Eu pedia mais aconchego e "contato pele a pele", expressão que tínhamos aprendido nas aulas de preparação para o parto sobre a ligação com o recém-nascido. A conversa com o médico me ajudou a articular algo de que eu precisava: um lembrete da presença física um do outro, do acolhimento da camaradagem. Em particular quando tantas coisas estavam acontecendo.

Sexo é uma das formas mais poderosas de nos comunicarmos. É uma conversa sem palavras, mas lidar com seu poder exige palavras. Seja uma aventura de uma noite, seja um casamento de sessenta anos, o sexo requer que expressemos nossas necessidades enquanto satisfazemos as do outro.

Estou definindo *sexo* de forma ampla. Existe o ato físico, mas este capítulo é sobre toda a confusão que o acompanha: nossos relacionamentos amorosos; nossos corpos; nossos desejos; nossas mágoas; nossos impulsos para atrair, dominar e dar prazer a outros. Meu foco é em todos os encontros amorosos ou relacionamentos em que estiver lidando com o que quer, o que o parceiro deseja e o que sua união precisa.

Na maioria das vezes, nas conversas difíceis sobre sexo, você tem uma plateia especial, alguém com quem estabeleceu uma conexão e está tentando determinar se um de vocês quer algo mais. É claro que está correndo um risco. Está revelando desejos profundos, muitas vezes ocultos, então está se arriscando a sentir vergonha. Arrisca, também, enfrentar a rejeição caso aquilo que deseje for algo que o outro não quer. Ou, se a pessoa relutante for você, vai encarar a culpa e o constrangimento de rejeitar alguém.

As melhores e mais abertas conversas sobre sexo não ignoram a presença desses desafios. Na verdade, os riscos – de vergonha, abandono ou mágoa – são pontos de partida. Depois, a conversa pode girar em torno do que você deseja e precisa, do que a outra pessoa deseja e precisa e se seus desejos e necessidades são compatíveis. Embora essas interações possam ser alimentadas por flerte e toque físico, conseguir clareza quando se trata de sexo exige uma conversa direta. "'Use suas palavras' é um bom conselho", declarou o guru do aconselhamento sexual Dan Savage. "É tão bom que eu o dou o tempo todo."[1]

É evidente que o motivo de necessitarmos de guias como Dan Savage para nos dar bons conselhos é porque sexo e intimidade sempre são temas difíceis de serem conversados cara a cara, por motivos diferentes daqueles que nos fazem evitar falar sobre outras questões difíceis. Conversas sobre sexo têm muitas camadas e são complexas, envolvendo nossos corpos, nossas histórias de trauma e nossas ideias sobre família, moralidade e prazer.

Como muitos de nossos costumes e convenções em torno de sexo estão em movimento, é mais imperativo do que nunca ter esse tipo de conversa explícita. Que tipo de relacionamento você deseja? Como vocês vão tratar um ao outro? O único sexo aprovado pela sociedade costumava ser dentro do casamento heterossexual. Essa visão ainda continua por aí, mas nas últimas décadas vimos uma ampla abertura sobre a noção do que é um relacionamento sexual e amoroso. Hoje, nos Estados Unidos, mais pessoas não casadas moram juntas[2] e mais crianças estão vivendo com pais que nunca se importaram com casamento.[3] A orientação sexual e a identidade de gênero são menos fixas, e a monogamia não é mais o objetivo final para muitas pessoas, em especial para as gerações mais jovens. (Apenas 43% dos *millennials* definiram seu relacionamento ideal como "100% monogâmico" numa pesquisa de 2020 do YouGov.)[4]

Ao mesmo tempo, a pressão sobre os longos relacionamentos amorosos aumentou. Como a terapeuta de relacionamento Esther Perel argumentou, hoje em dia esperamos que nosso cônjuge não seja apenas um parceiro na condução da casa, mas também a alma gêmea, o melhor amigo e o impulsionador de crescimento pessoal. "Agora estamos trazendo nossa necessidade por autorrealização para o casamento", ela disse à revista *The New Yorker* em 2018. "Estamos pedindo a uma pessoa o que antes uma cidade inteira costumava fornecer."[5]

O colunista David Brooks, do *The New York Times*, abordou o mesmo argumento por outro ângulo, lamentando a perda que tivemos conforme as expectativas para o casamento foram aumentando. "A família nuclear era um erro", ele declarou em 2020 à revista *The Atlantic*, um erro que obriga um casal casado, divorciado ou que nunca se casou a enfrentar uma pressão exagerada. Agora, menos estadunidenses vivem com suas grandes famílias e menos vivem com o apoio de instituições como associações ou igrejas, as quais deram estabilidade para muitas famílias nos Estados Unidos pós Segunda Guerra Mundial. Citando alterações nas estatísticas de divórcio, tamanho das famílias e índices de matrimônios, ele concluiu: "Quando você junta tudo, é como se estivéssemos passando pela mais rápida mudança na estrutura familiar que já tivemos na história da humanidade".[6]

Estamos esperando que o outro desempenhe mais do que nunca, numa época em que nos sentimos mais livres para definir o que amor e sexo podem e devem ser em nossa vida. Projetar seu modelo amoroso é libertador, mas também existe mais espaço para a ambivalência e a incerteza. Estamos todos sendo obrigados a nos tornar mais habilidosos na hora de pôr em palavras o que queremos e precisamos – e ouvir e responder nosso(s) parceiro(s) do mesmo modo. É a base do sexo consensual e, também, o que nos é pedido à medida que passamos por romance, planejamento familiar e expectativas de longo prazo.

Como regra geral, frases curtas podem ajudar nessa complexidade. Elas permitem quebrar sentimentos grandes e complicados em declarações curtas e dão a oportunidade de comparar observações. "Você gosta disso?" "Eu quero aquilo." "Tudo bem?" "Quer esperar?" "Isso parece bom." "Você ainda gosta disso?" Começar essas conversas com uma pessoa nova é intimidante, o que explica por que um encontro amoroso e uma transa de uma noite podem parecer terríveis. Mas também é difícil com um companheiro de muito tempo, porque o que vocês precisam e querem um do outro pode mudar. Seja qual for o tipo de relacionamento íntimo que você tenha, essas conversas exigem confiança e humildade.

Nem todo mundo é digno de confiança. Em suas vidas sexuais, muitos conhecem a violação ao ser dominado, desconsiderado, dispensado, tratado como algo descartável. O abuso e a agressão sexual acontecem de muitas formas. Pode ser um evento isolado ou rotineiro, numa violação repetida. Alguns sofrem abuso na infância. Outros são traídos por estranhos. Outros, ainda, por pessoas que aparentavam oferecer segurança. Compreender uma violação sexual e a amplitude de seus efeitos leva tempo e, com sorte, aconselhamento profissional individual. Você não precisa ter pressa para revelar violações passadas a novos parceiros nem se sentir obrigado a contar detalhes. Assim como no sexo, você decide sobre o que está pronto para compartilhar. Pode dizer sim ou não.

Mesmo quando estiver falando sobre sexo com alguém em quem confia como interlocutor honesto, ainda assim existe certo risco. Talvez o que você e seu parceiro estiverem descobrindo um sobre o outro possa não ser complementar. A resposta que descobrir pode ser "não, obrigado". E, mesmo se a resposta for sim, isso apenas abrirá mais perguntas sobre o que você e seu parceiro precisam para se sentirem bem e seguros. Você não vai se sentir no comando o tempo todo, porque alguém mais tem de decidir se quer o que você quer. Mas essa instabilidade sempre fará parte da responsabilidade de fazer sexo com outra pessoa. Você precisa superar a estranheza, dizer o que espera do sexo compartilhado e admitir quando isso muda.

Falar sobre sexo e sobre o que podem querer fazer com o corpo um do outro é embaraçoso. É delicado. E pode ser confuso. Falar sobre sexo pode revelar pontos em que os corações e as mentes não se alinham. Quando perceber ambivalência ou incerteza, aconselho que conversem a respeito. À primeira vista, pode parecer contraproducente, ou nada sexy, mas falar de forma aberta sobre o que você não sabe – e o que pode estar curioso para explorar – dá a ambos espaço para tomar fôlego. Ajuda se você pensar no que quer e naquilo que podem querer *juntos*. E, assim que isso fica aberto para ser discutido, o resultado é simples: o sexo fica melhor.

"Ainda não sei."

Quando, aos 26 anos, me casei pela primeira vez, uma amiga que tinha ficado casada durante anos me desejou "felicidades numa eterna corrida de três pernas!". Tomei isso como uma metáfora comovente, que capturava a forma como eu desejava que meu casamento fosse: nós dois livres para cada um ir em frente, mas com um novo núcleo de união no meio que moveríamos juntos. Quatro anos depois, quando o casamento acabou, olhei para trás e percebi que muitas corridas de três pernas acabam com os corredores caindo antes da linha de chegada.

Quando conheci Arthur, ainda estava arrasada. Eu tinha me separado, a papelada do divórcio ainda estava correndo. Meu primeiro marido tinha ido buscar seus últimos pertences em nosso apartamento semanas antes, no mesmo dia em que o casamento homoafetivo foi legalizado em Nova York. Eu estava de plantão naquela noite e entrevistava pessoas que tinham se reunido no Stonewall Inn para comemorar. Lembro-me de ter recebido um telefonema do meu ex dizendo que tinha acabado de pegar suas caixas, então eu poderia ir para casa. Eu lhe disse onde estava e brinquei: "Será que devo dizer a eles como o casamento pode ser bem difícil?".

Naquele momento, já podíamos brincar a respeito disso, porque, para nós, a parte mais cansativa do divórcio foi admitir um para o outro e para nós mesmos que desejávamos mais ficar separados do que juntos. Quando por fim decidimos isso, senti uma premência de tudo o que teria sido possível se não tivesse me casado. Eu e meu ex tínhamos começado a namorar ainda na faculdade, por isso, depois da separação, eu sentia como se estivesse entrando num fluxo carregado de energia sexual do qual eu nunca fizera parte de verdade. Estava apenas pegando gosto por aquela excitação extra provocada por um contato visual no metrô, no mercado, no bar. Aprendi a verificar se havia uma aliança. Da última vez em que me encontrara sem compromisso, ainda na faculdade, ninguém à minha volta usava uma.

Então, sem dúvida, notei Arthur assim que ele apareceu, vindo de Wyoming, num feriado de 4 de julho em Cape Cod, hospedado por amigos em comum, mas eu procurei não impressionar. Provei isso depois de uma longa conversa com ele num deque, quando caí no lago com um copo de gim-tônica cheio. "Se quiser entrar nessa", eu o avisei, rindo, "fique à vontade."

Depois daquele fim de semana, ele voltou a Wyoming, onde fazia pós--graduação em Ecologia, e eu voltei a Nova York, mas era evidente que ambos estávamos animados um com o outro. Logo passamos a nos falar por telefone todas as noites, depois, durante o dia, enviávamos longos e-mails tentando conhecer a vida um do outro até aquele momento: descrições detalhadas das nossas famílias e nossas histórias, onde tínhamos morado e por que, a quem tínhamos contado sobre nós. Nossas mensagens sempre terminavam com declarações de quanta coisa mais tínhamos para conversar.

Na minha primeira visita a Laramie, no Wyoming, fomos a um casamento. Arthur se deu conta da coincidência de datas depois que eu, animadíssima, tinha marcado meu voo, então propôs não ir à cerimônia, mas observou que seria uma viagem de carro linda até lá e que uma banda local ótima tocaria na recepção. Eu topei, mas admiti por e-mail: "Posso ter um faniquito nas minhas primeiras núpcias pós-divórcio".

Ele respondeu: "Eu bem que hesitei em pôr você nesse contexto, mas, se me disser o que pensa e sente a respeito, juro que ficará tudo bem". Se eu acabasse desistindo de ir ao casamento, ele propôs que ficássemos no saguão do hotel e eu poderia ler revistas de celebridades.

Conversamos durante as quatro horas de viagem cruzando a parte central de Wyoming, compartilhando mais histórias de família, relacionamentos anteriores e momentos de solidão. Comprei um maço de cigarro num posto de gasolina porque eu estava recém-divorciada e, portanto, *livre a esse ponto*. Enquanto no final do meu casamento houve momentos em que parecia que eu gritava e implorava para ser ouvida, aqui estava um homem que queria saber tudo a meu respeito. Isso me deixava cheia de atitude.

Rodando pelas estradas desertas de Wyoming, sob a vastidão do céu, tudo parecia muito aberto e possível. O casamento foi na encosta de uma montanha, onde fileiras de cadeiras dobráveis e alguns sanitários de madeira eram os únicos sinais de interferência humana. Então o reverendo começou e, conforme sua acolhida calorosa e festiva foi deslizando para citações mais frequentes e rígidas da Bíblia, percebi que ele não estava se inspirando naquela magnífica paisagem. Ele era luterano, e sua mensagem estava focada no fortalecimento do casamento pelo compromisso e pela devoção, com ênfase especial no dever da mulher de manter a família unida.

"O amor não faz um casamento", eu me lembro dele instruindo o jovem casal. "O casamento faz o amor." Em outras palavras, se der errado, trate de aceitar. Isso é sagrado, sacramentado e correto.

Apesar de eu nunca ter adotado essa visão de mundo de modo consciente, o reverendo estava dizendo, ali no altar, todas as coisas que eu repetira a mim mesma nos meses que antecederam o divórcio. Como ele, acreditei que o casamento era um juramento sagrado e que minha capacidade de me manter comprometida era um teste para avaliar se eu era capaz de viver meus valores.

E quais eram meus valores em relação ao sexo e à família? E ao amor? Queria acreditar que eu os tinha determinado, mas o reverendo estava me lembrando que minhas escolhas e minha vergonha vinham de centenas de anos de costumes religiosos e sociais. A parte mais difícil ao vivenciar meu casamento desfeito tinha sido admitir que eu *podia* ter um casamento desfeito. Que eu, alguém que pensava em si mesma como uma pessoa leal e devotada à família, podia sair do compromisso mais significativo e público que já tinha assumido.

Arthur percebeu antes de mim que a cerimônia estava me afetando. Lembro-me do olhar "Você está bem?" quando ele pegou minha mão no final. Enquanto voltávamos à van para ir à recepção, fiquei tonta e, depois, comecei a chorar. Arthur saiu da trilha principal para nos afastarmos da massa de convidados e me perguntou se eu precisava de um tempo. Eu lhe disse que não, que estava bem. Andamos mais um pouco e, então, sob a copa de uma árvore, ele me disse para parar e me sentar. Ele estava indo até a van e eu podia encontrá-lo lá depois.

Ele seguiu caminhando e eu me sentei num tronco caído com a minha roupa de festa, deixando, enfim, a ardência atrás dos meus olhos se converter em lágrimas. Pus o rosto entre as mãos e solucei três vezes com pesar. Esperei para ver como me sentia e fiquei surpresa por me sentir aliviada. Foi como uma náusea súbita, mas com choro histérico. Olhei para o céu através das árvores e ri do disparate da minha vida – toda arrumada, sentada num tronco, chorando pelo meu divórcio enquanto aquele homem novo e encantador me esperava em sua van.

Era para ser um namorico divertido, mas, enquanto ia esmagando as agulhas dos pinheiros debaixo dos meus sapatos sociais para ir até ele, tudo estava parecendo maior. Percebi o quanto tinha sido bom ter chorado na festa sem pensar nem uma vez se Arthur ficaria constrangido, bravo ou irritado. Ao me deixar no bosque, ele me permitiu não misturar seus sentimentos aos meus. Ele me mostrou que eu não precisava me censurar para protegê-lo. O que foi muito atraente.

Chegando à van, lá estava Arthur sentado no lugar do motorista esperando por mim. Abri a porta do passageiro e encontrei flores do campo e artemísia arrumadas num buquezinho. Enquanto eu chorava sozinha no bosque, ele colhera um ramalhete de flores para mim.

Apesar disso, conforme nosso início de romance se transformava num relacionamento a distância e nos revezávamos com nossas respectivas preocupações sobre o que aconteceria em nossas carreiras, tudo parecia menos sexy e muito atarantado. Eu estava aprendendo a viver sozinha pela primeira vez na minha vida adulta, ainda me habituando a não entrar em pânico e não telefonar para ele ou para minhas irmãs sempre que surgia um momento de silêncio. Apenas depois do divórcio percebi que não sabia ficar sozinha comigo mesma, o que me fez me sentir infantil e patética.

Falei tudo isso para ele. "Não sei o que estou fazendo", eu dizia.

"Apenas decida se quer falar comigo amanhã", ele me respondia, lembrando mais tarde. "Esse foi meu bordão para a melhor parte daquele ano e do ano seguinte." Era um alívio para mim, porque, no longo prazo, não fazia sentido para nós! Eu era uma repórter, muito comprometida com meu trabalho e morando em Nova York. Ele estava em Wyoming, concluindo sua tese de pós-graduação em Ecologia sobre mamíferos de grande porte.

Eu poderia experimentar futuros diferentes enquanto passava meus dias em Nova York, e depois eu podia ligar para ele quando terminasse. Mas ele era firme numa coisa: se estivéssemos dormindo juntos, ele não queria que nenhum de nós dormisse com outra pessoa. Me pareceu um discurso meio antiquado, e a franqueza dele nesse sentido me surpreendeu. "Se estiver ligado sexualmente a você, estarei emocionalmente envolvido", ele me disse mais tarde. "É óbvio que parte disso era para evitar ficar magoado."

O sexo e o meu desejo faziam parte da minha confusão naquela época. Minha atração por Arthur era simples, natural, crua, assim, em certo sentido, abrir mão de outros parceiros não era problema. Lembro-me de observar a silhueta do seu corpo enquanto ele se levantava da cama numa manhã, suas linhas esculturais e seus músculos definidos, e eu queria gritar: "Vou fazer sexo com este homem!". O que era algo que me incomodava à medida que nos apaixonávamos. Tinha medo de que seus ombros largos, a voz profunda e o modo como o jeans se ajustava à sua cintura me seduzissem e me levassem a escolhas irresponsáveis.

Depois do divórcio, eu precisava saber que era capaz de cuidar de mim mesma. Eu sentia que desejava as duas coisas com a mesma intensidade: Arthur e minha liberdade. Durante os dois anos seguintes, ele não ligou para o fato de eu não saber para onde estávamos indo. De repente, o não saber pesou para nós. Eu estava cansada de ficar imaginando se nossas vidas combinariam no longo prazo e ele estava cansado de falar da minha ambivalência.

Depois de um tempo separados, nos reconciliamos. Não tínhamos resolvido todas as incertezas sobre como seria nosso relacionamento e nossa família, mas sabíamos bem uma coisa: queríamos ficar um com o outro. Quanto ao resto, daríamos um jeito juntos.

No amor e no sexo, muito do que falamos se refere à química, ou *basta saber*. Eu não sabia, e estava com medo por tudo o que passara antes, então fiquei presa em ciclos de interpretar e reinterpretar o que o não saber devia significar.

No tempo em que eu e Arthur ficamos separados, percebi o quanto era importante ter um parceiro com quem eu *pudesse* não saber. Sinto muita gratidão por ele ter me dado essa liberdade, ainda que rever o que o fiz passar me deixe constrangida e triste. Mas era necessário. O espaço para tomar a decisão de me comprometer com ele revelou-se de fato como aquilo que eu estava precisando, de tal modo que estar com Arthur – e me comprometer com um futuro juntos – era uma escolha que eu estava fazendo e não algo que tinha acontecido antes que estivesse pronta.

"Do que você gosta?"

É claro que nem toda conversa sobre sexo se dá dentro de um relacionamento longo onde a pergunta sobre se vocês têm um futuro juntos assume uma dimensão tão grande. Muitas conversas fundamentais, de alto risco, acontecem quando você está imaginando o que quer fazer com alguém *neste momento*.

Para o trabalhador do sexo e performista Ty Mitchell, essas conversas fazem parte do trabalho e da vida amorosa. Ele está acostumado a precisar e ter diferentes coisas do sexo com pessoas diferentes. Ele começou a ser pago por trabalho sexual aos 19 anos, não muito tempo depois de ter chegado a Nova York para cursar a universidade. Quatro anos depois, começou a atuar em vídeos pornô gays. Quando conversamos, ele estava com 25 anos e num longo relacionamento não monogâmico com o namorado. Ambos fazem sexo com estranhos e amigos com quem têm contato on-line.

Ty, portanto, tem tido muito sexo, tanto de modo profissional quanto recreativo. Aprendeu bastante sobre o que pode acontecer durante o sexo e também aquilo que é uma constante para ele. "Não existe essa coisa de sexo casual no sentido de que não há sentimento ou de ser capaz de se distanciar e dissociar. Não é simples assim nem tampouco nítido", ele me disse. "O trabalho sexual me ensinou muito sobre compartimentação e suas limitações."

Todo encontro para ele é emocional e físico. Algumas vezes, enquanto trabalha num estúdio, ele consegue sentir uma ligação íntima enquanto as câmeras estão gravando; já na sua vida pessoal, às vezes ele só quer ser "fodido por um estranho do aplicativo Grindr". Então ele faz questão de perguntar a si mesmo e a seus parceiros: "Do que você gosta?". É uma deixa que pode logo revelar uma porção de coisas. A pergunta tem sua origem na cultura gay de procura por parceiros, um código que, de imediato, direciona "a conversa para determinada direção", como disse Ty. Ao perguntar, você está estabelecendo se existe interesse mútuo numa transa. Para ele, isso cria uma abertura não apenas para sinalizar as preferências genéricas, mas também aquilo que ele está a fim naquele dia em particular.

Ty aprendeu a falar com muita honestidade sobre o que quer e o que espera. Em paralelo à sua atuação em pornôs e ao trabalho com sexo por dinheiro, ele também escreve sobre sexo e chama a si mesmo de "intelectual público e prostituto público". Ter tantas formas de interação sexual fez Ty perceber o que todo sexo tem em comum. "Todo sexo é carregado de poder, mesmo que aquela transa 'seja para me fazer sentir melhor em relação a mim mesmo'", ele disse em 2017 numa entrevista à revista gay *Cakeboy*.[7] Quando eu lhe perguntei a esse respeito, ele acrescentou: "A característica da transa para o sexo funcionar é criar uma dinâmica de poder, mas, em geral, não existe pé de igualdade entre duas pessoas durante o sexo". Um dos dois deseja mais a relação, ou um dos dois é fisicamente mais dominante. Ter uma pessoa que esteja mais no comando pode ser excitante, mas também significa que a outra pessoa está *menos* no comando. Quando esses papéis não ficam claros nem são combinados, alguém pode se machucar.

Muita gente lida com isso por sentir ou intuir, mas Ty teve o benefício de uma boa instrução. Ele cresceu em Las Vegas, onde a mãe trabalhava como garçonete, e, na adolescência, ele passava o tempo com amigas que eram strippers. Tudo em volta dele era sedução e sexo como troca comercial. "Eu mesmo não precisei trabalhar muito com a vergonha em torno disso", Ty comentou.

Quando chegou a Nova York para começar a universidade, seu melhor amigo naquela época era um trabalhador do sexo que tinha uns dois anos a mais que ele, a quem Ty agora chama de seu "modelo para sexo casual". Ty gostava do modo como ele falava sobre transas, que não se tratava de orgasmos anônimos, emocionalmente entorpecidos, mas apenas outra forma de se conectar, mesmo se fossem interações muito temporárias. Seu amigo lhe ensinou o termo "sexo transacional", um conceito valorizado pelos defensores do trabalho sexual. Ty acabou por acreditar que o dinheiro podia ser parte da "transação" de sexo, mas que, ao mesmo tempo, a experiência podia ser consensual, prazerosa e honesta. "Isso a tornou muito mais acessível para mim." E ele percebeu que todo tipo de sexo é uma transação. Então é preciso que os termos sejam bem claros todas as vezes.

Por exemplo, antes de Ty atuar e fazer sexo em gravações, seu contrato é feito por agentes e estipula com clareza o que ele quer e o que não quer fazer. Quando agenda um compromisso pessoal com alguém que quer pagá-lo pelo encontro, as negociações iniciais começam de modo mais vago. "Preciso ser discreto, em especial porque estou trabalhando em cima de mensagens e telefonemas", diz ele. Mas, quando encontra com um cliente pagante, ele é bem claro e direto sobre o que vai acontecer. Mesmo quando as coisas esquentam, ele aprendeu que é melhor ser coerente e seguro sobre onde a troca vai parar. Algumas vezes isso exige a declaração: "Não, não estou disposto a isso".

A palavra "transacional" pode soar fria e mercenária, como um acordo político feito nos bastidores. Mas Ty defende que qualquer relacionamento sexual consensual é um tipo de troca. Apesar do que os colunistas de sexo e as cenas de filmes poderiam nos fazer acreditar, o sexo nem sempre vai ser um festival de prazer orgástico uníssono entre duas pessoas. Em relacionamentos monogâmicos duradouros, por exemplo, um parceiro pode fazer sexo porque a outra pessoa está a fim ou, como escrevi antes, porque uma está ovulando e a outra tem o esperma. Ou alguém pode estar procurando por uma noite ousada de experimentação, enquanto o outro espera pela possibilidade de algo mais profundo e, pelo menos, um telefonema depois. Quando as pessoas decidem fazer sexo juntas, suas razões podem ser complementares, mas elas não precisam de fato unir-se pela mesma razão. O sexo como trabalho, quando uma pessoa consegue prazer e a outra dinheiro, apenas torna a troca mais direta.

O trabalho de Ty esclareceu os termos de qualquer relacionamento em que ele esteja. A monogamia não é uma possibilidade nem uma relação em que precise estar sempre disposto a fazer sexo. Algumas vezes, "estou acabado por causa do trabalho. Meu impulso para o sexo fica bastante esgotado", ele reconhece. Com seu cônjuge, são outras qualidades, como o companheirismo no dia a dia e a história compartilhada pelos dois, que formam a base do seu relacionamento.

Ainda assim, ele me contou, mesmo depois de anos juntos, o sexo entre os dois é bem quente. Um sabe do que o outro gosta, e eles confiam um no outro "para ir a lugares em que talvez você não se sinta tão seguro". Permitir que cada um não tenha de satisfazer todas as necessidades sexuais um do outro diminuiu a pressão no momento que eles fazem sexo. "Faço sexo com ele de um modo que não faço com mais ninguém", Ty me contou. "De todos os relacionamentos em que me envolvi, é com ele que tenho a mais plena e gratificante realização sexual."

Toda a vivência sexual deveria começar com a pergunta: "Do que você gosta?". Isso desencadeia uma investigação sobre seus desejos particulares e aquilo que não o excita. Você pode começar essa exploração sozinho, com suas mãos, talvez assistindo a um vídeo pornô. Então, quando passar do reino da fantasia para os encontros carnais, desajeitados, na vida real, você vai se perguntar do que gosta mais uma vez. Pode ser a mesma coisa de que gosta em suas fantasias ou outra coisa, e isso pode mudar.

Precisa dizer também ao outro do que você gosta e perguntar-lhe a mesma coisa. Esse tipo de conversa com um parceiro – seja recente, seja antigo – é mais do que pedir ou dar consentimento, o que é essencial, mas ainda é apenas o começo. Você deve ser direto e honesto sobre o que deseja e espera da intimidade entre os dois, o que é muito mais difícil de ser posto em palavras. Há muitas razões para tentar fugir da conversa e fingir que deseja a mesma coisa a fim de minimizar o conflito, mas não existem palavras certas para afastar essa negociação, que já está acontecendo. Está no âmago do sexo, essa dança multifacetada que envolve flerte, sedução e liberação. Estamos tentando sinalizar o que queremos de alguém ao mesmo tempo que tentamos ler o que o outro quer de nós. Tão estranho quanto possa parecer, "Do que você gosta?" é o caminho certo para descobrir o que ambos querem um do outro. Como em qualquer transação, isso exige pensar e expressar em voz alta e clara o que quer e espera.

"Me desculpe por ter magoado você."

Questionar os limites da monogamia, como Ty faz, é diferente de trair. A traição envolve desonestidade, não apenas fazer sexo com outra pessoa. As pessoas, com frequência, traem menos por procurar novidade e mais para detonar tudo. Flertar e ir para a cama com outro é muito mais fácil do que criar coragem para dizer ao parceiro que quer sair da relação, ou que se sente abandonado, ou que está se sentindo entorpecido e não sabe o porquê. Algumas vezes, a infidelidade é o ponto de exclamação que põe fim a um relacionamento. Outras, é a primeira linha de uma conversa muito necessária.

Alguns casais sobrevivem a essas rupturas. Paul e Megan, por exemplo, decidiram se casar mesmo depois de ele confessar um comportamento contínuo de encontros e casos ilícitos.[8] Megan me respondeu quando eu estava procurando casais que tinham sobrevivido a casos amorosos, porque eu queria saber que conversas os tinham mantido comprometidos na relação depois da mágoa da traição.

Megan não minimizou o horror da experiência. "Trinta dias antes do casamento, descobri que meu noivo era viciado em sexo", ela escreveu no primeiro e-mail que me enviou. Mas ela consegue contar a história com uma notável isenção de ânimo em relação a Paul, em grande parte porque eles continuaram a conversar sobre isso. Para minha surpresa, depois de falar com Megan, Paul se ofereceu para me dar mais detalhes, "porque falar com você ajudou Megan".

Quando Paul começou a transar com outras mulheres, ele disse a si mesmo que merecia isso. Ele namorava Megan havia cinco anos e eles tinham comprado uma casa juntos, mas a falta de entrosamento de suas libidos tinha começado a irritá-lo. Ele estava bravo. Pensava em sexo o tempo todo e sentia essa carga no ar até mesmo ao olhar uma mulher atraente num sinal fechado. "Minha mente voava imaginando se ela se sentiria atraída por mim. Fantasiava como seria nossa vida juntos. Me perguntava se ela gostaria do que eu gosto", ele me contou. "E tudo acontece em questão de segundos."

Então, ele ia para casa e queria fazer sexo, e muitas vezes Megan não estava a fim. Para ela, ele me disse, parecia que as necessidades sexuais dele eram insaciáveis, e isso era exaustivo. Paul, no começo, recorreu aos vídeos pornô – Megan sabia que ele assistia a muitos deles e não se importava com isso –, mas, com o tempo, ver as mesmas tomadas de câmera começou a cortar sua empolgação. Foi quando ele começou a entrar na página de encontros casuais no site *Craigslist*. No início, apenas lia os perfis, para fantasiar sobre as pessoas fazendo essas postagens obscenas em sua cidade com aparência calma e conservadora. Ele acessava o site no trabalho, onde tinha um cubículo dentro de um grande escritório empresarial. Havia ocasiões em que levava o celular ao banheiro para olhar pornografia e se masturbar "muitas vezes, todos os dias", ele admitiu para mim. "De verdade, não sei como não perdi o emprego. Eu sumia da minha mesa e ficava fora, às vezes, por mais de uma hora."

Ele estava se deixando levar, se escondendo e não sendo pego, e acabou, por fim, respondendo e fazendo postagens no site. Ele se encontrava com mulheres, algumas vezes para fazer sexo ou, quando não tinha certeza se conseguiria isso, ainda gostava dos encontros a fim de conversar sobre fantasias sexuais. "Estava sempre procurando encontrar alguém que estivesse no mesmo nível e pudesse falar a mesma linguagem."

Enquanto Paul estava tendo esses encontros clandestinos, Megan estava em casa planejando o casamento, pensando que Paul estava jogando hóquei ou bebendo com os amigos. Uma noite, quando ele não voltou para casa até as quatro da madrugada, Megan me contou: "Ele disse: 'Sinto muito. Bebi demais e acabei dormindo no carro'". E ela acreditou nele.

Então uma mulher que Paul tinha encontrado por intermédio do site lhe disse que não queria mais vê-lo, e ele, numa súplica desesperada que agora vê como desprezível, perguntou-lhe se conhecia alguém que quisesse se encontrar com ele. Ela lhe deu um nome e um número de telefone, e Paul enviou uma mensagem para aquele número. Agora ele acha que foi uma espécie de trote, porque o marido da outra mulher, logo em seguida, mandou uma mensagem furiosa tentando saber quem estava cantando sua esposa. Paul percebeu que tinha jogado uma bomba no casamento de estranhos e que tinha perdido o controle.

Decidiu confessar. Paul tinha pedido Megan em casamento porque sabia que queria ficar com ela pelo resto da vida. Ele nunca duvidou disso. Mas, por fim, percebeu que estava pondo tudo em risco. "Meu raciocínio foi que, mais cedo ou mais tarde, não seria mais capaz de lidar com a culpa de saber coisas que ela não sabia. E, se em algum momento eu acabaria por ceder e lhe contar, seria melhor fazer isso naquela hora do que, quem sabe, dois anos depois de casados." E, assim, ele contou a ela.

"No dia do meu chá de panela", Megan me disse.

Ele confessou tudo: o vício em pornografia, os encontros por intermédio do site, todas as mulheres com quem dormira, algumas das quais Megan conhecia. "Era como se estivesse vomitando todas as histórias que tinha vivido", Paul me contou.

Megan se sentiu humilhada e idiota, mas agora tinha informações vitais que tinham sido omitidas. Ela havia percebido Paul se afastando e não sabia o motivo, e ficava imaginando o que estava fazendo de errado.

> Era o caos no meu cérebro. Não conseguia imaginar como reacender o relacionamento. Me lembro de certa noite em que decidíamos o que jantaríamos. Saí de casa e fui ao mercado para comprar o necessário para fazer de fato o que ele queria. Eu lhe tinha dito: "Se é isso que você quer, é isso que vou fazer, só pare de ser tão esquisito". Essa foi uma discussão que ficou gravada na minha cabeça.

Agora, pelo menos, ela sentia que tinha uma resposta. "Eu disse apenas, 'Tudo bem'. Não sei se estava em choque, mas eu disse: 'Graças a Deus, nós, enfim, estamos lidando com isso'. Eu sentia de verdade que aquilo fazia sentido." O pedido de desculpas de Paul no meio da sua confissão era o ponto central; ele não justificava seu comportamento ou minimizava a mágoa que tinha causado. Foi isso que deu espaço a eles para conversar sobre se valeria a pena salvar seu relacionamento.

"O medo da perda reacende o desejo, faz as pessoas terem conversas que não tinham há anos, as tiram da ilusão artificial de segurança", Esther Perel disse sobre a recuperação depois da infidelidade.[9] Foi o que aconteceu a Paul e Megan. Depois da confissão de Paul, ele e Megan tiraram os três dias seguintes de licença médica do trabalho, que passaram conversando e chorando. Ele lhe contou sobre a profunda vergonha que sentia dos seus segredos, de perceber o quanto havia compartimentalizado suas compulsões e de como tinha se descuidado dela. Ele queria abrir totalmente o jogo, e suas confissões foram se estendendo por dias à medida que se lembrava dos detalhes. "Até que ela disse: 'Estou no meu limite. Se você se lembrar de mais alguma coisa, eu não quero saber'", Paul me contou.

Megan escutava, mas nem sempre permanecia calma e compreensiva. "A gravidade dos encontros anônimos do aplicativo me agredia, e perdi a cabeça. Estávamos andando de carro numa estrada e eu comecei a bater nele", Megan me contou. "Isso me fez ver que aquele sujeito estava fora de controle, que não era um canalha. Me senti mal por ele." Paul percebeu que ela estava com pena dele, o que o fez pensar por que Megan cogitava ficar com ele. "Há uma parte de mim que sempre ficará imaginando se aquilo foi uma forma de salvar a situação." Ela queria mesmo ficar ao lado de Paul enquanto ele lidava com tudo aquilo ou era apenas "menos embaraçoso do que ter de explicar a todos os conhecidos que o casamento tinha sido cancelado porque Paul era um merda e não conseguia ficar com a braguilha fechada"?

Mas Megan disse que a ruptura também a ajudou. Ela olhou para trás e viu como sempre evitava entrar em conflito com Paul e tentava agradá-lo. Era hora de renegociar os termos do relacionamento enquanto ele se desculpava com ela. "Nunca tinha sido boa em pedir o que eu desejava", ela me disse. "Agora me sinto capaz de pedir o que quero. Estamos abertos em relação ao que falamos. Isso nunca tinha acontecido antes."

Megan agora está muito mais alerta para chamar a atenção de Paul quando ele não está lidando bem com o estresse, ou se afastando, ou implicando com ela de forma injusta. "Sem dúvida, ganhei algum tipo estranho de confiança, porque sinto como se pudesse dizer as coisas de maneira mais livre agora. Do tipo, você me fez passar pelo inferno e voltei. Vou dizer o que há de errado com você", ela me contou.

Paul começou a confrontar seus comportamentos, que ele admite agora que não foram provocados por Megan ter falhado. Juntos, eles começaram a pesquisar sobre vício em sexo, e, para Paul, as descrições pareceram bem familiares. Megan foi com ele em sua primeira reunião de reabilitação. Falar com outras pessoas e ouvir suas histórias ajudou-o a entender melhor seus problemas e acabou com a ilusão de que o que estava fazendo por fora não afetava ninguém mais. Ele levou em consideração as consequências de suas ações a longo prazo: ficar com Megan era importante para ele, e Megan não queria que ele ficasse com outra pessoa qualquer, então ele precisava mudar. Ou, como uma frase que aprendera nas reuniões colocava a questão: "Tudo bem, tenho um problema. Se agir por fora, terei dois".

Paul passou a ir às reuniões com frequência, onde ele conseguia apoio e orientação enquanto tentava reconstruir uma vida sexual saudável com

Megan. Primeiro, ele parou de fazer sexo. Segundo, ele e Megan estabeleceram que teriam relações uma vez por semana, com Paul testando se conseguiria assistir a vídeos pornô sem perder o controle. Mas ele não se permite determinados comportamentos antigos. "Não posso mais entrar no site de encontros. Não posso mais ter relações com outras mulheres além da minha esposa", Paul me disse. E eles adotaram outras regras, como Megan poder olhar o celular e o computador de Paul sempre que quiser.

Ambos fizeram uma escolha depois que Paul se abriu e se desculpou. Ele assumiu a responsabilidade sem antes ter sido pego. Megan o escutou e decidiu que queria tentar ajudá-lo ao mesmo tempo que o mantinha responsável pela mágoa que tinha causado. Decidiram por escolher um bem maior: o futuro com que tinham se comprometido.

"Alguém me machucou."

Nem todos os que sofreram algum tipo de violação tendem a infligir a mesma coisa à pessoa que a causou. Nem sempre isso é seguro e, de verdade, não deve ser algo que queira fazer. Quando alguém o machuca, seja por traição emocional, seja por abuso físico, seja por assédio, você não lhe deve uma resolução, mas carrega o impacto do que ele fez. E depende de você contar a história do que aconteceu.

Uma mulher chamada Karla me contou sobre quando sofreu uma agressão sexual na faculdade.[10] Conversamos anos depois do ocorrido, e ela disse que tinha aprendido que deixar bem claro o que *ela* quer quando se trata de sexo a ajuda. Com o namorado, Manny, com quem começou um relacionamento alguns anos depois da agressão, ela me contou que: "Nós dois gostamos do sexo um pouco bruto". Quando terminam, eles se encostam nos travesseiros e ficam conversando sobre o que funcionou e o que não funcionou dessa vez. É divertido, seguro e serve como declaração.

O que ela se lembra sobre o que sofreu é sua imediata falta de clareza. Karla tinha saído com um grupo de amigos, passando por vários bares para comemorar o final do semestre enquanto sua colega de quarto tinha ficado estudando para uma última prova. A princípio, Karla não ficou assustada quando seu grupo foi diminuindo à medida que a noite avançava, mas aí sobraram apenas ela e o namorado da sua colega de quarto voltando de madrugada para o apartamento. Bêbado, ele começou a falar do corpo dela, dizendo como era atraente. Então, quando passaram diante de uma igreja, ele disse para ela olhar para o outro lado e, sem jeito, lhe deu um beijo.

"Fiz cara de 'Que merda é essa?'", Karla me contou e levantou a mão para rejeitar o que ela sentia como o gesto bobo de um bêbado. "Eu ainda não achava que fosse uma situação perigosa." Em seguida, percebeu que ele a estava empurrando contra o canto da grade na entrada da igreja e viu que estava presa. "Foi quando ele enfiou a língua até a minha garganta. E foi ficando insistente. Fez isso algumas vezes, e eu não conseguia escapar daquele canto. Tentava e não conseguia", ela relembrou. Continuou resistindo, dizendo não, pedindo que se afastasse, que ele era namorado da sua colega. Ela via pessoas passando naquela escuridão. "Ninguém parava."

Quando ele parou, ela me disse: "Ainda tive que andar até em casa com ele depois de tudo isso. Ele se ofereceu para me comprar um hambúrguer no McDonald's. Eu recusei". Quando chegaram ao apartamento, ele dormiu numa cama ao lado da cama de Karla, com os braços em volta da sua colega. Quando Karla acordou e o viu no quarto, correu até o banheiro, com as mãos tremendo tanto que não conseguia afivelar o cinto. "Eu sentia um buraco no estômago. Estava enjoada. Não conseguia enxergar direito. Eu sabia que alguma coisa estava errada porque meu corpo não estava bem."

Karla não sabia como expressar com palavras o que tinha acontecido, para separar a responsabilidade e a culpa e ordenar, na hierarquia da violação, onde sua experiência se encaixava. Na visão de alguns, não passavam de beijos. Para outros, ela tinha sido encurralada, dominada e ignorada. "O mais complicado é que não tinha sido um estupro, e eu estava reagindo como se tivesse sido." Ela esperou até as provas finais da colega acabarem para contar-lhe o que tinha acontecido. A colega, que tinha sido sua amiga por anos, não acreditou. "Ela me culpou, o álcool, qualquer um menos ele."

Depois de algumas semanas, depois do começo do semestre seguinte, a colega de Karla se mudou. Ela nunca lhe devolveu as chaves, mas parou de contribuir com o dinheiro do aluguel, deixando Karla com muitas contas a pagar.

Ela se sentia solitária e constrangida. Ainda nem mesmo tinha feito sexo e agora tinha que contar aos seus pais, guatemaltecos e conservadores, por que precisava de dinheiro extra para pagar o aluguel. "Eles ficaram muito tristes por causa disso", ela conta. O pai precisou pegar emprestado o dinheiro de um tio e de alguns amigos para lhe dar. Ela também contou a algumas amigas próximas o que tinha acontecido – e pediu àquelas que tinham namorados que nunca a deixassem sozinha com eles.

Seu corpo nunca esqueceu. "Eu ouvia chaves tilintando pelo corredor e congelava, olhando para a porta até o som parar. Tive pesadelos com ele vindo, esmurrando a porta sem parar." Ela começou a usar roupas folgadas e cortou todo o cabelo porque não queria atrair a atenção dos homens.

Ela me disse que, quando fez sexo pela primeira vez cerca de um ano depois: "Ficava tentando cobrir partes do meu corpo". Mesmo assim, ter contato físico com alguém não a incomodava – só não queria nada sério. "O sexo era fácil, mas as emoções não eram."

Quando conheceu Manny, Karla não tinha intenção de lhe contar sobre aquela noite, a que ela se referia como "minha agressão". Depois de se verem por dois meses, Karla estava com ele quando ouviu de amigos comuns que sua antiga colega de quarto tinha ficado noiva do namorado. Karla sentiu aquele pânico familiar tomar conta do seu corpo. "Parecia uma onda de desesperança, porque eu tinha me sentido muito pequena." Ela não conseguiu dormir naquela noite, chorando e revivendo toda a experiência. No dia seguinte, ela disse a Manny que não estava se sentindo bem, e ele perguntou se não queria sair e tomar um sorvete. "Eu não conseguia mesmo segurar minhas emoções em relação àquilo", e começou a lhe explicar por que estava tão mal, o fato é que sua velha amiga ia se casar com um sujeito muito horrível.

Afinal, ela acabou por lhe contar a história: "A volta para casa, a maneira como ele me encurralou, isso não foi estupro, mas foi uma violação". Ela lhe disse que aquilo a tinha machucado e gerara efeitos duradouros que nem sempre ela compreendia.

Essa conversa abriu caminho para a maneira de se comunicarem e de fazerem sexo. Manny se sentiu à vontade para lhe dizer que ela ficava desligada e distante durante o sexo, só se deixando levar, o que permitiu que falassem sobre como transar de forma segura e divertida para os dois. "Nós precisávamos passar por estágios do que ele não pode fazer e por que não pode", Karla disse. "Uma vez, ele me imobilizou e eu sinalizei: 'Espere, não, não, não', e nós paramos porque isso era algo de que eu não gostava de jeito nenhum."

Os dois ficarem deitados lado a lado depois do sexo e expressarem em palavras como o corpo dela se sentiu e ouvindo como o dele se sentiu desencadeou uma espécie de clareza que ela nunca tinha tido com um homem. Manny a incentivou a voltar a fazer terapia para falar mais sobre o que tinha acontecido e como estava tentando se proteger. Ela agora também oferece muito menos resistência a reconhecer um conflito no relacionamento, algo que costumava evitar porque tinha medo de que ele a rejeitasse, em particular depois de ter sido dominada por um homem e sua melhor amiga não acreditar nela e romper a amizade.

"A comunicação me deixou com menos medo de que ele me deixasse. É como se estivesse dizendo: 'Quero continuar a fazer isso dar certo e por isso estou trazendo isso à tona'." Falar a Manny sobre o assédio a fez se sentir exposta e idiota de novo, mas no final ela entendeu que isso era o oposto do assédio. Ali, ela estava dando voz a partes sensíveis de si mesma, e ele as tinha ouvido e não as desprezara.

Foi também uma prática para as conversas que continuaram a ter sobre a intimidade e o relacionamento deles. Existindo ou não uma história de assédio, a maioria das pessoas carrega mágoas anteriores para os relacionamentos amorosos. Quando estamos tentando ser atraentes para alguém e pressionados pela emoção de um novo romance, o impulso de tentar bloquear vergonhas passadas é compreensível. Você não precisa descrever os detalhes de como tudo aconteceu, mas também não precisa esconder que alguém o machucou. Quando se está disposto a compartilhar, abrir-se para um novo parceiro pode criar a aproximação. A abertura lhe dá base para construir algo com alguém.

"Estou bem triste porque isso não funcionou."

Karla ficou machucada em função de um assédio, quando foi dominada sem seu consentimento. Não importou o fato de ela dizer não; seu assediador continuou a pressionar várias vezes. Ouvir as objeções dela poderia significar não obter o que queria naquele instante. Significaria ouvir sua rejeição e respeitá-la.

Aprender a aceitar a rejeição é tão importante quanto aprender como dar e pedir permissão com clareza. "A rejeição precisa ser normalizada, não catastrofizada", disse Suzanne Degges-White, professora de aconselhamento na Northern Illinois University, ao *HuffPost* em 2018. "Ninguém gosta de ser preterido, mas isso vai acontecer mais vezes na vida do que imaginamos."[11]

Rejeitar um parceiro, ou ser rejeitado por ele, é parte rotineira do namoro. O que se pode discutir é em que *ponto* do namoro filtrar as opções. Encontrar a pessoa certa, em geral, vem com amor não correspondido, tesão e paqueras nesse meio-tempo. Algumas vezes, um parceiro vai embora sem dar explicação, ou um namoro ou flerte acaba de maneira misteriosa. Mesmo se você for capaz de lidar com a conversa de rompimento com graça, não existe um modo elegante de passar pela mágoa de não ter sido escolhido ou desejado ou amado de maneira suficiente para que alguém se esforçasse mais.

Nas histórias de amor da nossa cultura faltam modelos de como aceitar a rejeição. Em vez disso, tentar revertê-la é o combustível que abastece uma porção de comédias românticas. Julie Beck escreveu na revista *The Atlantic* sobre um estudo que revelou que assistir a esses filmes, na verdade, torna as mulheres mais tolerantes ao comportamento de perseguição e citou uma manchete do jornal satírico *Onion*:[12] "Comportamento em comédias românticas leva homens da vida real à prisão".

"Implorar por sexo ou por um relacionamento apesar da vontade expressa de uma mulher é um componente amado da cultura pop", observou o escritor Cord Jefferson em 2014 no jornal *The Guardian*, no texto em que descreve a própria devastação diante de um rompimento que ele não conseguia aceitar. "Captei a mensagem – mas não antes de ter me convencido de que ela era a culpada por eu me comportar como um maníaco perseguidor."[13]

O rompimento tinha acontecido anos antes, e procurei Cord para saber mais sobre como ele achava que tinha lidado mal com a situação. Ele me contou que aquele era seu primeiro amor, uma mulher que conhecera aos 23 anos, e que tinha assumido que se casariam. Começaram a namorar quando ela ainda estava na faculdade e ele acabara de se formar. Mudaram-se juntos para Nova York e continuaram o relacionamento quando ela voltou para a Califórnia a fim de ficar perto da família, enquanto ele lutava para fazer deslanchar a carreira de escritor depois da crise financeira. Ele, enfim, conseguiu um emprego num laboratório de ideias em Washington, mas que não era bem o tipo de trabalho que queria fazer, e começou a sentir que estava ficando para trás enquanto os colegas de faculdade estavam se dedicando à prática das leis e ganhando dinheiro de verdade.

Pelo menos ele tinha sua namorada, ele dizia a si mesmo várias vezes durante os primeiros meses em Washington.

E, então, ela rompeu na véspera do Ano-Novo em 2009, quando telefonou para ele do aeroporto. Eles tinham ficado juntos por quase cinco anos, a distância nos últimos dois, e, em vez de embarcar no avião para ir vê-lo, ela estava ligando para lhe dizer que não podia fazer aquilo – a viagem, o relacionamento, nada daquilo. Cord implorou para que ela apenas embarcasse no avião para que pudessem conversar cara a cara. Sentia que ela devia isso a ele. Mas ela não cedeu.

O telefonema durou menos de dez minutos. Depois, ela desligou e nunca mais conversou sobre o rompimento com ele. Estava acabado.

Cord contou aos pais o que tinha acontecido. "Eu estava constrangido. Tinha vergonha por ela ter rompido comigo", ele disse. Em seguida, saiu muito, bebeu muito, fumou muito. Os amigos, aqueles que pareciam estar alguns passos à frente dele em maturidade, não perceberam.

Só que ele continuava a procurar a ex. Não conseguia se livrar do sentimento de que poderia fazer mais para tê-la de volta. Enviou-lhe e-mails, telefonou e deixou mensagens, mandou flores e lhe escreveu uma longa carta à mão. Ela não respondeu a nenhum deles. "Fiquei bravo", ele disse. "Sentia como se ela tivesse me roubado a conclusão do relacionamento."

Para Cord, a raiva era uma reação emocional comum naquela ocasião. Na verdade, ele começara a fazer terapia alguns meses antes do rompimento, procurando por ajuda para lidar com a raiva. Ele não tinha tendência para a violência, mas quando frustrado ou ofendido costumava se fechar por completo. Ele se lembrava de uma noite quando ainda estavam namorando, os dois caminhavam pelas ruas de Nova York procurando um lugar para comer. A namorada parou diante de um restaurante para olhar o cardápio e logo desistiu do lugar por causa dos preços altos. Cord ficou irritado com o tom casual que ela usou para declarar que era inacessível para eles, embora ela estivesse certa quanto ao fato de não terem dinheiro para tanto. "Aquilo me fez sentir muito patético, infantil e fraco, mas, em vez de lhe dizer isso, fiquei frio e distante", ele recorda. "Fui horrível com ela pelo resto da noite."

Ele sabia que tinha se comportado como um imbecil. Por dentro, ele se perguntava por que não conseguia deixar isso de lado, mas estava enclausurado em sua raiva e não tentava se explicar ou se desculpar. "Eu não era um namorado muito bom. Acho que não era muito aberto ou honesto nem gentil", ele admitiu. "Sentia como se não estivesse contribuindo muito como parceiro e estava inseguro a respeito disso, mas não penso que teria incorrido no risco de ficar vulnerável desse modo."

Cord, afinal, falou mais sobre o rompimento na terapia. "Não queria parecer pouco masculino se ficasse triste ou chorasse", ele me contou, mas trabalhou para superar esse sentimento. E, com a ajuda do psicólogo, aprendeu, quando sente raiva, a refletir sobre o que está causando isso. "Agora estou muito mais disposto a admitir quando estou com medo ou magoado."

Foi um outro tipo de coração partido que provocou essa mudança nele. Em 2013, a mãe de Cord encontrou um nódulo no seio. O câncer dela não respondeu ao tratamento, fazendo ele se sentir inútil, bravo e vitimado por forças contra as quais não podia revidar. Dessa vez, entretanto, não havia ninguém a quem pudesse tentar convencer a voltar atrás. Quando sua mãe morreu em 2016, ele não tinha ninguém para quem enviar um e-mail expondo seu caso, ninguém a quem implorar para que isso não acabasse dessa forma. "Uma das coisas que isso deixou claro é que [a morte da minha mãe] era um milhão de vezes mais difícil do que meu rompimento, e eu superei isso." Ele começou a se cuidar: escreveu mais, deixou de fumar, passou a comer de forma mais saudável e começou a se exercitar. "E me vi saindo do outro lado ainda me sentindo triste e com sentimento de perda, mas sem vergonha de mim mesmo e não me punindo o tempo todo."

Isso lhe deu uma palavra nova para compreender por que tinha sentido tanta dificuldade em aceitar que a namorada queria seguir adiante sem ele: *luto*. "Eu tinha ficado apaixonado nesse relacionamento ao longo de quatro anos e meio, ele tinha se tornado a coisa mais importante para mim e tinha acabado", ele disse.

Cord continuava triste com o fim do relacionamento. Ele tinha dado alguma estrutura à sua vida na época em que se sentia incerto em relação à maioria das coisas. Mas nunca tinha dito isso a ela. Ao contrário, Cord a culpava por tirar o relacionamento deles da sua vida. Mais de dez anos depois, ele consegue enxergar por que ela deixou de aturá-lo e por que, assim que tomou a decisão, não quis lhe dar a oportunidade de conversarem sobre isso. "Acho que eu seria incapaz de aceitar o que ela diria", ele explicou. Na ocasião, ele sentia "como se a única coisa boa que tinha sobrado na minha vida fosse ela, então era provável que não dissesse nada e ficasse surdo ao que ela tinha a dizer".

Quando você é rejeitado, não cabe à outra pessoa retirar o espinho. Mais informações podem ajudar a costurar uma narrativa, mas esse tipo de conversa necessita que as duas pessoas sintam que vão ser ouvidas. Não era esse o caso do rompimento de Cord. Algumas vezes é uma gentileza contar à pessoa com quem está rompendo o que aconteceu para que ela tenha algum fio para seguir adiante, mas algumas vezes só precisa ser dito que acabou e pronto. Isso serve em particular, Cord sabe, para as mulheres rejeitarem um determinado tipo de homem, do tipo que ele era aos 27 anos. "Deveria ser óbvio que as mulheres não são brindes a serem ganhos em barracas de quermesse. Mas, como muitas coisas que deveriam ser óbvias, é preciso dizer isso de modo franco", Cord escreveu no artigo do *The Guardian*, quatro anos e meio depois do rompimento. "O homem ferido pode ser difícil de lidar – mas o ferido convicto de que lhe devem alguma coisa pode ser perigoso."

"O que eu quero mudou."

É doloroso aceitar a rejeição, como Cord e muitos de nós sentimos de algum modo. Rejeitar também pode ser difícil, porque exige que olhe para alguém que quer ficar com você e diga não. Dispensar com discrição um estranho muito afoito num bar pode ser constrangedor; resolver sair de um relacionamento pode ser excruciante. Significa dizer a alguém a quem amou: "Sei que isso vai magoá-lo, mas o que eu quero mudou".

Leva tempo para criar coragem para fazer isso. Também leva tempo para definir quais os termos de negociação que consegue tolerar num relacionamento íntimo e quais são os empecilhos. Essas avaliações podem mudar com o tempo. Assim como precisei de tempo para dizer "Eu não sei" a Arthur quando especulávamos sobre nosso futuro comum, rompimentos de relações duradouras, em geral, vão tomando forma em monólogos interiores antes que a conversa direta possa acontecer com a outra pessoa.

A atriz Jane Fonda me contou no podcast *Death, Sex & Money* seu processo mental enquanto estava decidindo se divorciar de Ted Turner:

> Eu sabia que, se ficasse com ele, talvez jamais seria uma pessoa completamente realizada, e eu tinha de tomar uma decisão, e isso era bem assustador. Me sentia uma Virginia Woolf, só que eu tinha dois anjos em casa.
>
> Um, em cima de um ombro, dizia: "Qual é, Jane? Relaxe! O cara tem dois milhões de acres da terra mais fantástica do mundo, é engraçado e faz você rir o tempo todo!". E, no outro ombro, havia um anjo que sussurrava: "Jane, você pode ficar com ele e morrer casada, mas vai morrer sem se sentir inteira". Optei pelo sussurro.[14]

Depois que entrou com o pedido de divórcio, ela se mudou para o quarto de hóspedes da filha em Atlanta, "um quarto sem closet". Ela me contou que foi uma época de "muita dor e tristeza porque o casamento não dera certo", mas, em paralelo, percebeu que começava a acreditar que, pela primeira vez na vida, podia ficar bem sem um homem ao lado.

Ellen Allen ouviu um sussurro semelhante dizendo que ela precisava de uma mudança. A primeira vez que isso aconteceu, ela entrou *dentro* do seu closet. Lá era onde guardava o exemplar já bem manuseado de *Meu jardim secreto*, na casa que dividia com o marido e a filha adolescente. O livro, escrito em 1973 por Nancy Friday, é uma coletânea anônima das mais famosas fantasias sexuais femininas.[15] Ellen tinha começado a lê-lo aos 30 anos e relia uma das cenas de sexo lésbico com tanta frequência que quebrara a lombada do livro. "Ele sempre abria ali", ela me contou rindo.

Quando conheci Ellen, ela estava começando a refazer sua vida, encontrando-se com mulheres, mas ainda dividia a casa com o marido e a filha, embora eu não soubesse disso naquela ocasião. Ela trabalhou por muito tempo na advocacia voltada para o serviço social em meu estado natal, Virgínia Ocidental, e foi uma fonte importante no início da minha carreira jornalística. Quando eu a entrevistei anos depois para este livro, quando ela já tinha saído de casa e se divorciado, ela me contou que, apesar de saber que sentia atração por mulheres desde a juventude, decidira, ainda adolescente, que se assumir não era uma opção para ela. Fora criada numa igreja batista numa cidadezinha no sul da Virgínia Ocidental. Ellen era a mais nova de três filhos e, na adolescência, era a única filha viva. Um irmão morrera aos 7 anos durante uma cirurgia rotineira quando Ellen tinha 3 anos. Depois, o irmão mais velho foi morto atropelado por um motorista bêbado ao acabar de concluir o ensino médio, quando Ellen tinha 13 anos. "Jurei que faria tudo o que estivesse ao meu alcance para fazer meus pais felizes", ela me contou. "Tomei a decisão e não a reavaliei até chegar aos 40."

Ellen conheceu o marido quando era adolescente e ele era o árbitro de uma partida de softball em que ela estava jogando. Eles se casaram quando ela estava com 24 anos e ele 28, e o casal teve uma filha, Sara, que nasceu cega em razão de uma condição congênita. Ellen e o marido amam muito a filha e ajudaram nos cuidados exigidos pela condição dela e com sua escolaridade. Era uma vida agitada e cheia, Ellen me disse. "Aprendi a adaptar e criar uma vida que fosse bem boa, até que deixou de ser."

Tudo começou quando Ellen e outra mãe casada que morava na cidade admitiram uma para a outra, com cautela no princípio, que ambas se sentiam atraídas por mulheres. Elas tinham noção do que isso poderia desencadear, como detonaria suas famílias e suas posições sociais naquela cidade conservadora, por isso, no início, ficou mais fácil escrever do que dizer qualquer coisa em voz alta. Elas começaram trocando cartas em que descreviam como se sentiam em relação às mulheres em geral e, no fim, como se sentiam uma em relação à outra.

As cartas iam e vinham, dando a Ellen um lugar para pôr em palavras aquele sussurro que ela nunca verbalizara em voz alta, e as duas analisavam as consequências de terem desistido do que queriam. Nenhuma delas tinha estado antes com uma mulher. Discutir a possibilidade de ficarem juntas, de acordo com o que Ellen disse em mais de uma dezena de cartas, despertava emoção e sensação de perigo. "Era muito tumultuado, porque estávamos divididas por causa das nossas famílias e sabíamos que estávamos fazendo algo duvidoso."

Afinal, Ellen começou um caso físico secreto com a mulher casada que durou três anos. A mulher com quem Ellen se relacionava não se via como lésbica, "e assim eu sentia certa segurança, porque não precisava tomar uma decisão". Mas a sexualidade de Ellen nunca tinha sido um problema para ela mesma, o que, por fim, admitiu para a outra. "Foi como: 'Ó céus, será que falei isso em voz alta?'", ela disse, pensando que passara metade de sua vida antes de conseguir verbalizar isso. "É bastante extraordinário o que somos capazes de fazer", Ellen me falou. "É óbvio que sou lésbica!"

Ela sempre teve em mente que, assim que a filha crescesse, poderia se expor e viver como lésbica aos 60 anos. Mas agora, aos 40 e poucos, isso estava acontecendo, embora ainda estivesse casada e a mentira pesasse sobre ela. "Isso causava uma devastação em meu sistema nervoso, sendo fragmentado sempre e de novo."

Levou tempo para a verdade vir à tona. "Eu me recordo de que não tinha certeza se algum dia criaria coragem para mudar minha vida." Quando o caso já durava dois anos, Ellen falou à sua namorada secreta que teria de contar ao marido sobre o relacionamento delas. A mulher se sentiu incomodada, mas o marido de Ellen reagiu de maneira mais aberta. Ellen disse a ele que havia um bom tempo que sabia que sentia atração por mulheres e precisava explorar esse seu lado, "e ele ficou bem com isso, mas não creio que tenha entendido – e talvez nem eu naquela ocasião – quanto isso era intenso em mim". Ele foi com Ellen a algumas sessões de terapia, e, juntos, eles desenvolveram um plano para dividir os cuidados com a filha e reorganizar a família.

O termo que ela e o marido usaram para descrever o arranjo que fizeram foi "vidas paralelas", algo que aprenderam num livro que consultaram. Eles combinaram uma estrutura em que Ellen podia explorar o que desejasse, mas a família continuaria unida sem tomar nenhuma decisão permanente sobre o relacionamento deles. E esperariam quatro anos para contar à filha. Quando a amante de Ellen terminou o caso delas, Ellen ficou com o coração partido. "Era um relacionamento em que havia respeito e cuidado mútuos. Só não podia funcionar por mais tempo." Mas ela também não podia voltar à situação anterior ao relacionamento.

Ellen e o marido estavam lidando com a situação de modo calmo, tentando ver o que poderia ser mantido em meio àquela mudança. "Ele achava que isso passaria e poderíamos viver juntos." Ellen se lembra em particular de uma conversa em que ele tentou fazer tudo funcionar.

"Nunca vou me esquecer disso, porque ele é um homem muito calado. Ele me olhou e disse: 'Ellen, não ligo para o que você faz. Só não nos deixe'", sua voz foi falhando enquanto ela recordava a cena. "Acho que isso me manteve lá por mais tempo. Mesmo que não houvesse qualquer raiva, o sentido era: 'Não deixo minha filha. Deixo você.'"

Ellen arranjou um emprego a uma hora de distância, mas ficava em casa o resto do tempo para cuidar da filha. Mesmo que tivesse começado a sair com algumas mulheres, ela não sentia pressa para dar entrada nos papéis do divórcio, o que significaria admitir aos amigos e à comunidade o porquê de Ellen estar saindo de casa.

Então, ela conheceu Sue.

"Sue me deixou muito fascinada", Ellen me disse. As duas trabalhavam com advocacia que atua contra a violência doméstica, inclusive na comunidade LGBTQ+. Sue era assumida, e quase imediatamente Ellen se assumiu para ela e lhe explicou o arranjo que permitia a ela e ao marido manter a família unida enquanto explorava qual seria o próximo passo. Quando ela conheceu Sue, teve a visão do que poderia ser sua vida e, poucos meses depois, Ellen "disse o quanto se sentia atraída por ela e como gostaria que passassem mais tempo juntas". Mas Sue não queria se envolver até que Ellen tomasse algumas decisões. "Até que a separação estivesse formalizada e o divórcio encaminhado, não teríamos nada mais concreto."

Ellen se sentia ainda mais dividida tentando viver duas vidas paralelas, o que a levou, afinal, a terminar o casamento. "Eu não podia ficar com ela da maneira que desejava. Era muito estressante", Ellen percebeu. Ela precisava fazer duas coisas que sempre evitara: falar com a mãe e com a filha.

Nesse meio-tempo, seu pai tinha morrido. Ela ainda se lembra com vivacidade da sensação física de pânico enquanto dirigia para a casa da mãe a fim de se abrir. "A conversa não foi tranquila." A mãe lhe deu um livro do seu pastor. "Chamava-se *When Homosexuality Hits Home* [Quando a homossexualidade bate em casa] e era para lá de ofensivo. Ela tem certeza de que vou para o inferno." Mais de uma década depois, elas não falam sobre a vida amorosa de Ellen, mesmo depois de ela ter se casado com Sue em 2013. "Ela ainda não conheceu Sue, recusa-se a isso." Mas Ellen, duas vezes por mês, dirige por duas horas para o sul, sozinha, para visitar a mãe. "Mantenho o relacionamento com ela porque decidi isso, mas é tudo nas condições impostas por ela. Sou filha única, e ela precisa de mim."

Depois que Ellen e o marido concordaram em contar à filha, então com 15 anos, que o casamento tinha terminado, Ellen falou para ela sobre sua sexualidade. "Ele me obrigou a fazer isso sozinha", ela se recorda. "Eu disse a ela que nós íamos nos divorciar porque eu saíra do armário e me assumira lésbica e, sabendo disso, não poderia mais viver com o pai dela." Depois, o pai entrou para conversar com a filha e fechou a porta. "Até hoje não sei o que ele lhe disse."

Ela recorda agora aquele tempo tumultuado e difícil como prova de que pode ser corajosa. Cerca de um ano depois que tudo tinha sido revelado, Ellen disse que a filha, de repente, exclamou: "Mãe, você está tão mais feliz!". E Ellen me disse que: "Vindo da própria filha, isso é uma validação. De modo intelectual, você sabe que está fazendo a coisa certa, mas ouvir essa afirmação de alguém que amo foi algo que nunca vou esquecer."

Tudo o que tinha temido que acontecesse caso se assumisse – rejeição, escárnio e marginalização por parte da comunidade – aconteceu. A mãe não aceitou a pessoa que Ellen ama. Ela se tornou um escândalo, e algumas amigas de longa data deixaram de falar com ela. Algumas falaram com sua filha pelas suas costas para expressar preocupação. Hoje, ela vê que não havia como ficar em sua cidade, onde morara a vida toda, como uma lésbica assumida.

Sair do armário não resolveu todos os conflitos e dissabores na vida de Ellen. Existem muitas coisas incômodas para lidar junto de Sue. Elas tiveram de imaginar como definir seu papel em relação à filha de Ellen – elas são bem próximas, mas decidiram não usar a palavra "madrasta" – e como lidar com a tensão nas idas e vindas de Ellen à casa da mãe, onde a existência de Sue não é reconhecida.

Mas Ellen aprendeu que amar uma pessoa não significa ser capaz de protegê-la sempre da mágoa. Embora admitir que queria algo diferente fosse terrível a princípio, ao começar a falar sobre isso aos poucos e, depois, cada vez mais sendo honesta quanto ao preço a pagar por tantas mudanças, ela enfim conseguiu parar de se esconder.

"A animação sempre esteve presente. Mesmo passando pelo divórcio, tão difícil, cada dia eu sentia uma nova liberdade", ela me disse. "É como descer uma encosta longa e íngreme sobre um piso liso. Você sente o vento nos cabelos. Sente a energia. Parece que voltou a ter 12 anos de idade."

"Meu corpo agora é diferente."

Para Ellen, afirmar sua identidade sexual era como declarar um segredo guardado por muito tempo, embora estivesse sempre consciente dele. Para ela, fazer isso era uma questão de coragem, não de superar a incerteza. Sabia o que queria.

Nossos desejos sexuais nem sempre são tão claros e muitas vezes são um objetivo inconstante. Os tipos de relacionamento que temos e as formas de sexo que desejamos variam de acordo com a fase da vida em que estamos. "Aprendi que se pode ter dezenas de despertares sexuais, cada um sempre diferente do último", Carmen Maria Machado escreveu na revista *Los Angeles Review of Books* em 2015. "Todas as vezes, eu aprendia algo de novo sobre meu corpo, sobre quem eu era. Sentia como se estivesse compensando pelo tempo perdido."[16]

Algumas vezes, desejos recém-vindos à tona pressionam nossos corpos para fases diferentes. Em outras ocasiões, são nossos corpos que impulsionam e forçam a mudança contra nossa vontade. Antidepressivos podem fazer isso ao bagunçar nossa libido. Da mesma forma que ficar mais velho. Ou doente.

Traci Smith estava com 44 anos e era mãe solo quando foi diagnosticada com câncer de mama. A mãe dela recebera o mesmo diagnóstico trinta anos antes, e elas nunca tinham falado a respeito. "Ela não queria dar muita importância a isso. Ela não queria incomodar ninguém." Traci, a princípio, teve o mesmo impulso. Primeiro, ela percebeu o nódulo debaixo do braço cerca de seis meses antes de consultar um médico. Depois, tomou conhecimento das estatísticas sobre o alto índice de mortalidade por câncer de mama em mulheres negras, apesar de a incidência ser um pouco menor em comparação a mulheres brancas não hispânicas, por causa da demora no diagnóstico e menor acesso aos cuidados médicos de alta qualidade.[17] Então Traci decidiu que "falaria sobre isso, porque não é uma doença que devo combater a portas fechadas".

Ao longo de quatro anos, Traci passou por uma mastectomia, radiação, uma mastectomia preventiva do outro lado e cirurgia plástica reconstrutiva. Mas tudo começou com seis meses de quimioterapia. Na clínica em que fez a químio, na Filadélfia, ela sempre chegava bem-arrumada e, muitas vezes, trazia um grupo de apoio com ela. "Embora estivesse doente, fazia questão de não parecer doente." Isso se traduzia em usar perucas e cílios postiços nas sessões de químio. Muitas vezes, quando chegava, médicos e enfermeiras pensavam que ela fosse uma acompanhante, e não uma paciente. Durante o que ela acabou por chamar de "festas de químio", a filha, o pai da sua filha e grupos de amigos se reuniam ali enquanto ela recebia as infusões. Às vezes, ela cochilava no meio da conversa porque a químio a deixava sonolenta.

Traci percebeu que havia outros pacientes, muito mais mulheres, que ficavam sozinhos e deprimidos durante as sessões. Ela ficou imaginando o que poderia fazer por eles e pensou em seu cabeleireiro, que foi uma das primeiras pessoas a quem Traci contou sobre seu diagnóstico. Ela propôs um dia de beleza no salão para as pacientes mulheres – e elas toparam. Treze mulheres que estavam passando por químio seriam cuidadas por um estilista e um maquiador. "Arrumei uma limusine e fui buscá-las", ela me contou. "Porque muito da nossa cura é cura mental."

Isso levou a *workshops* e reuniões de apoio mensais, cafés de confraternização do Dia das Mães e Noite das Mulheres promovidos pela organização sem fins lucrativos que Traci começou, a Traci's BIO (Beautiful Inside & Out; em português, bonita por dentro e por fora). Seu grupo se expandiu para atender outras mulheres negras com quem ela entrou em contato através de amigos em comum e do Facebook.

Conforme curtiam umas às outras, Traci descobriu que as pacientes que a seguiam queriam falar sobre as indignidades do câncer: a cirurgia que transformava a aparência dos seus corpos; a perda de cabelo e o mau hálito; unhas quebradiças das mãos e dos pés; a diminuição da libido; "o corrimento horroroso" e outras mudanças hormonais que as faziam se sentir ainda mais estranhas em seus corpos. "Quando você passa por químio, embora ela cure, não deixa de ser uma forma terrível de fazer o câncer deixar seu corpo. Então passamos a falar sobre isso."

Antes do câncer, não era assim que Traci agia no dia a dia. Sempre tinha sido uma pessoa discreta, que se sentia muito mais à vontade ralando no trabalho, bem longe dos holofotes. ("Eu fui vice-presidente da minha classe, não presidente, na sétima, oitava, nona, décima, décima primeira e décima segunda séries", ela conta, rindo.) Mas ela era motivada a falar com honestidade sobre as contrapartidas do tratamento de câncer para sublinhar para ela e para as outras mulheres por que o custo valia a pena.

"A questão número 1 sobre o que eu falava era a sobrevivência. Você precisa fazer tudo o que é preciso para lutar e sobreviver", ela disse. "Uma vez tendo sobrevivido, vamos falar do resto."

Traci era a moderadora, planejadora de eventos e conselheira nessas conversas. Ela orientava as amigas quando elas lamentavam por ter perdido o corpo que tinham antes da doença e lhe confidenciavam como os parceiros as apoiavam ou as rejeitavam depois disso.

Traci nunca tinha se casado e, enquanto conversava com as outras sobre como enfrentar essas mudanças, ela não estava tendo sexo com ninguém. Apenas não estava interessada enquanto passava pelo tratamento. "A última coisa em que você pensa é ter uma relação íntima. Tenho um seio, estou sem cabelo e não estou me sentindo eu mesma de jeito nenhum." E então, para surpresa de Traci, ela começou a namorar alguém alguns meses depois da última cirurgia de reconstrução.

Fazia um tempo que ela o conhecia. Ele era o dono do serviço de bufê que atendera um chá de bebê da família, depois o funeral da mãe dela e, por fim, um evento comunitário que Traci organizara. "Eu não estava procurando ninguém, ainda mais com este corpo maluco que tenho agora", ela disse. Mas ele, com jeito, a convenceu. "Ele precisava exagerar quando se tratava de elogios", ela admitiu. Ele dizia que ela era bonita, embora fosse muito orgulhosa para dizer a ele que precisava desse tipo de afirmação. "Ele sabia. Eu ainda não sinto este corpo como meu nem me sinto à vontade. Levou um bom tempo para que nos tornássemos íntimos."

Antes desse relacionamento, apesar de todos os esforços para melhorar sua aparência, ela não tinha de fato olhado para si mesma e visto como o corpo mudara depois das cirurgias. "Eu tinha muito medo. Acho que por uns bons seis meses usei sempre alguma coisa disfarçando os seios." A paciência do namorado foi vital para Traci. "É preciso ter alguém bastante compreensivo", ela disse, sabendo muito bem que alguns parceiros não conseguem lidar com o câncer e vão embora. O que ajudou, de certa forma, foi que a avó dele tinha morrido de câncer de mama.

Mas não foi seu namorado quem, no fim, a fez se sentir à vontade em seu próprio corpo. Foi uma sessão de tatuagem que durou seis horas. Depois dos implantes mamários e da cirurgia, uma opção era a reconstrução das aréolas, mas, para Traci, não pareceu certo fazer uma cobertura sobre a cicatriz. Então, uma semana apenas antes de passar um fim de semana com o namorado, ela tatuou uma rosa em todo o peito. "Não sou do tipo que gosta de tatuagens, mas ela cobre toda a parte de cima do meu tronco. Eu estava transformando em algo lindo o que, para mim, era feio." A tatuagem também declarava: "Meu corpo agora é diferente". Ela o estava aceitando, deixando que fosse mais do que tinha sido. Isso a ajudou a compartilhá-lo com mais alguém; ela não precisava escondê-lo.

Traci foi capaz de fazer isso por causa das conversas com outras mulheres. Elas lhe mostraram que nenhuma delas tinha gostado de como o câncer mudava seus corpos, mas que isso estava acontecendo de qualquer maneira. Quando ela começou a ter relações de novo, não tinha como esconder isso. Nossas cicatrizes e defeitos ficam visíveis quando temos intimidade com alguém. Colocar em palavras as cicatrizes e a jornada através do câncer ajudou Traci a compartilhar seu corpo com outra pessoa.

O modo como ela encarou tudo, primeiro nos grupos de apoio aos doentes de câncer e depois com seu novo parceiro, foi verbalizar algo pelo qual todos passamos de um jeito ou de outro. Nossos corpos podem se tornar estranhos para nós, por meio de doença ou velhice, de ganho ou perda de peso, de acidentes ou gravidez. Quem nós somos e o corpo em que estamos podem nos fazer sentir que não combinam. Nossos corpos se tornam um problema que queremos negar, disfarçar e ignorar. Isso apaga a chama da intimidade, que exige a exposição física do nosso eu, sua aparência e revela quando funcionam de maneira diferente.

Admitir que seu corpo está mudando, mesmo quando nutre sentimentos conflitantes em relação a ele, libera um pouco dessa vergonha. O que antes era um problema secreto que procurava esconder torna-se um processo normal e você pode falar sobre ele. Erotismo quente, sob luz fraca, é apenas uma das formas de sexo satisfatório. Depois de uma conversa aberta sobre mudanças em seu corpo, ligar-se a alguém consciente de todas as suas imperfeições físicas lhe dá alívio e satisfação.

Traci disse que isso a ajudou a aceitar seu corpo como ele está e sentir-se grata por aquilo que ele ainda lhe dá. "Estou num ponto, agora, em que não vou mais ter seios perfeitos. Nunca mais terei coxas perfeitas. Mas ainda estou aqui."

* * *

Falar sobre sexo – seja com alguém que mal conhecemos, seja com uma pessoa a quem amamos há décadas – é difícil. Quando começamos uma primeira conversa sobre sexo com alguém, muitas vezes estamos tentando manter a atração no auge. Queremos ser claros, sim, mas também desejamos rastrear fagulhas voando e saber em que direção estão indo. Isso não deixa muito espaço para constrangimento, tristeza, confusão, vergonha ou medo de ser abandonado. Mas o fato é que todos nós somos carentes, e cada qual tem uma carência própria.

Quando o sexo e a intimidade são muito bons, existe espaço para alguma inabilidade de ambos os lados, como o psicólogo Henry Dicks descreveu, em 1967, em seu estudo clínico de casais *Marital Tensions* [Tensões conjugais]. Ele observou que "o que faz uniões 'maduras'" é um tipo de amor não calibrado e ingênuo: uma "dependência infantil, não envergonhada, e sua gratificação por palavras e ações carinhosas".[18]

Conversas honestas sobre sexo abrem a porta para as necessidades que todos temos. E, quando se trata de sexo, falar também pode ser divertido – e bem picante – se for dito sussurrando ou perto da nuca. Mas, antes de ser divertido, precisa ser seguro. O que exige clareza do que ambos desejam, como Ty Mitchell faz, e revela as maneiras como deseja ser tratado em razão de mágoas anteriores, como Karla aprendeu a fazer. Ambas são formas de dar nome às variáveis de vergonha, confusão e medo. A conversa não as remove como fatores, é claro, mas evita que dominem a equação de modo silencioso.

Porque até mesmo a comunicação clara e proativa sobre sexo não impede que nos machuquemos. A conversa sobre sexo e relacionamentos pode ser acalorada e tensa, da mesma forma que outras conversas difíceis. E, como em qualquer negociação, um acordo no final não é garantido. Aceitar que a rejeição é uma possibilidade faz parte do negócio, como Cord Jefferson aprendeu. E falar com franqueza sobre sexo pode revelar ressentimentos e traições, como ocorreu com Megan e Paul, ou medos e hesitações, como para mim em relação ao Arthur. Esses conflitos podem ser superados, mas leva tempo trabalhá-los a dois e boa vontade de ambos os lados para mergulhar naquilo que *não tem funcionado* e o que cada pessoa vai precisar para manter o relacionamento.

Sexo e relacionamentos são excitantes porque não se sabe o que vai acontecer. Um elemento de perigo e mistério sempre está presente em nossa necessidade de nos conectar. Você pode falhar ou ser abandonado. Pode ter uma gravidez não planejada, contrair uma doença ou não conseguir conceber o bebê que tanto desejava. O que você quer pode, de fato, mudar com o passar do tempo. E, como Traci Smith sabe, seu próprio corpo vai mudar, quer você goste disso, quer não.

Conversas difíceis não passam ao largo desses riscos, mas podem oferecer uma ponte sobre o desconhecido, para encontrar um parceiro que consiga lidar com os perigos ao nosso lado. Ou, como Ellen Allen descobriu, elas podem ajudar a encontrar coragem para acionar o novo: verbalizar sua necessidade – mesmo diante de críticas, mágoa e rejeição – e ainda assim ir atrás dela.

Dinheiro

Eu estava apaixonada e vivendo um relacionamento longo antes de precisar pagar uma conta sozinha. Quando conheci meu primeiro marido, eu estava com 22 anos e tinha passado para o último ano em Stanford. Apesar de estar no meio do Vale do Silício na época em que o Google começava a contratar sua primeira grande leva de empregados, não me passou pela cabeça tentar ficar rica depois da faculdade. Em vez disso, eu estudava a história estadunidense e escrevia uma tese sobre protestos contra o racismo e direitos civis na Virgínia Ocidental. Em uma visita domiciliar para fazer uma pesquisa, conheci meu agora ex-marido, um homem engraçado, que fazia piadas sobre si mesmo, um pouco mais velho, que tinha acabado de se formar em Direito e trabalhava no mesmo estado que eu num pequeno escritório especializado em casos de direitos civis. No nosso primeiro encontro, ele me disse: "No momento sou advogado, mas o que eu queria mesmo era fazer filmes".

"Ah, sim", pensei. Aquilo me pegou, eu sempre tivera uma queda por tipos criativos – escritores, músicos, tatuadores –, mas dentro do razoável. Antes de encontrá-lo, tinha começado a descrever o tipo que me interessava como "um astro do rock com um trabalho diurno". Era atraída por homens que seriam capazes de trazer aventura, emoção e descontração à minha vida, mas sem muito risco.

Namoramos a distância durante o ano em que eu estava acabando a faculdade. Depois da formatura, voltei para casa, arranjei um trabalho não remunerado e me matriculei para cursar Direito, mas consegui meu primeiro emprego jornalístico e fui trabalhar numa emissora de rádio pública. Fomos morar juntos e começamos a montar a casa, primeiro com móveis de segunda mão, depois comprando móveis da Ikea, e então alguma extravagância na loja especializada em itens vintage de meados do século XX. Dividíamos as contas e um carro. Eu o deixava no escritório de advocacia no caminho para a estação de rádio. Quando estava com 26 anos e ele 29, nos casamos.

Depois do meu ex fazer 30, ele disse de novo que não desejava ser advogado pelo resto da vida. Que a intenção que manifestara e me seduzira – que ele era advogado, mas o que queria mesmo era fazer filmes – o perseguia. "Quero fazer faculdade de Cinema na Universidade de Nova York", me disse cerca de um ano depois que nos casamos. "Tudo bem", concordei a princípio. Então acrescentei com cuidado: "E quanto a mim, como é que eu fico?".

Ele se candidatou à universidade e entrou. Então soubemos que ganhara uma bolsa de estudos que cobriria a mensalidade inteira, e essa oferta irrecusável decidiu por nós: ambos deixaríamos nossos empregos estáveis, com direito a benefícios, e iríamos para Nova York. Comecei a telefonar para amigos e amigos de amigos de lá para ver se conseguia trabalho em alguma rádio. Mas estávamos em 2009, quando o jornalismo em particular, como a economia inteira em geral, estava em queda livre. "Não venha, não tem trabalho", um engenheiro de som me disse com sinceridade. "Falo sério, não venha."

Mas eu estava indo. Eu tinha de ir. Era o sonho do meu marido que estava se concretizando. Nos meses que antecederam nossa mudança, controlei com obsessão nossos gastos e guardei dinheiro. Achava que ver nossas economias crescerem me ajudaria a relaxar diante do fato de nós dois deixarmos nossos empregos. Não adiantou. Eu tinha vergonha de dizer a ele o quanto estava apavorada diante da perspectiva de deixar a vida que tínhamos. E não havia como fazer uma escolha. Como alguém vai recusar um bolsa de estudos integral da Universidade de Nova York? Como vai dizer ao seu marido, a quem ama e quer apoiar, que não quer ir com ele?

Então fomos, e consegui um trabalho numa rádio que cobria quase todas as nossas despesas, inclusive o aluguel de um apartamentinho no Brooklyn. No fim, só precisávamos assumir juntos um empréstimo estudantil durante os dois primeiros anos da faculdade. A parte do dinheiro, entradas e saídas, acabou por ficar bem.

Mas, no processo, as discussões sobre dinheiro revelaram um problema mais profundo.

Dinheiro é como oxigênio. Ele nos rodeia, fluindo para dentro e para fora da nossa vida – e, quando falta, nada mais importa. Dinheiro é o que viabiliza pôr comida na mesa, cuidar de quem amamos e investir em todas as coisas que expressam quem nós somos. Mas dinheiro também envolve muito mais coisas do que aquilo que compramos. Ele influencia como sentimos que crescemos em comparação aos outros. Ele distorce nossa maneira de ver o presente e o futuro, tanto com esperança quanto com receio. No fim das contas, o dinheiro muitas vezes determina nosso próprio valor – no sentido mais profundo da palavra.

"É uma coisa emocional e também concreta", a terapeuta financeira Amanda Clayman me falou no podcast *Death, Sex & Money*. "Ele é duas coisas ao mesmo tempo. Um símbolo e uma ferramenta."[1] Amanda apresentou um *spin-off* de *Death, Sex & Money* durante a pandemia da covid-19 quando o número de desempregados começou a subir. A ideia teve início quando eu e a equipe procurávamos por conversas francas sobre a natureza dupla do dinheiro e não conseguíamos encontrá-las. Queríamos ouvir as pessoas confrontarem a realidade do seu dinheiro – o que eles tinham e como isso estava mudando – e explorarem como esses números se encaixavam em seus valores e senso de identidade. "As pessoas precisam disso", nós pensávamos. Pelo menos eu pensava assim de verdade.

"É um grande tabu, e não estamos acostumados a ter essa conversa", me disse Brad Klontz, psicólogo e planejador financeiro certificado. Ele cofundou o Financial Psychology Institute em 2014, depois que terminou a pós-graduação com uma dívida enorme e se descobriu sozinho com essa carga mental. "Eu não queria me tornar especialista em psicologia financeira. O que desejava era descobrir a *expertise* já escrita, lê-la e seguir adiante, mas, quando procurei no campo da psicologia, o tópico dinheiro tinha sido totalmente ignorado."

O primeiro objetivo deste capítulo, portanto, é ajudar a sermos um pouco mais honestos com relação ao peso emocional do dinheiro, porque, por mais que possa ser deselegante falar sobre ele, o dinheiro está sempre lá, forçando você a pensar sobre o que ele representa (símbolo) e como você decide usá-lo (ferramenta). Quando tomamos decisões financeiras com alguém, ou decisões financeiras que afetem outra pessoa, a maioria não sabe ser direta. Essas são conversas que geram consequências nos relacionamentos íntimos – sobre nosso valor, de que modo nos sentimos seguros, quais são nossas obrigações com os outros. Pode levar tempo e exigir atenção para erradicar hábitos e significados peculiares que desenvolvemos em torno de dinheiro ao longo da vida. Mas, se não fizermos isso e não enfrentarmos conversas difíceis na sequência, não conseguiremos empreender o trabalho corajoso de fazer escolhas financeiras conscientes com aqueles que amamos.

Nas relações mais íntimas, porém, temos, no mínimo, o contexto que acompanha o conhecimento direto dos hábitos de gastar e economizar dos dois. Quando saímos da esfera privada do orçamento doméstico e entramos no círculo dos amigos e colegas de trabalho, a noção da vida financeira dos outros se torna mais opaca. Mesmo com pessoas próximas, todo mundo tem um incentivo para enfatizar a semelhança mais do que a diferença. Se alguma vez já teve um amigo que recebeu uma grande quantia inesperada ou um membro da família que passou por grandes dificuldades financeiras, deve ter sentido aquele calafrio de tensão onde, antes, tudo corria de modo tranquilo. Mas, sustento, as conversas mais francas e úteis sobre dinheiro se estendem nessas áreas de disparidade. Elas representam a forma de vermos como podemos ajudar um ao outro e nos ajudam a entender como o dinheiro está funcionando em nossa vida num contexto mais amplo.

Podemos pensar que somos educados quando nos mantemos mudos, mas há custos reais quando se foge da realidade do dinheiro em nome do bem-estar social. Conversar com colegas sobre faixas e negociações salariais vai lhe assegurar que não está sendo mal pago. Pedir ajuda durante uma crise ajuda a aproveitar fontes financeiras e emocionais que não descobriria sozinho. Compartilhar histórias envolvendo dinheiro também expõe as forças estruturais que dão condições a algumas pessoas para ir em frente e obrigam outras a lutar, mesmo que seus trabalhos sejam idênticos. Conversas abertas sobre dinheiro podem trazer mais clareza e mais dinheiro.

O risco que impede a maior parte das conversas sobre dinheiro é o nosso medo de comparação com a pessoa com quem estamos falando. Usamos muitos truques para encobrir nossa condição financeira; isso é verdade tanto para os relacionamentos mais íntimos quanto para as políticas nacionais. Vivemos numa época em que os bilionários da tecnologia usam jeans e tênis, pessoas batalhadoras carregam bolsas de grife e médicos e advogados estão afogados em empréstimos estudantis.

Evitamos e somos evasivos porque, mesmo em tempos de crescente desigualdade de renda, ninguém quer ser um desajustado nos Estados Unidos. A maioria deseja se apresentar como parte da honrada e trabalhadora classe média. "Apesar das evidências da crescente desigualdade de renda em anos recentes", segundo relatório da Gallup de junho de 2017, "os estadunidenses não estão mais dispostos agora do que no passado a se identificar nos extremos – superior e inferior – da hierarquia das classes sociais."[2] É desse modo que nos vemos, mesmo que um levantamento de 2015 do Pew Research Center mostre que a classe média não é mais majoritária nos Estados Unidos.[3]

Isso está começando a ceder, tendência impulsionada pelos movimentos de protesto como Occupy Wall Street e Black Lives Matter, que têm demonstrado como nem todos os estadunidenses têm uma oportunidade boa e justa de ser bem-sucedido. Uma pesquisa de 2020 da NPR/Robert Wood Johnson Foundation revelou que mais pessoas achavam que, nos Estados Unidos, estava ficando mais difícil para uma pessoa comum ganhar uma renda de classe média, em vez de ficar mais fácil ou permanecer na mesma.[4] Esse estudo foi realizado, observou a NPR, enquanto o Departamento do Censo relatava que a desigualdade de renda nos Estados Unidos tinha batido outro recorde.[5]

Ainda assim, nossas crenças mais enraizadas sobre dinheiro e como consegui-lo são bem duradouras. No mesmo estudo da NPR, pessoas em todos os níveis de renda estavam mais propensas a citar "trabalho duro" como um impulsionador essencial para o sucesso financeiro.[6] A maioria avassaladora também disse que o Sonho Americano ainda pode ser atingido por seus filhos e netos. (70% das pessoas que recebem menos de trinta e cinco mil dólares por ano acreditavam nisso, e os índices subiram a partir daí pelo rendimento.)[7]

Estamos confusos em relação ao modo como nos vemos no coletivo, por isso nossas conversas sobre dinheiro podem ser muito atrapalhadas! Na vida particular, fazemos todo tipo de ginástica verbal para evitar a verdade simples de que, em qualquer ocasião, o volume de dinheiro que temos é resultado tanto das nossas ações pessoais *quanto* de forças maiores que estão muito além do nosso controle. Sua situação financeira depende de tudo, desde a economia em escala mais ampla ao ano em que nasceu, às condições de seus pais e avós, aos caprichos de doenças e lesões e aos acasos.

Quando estou entrevistando pessoas no *Death, Sex & Money* sobre sua situação financeira, tento manter isso em mente. Avalio o quanto estou enfatizando suas escolhas pessoais em detrimento dos sistemas de que fazem parte. Por exemplo, se faço perguntas em excesso sobre como alguém decidiu assumir um empréstimo para cursar uma faculdade cara, de alguma forma estou deixando de fora a responsabilidade dos políticos e dos administradores da faculdade por transferirem uma parte tão grande do custo da educação superior para os estudantes e suas famílias? Quando se trata de dinheiro, os debates políticos nos dizem que ou condenamos os sistemas e as estruturas ou condenamos as decisões pessoais.

Essa é uma falsa escolha. Todos adquirem hábitos de gasto e de poupança, sim, mas também são ajudados ou atacados pelo intervalo entre as gerações e o patrimônio ou as dívidas com que, por acaso, nasceram. "Patrimônio, não renda, é o meio para ter segurança", escreveu Nikole Hanna-Jones na *The New York Times Magazine* ao defender reparações aos estadunidenses negros. "Patrimônio não é algo que as pessoas criam sozinhas; é algo acumulado por gerações."[8] Além disso, ficam as questões sobre de quem o trabalho, o tempo e as ideias valem mais. Sem sermos específicos sobre as formas como esses fatores se misturam, atribuímos grandes vitórias ou perdas vergonhosas a nossas características pessoais. Mas não é desse modo que o dinheiro funciona.

O objetivo que resta das conversas difíceis sobre dinheiro, então, é identificar quais partes das nossas preocupações financeiras estão sob nosso controle e quais não estão. Fazemos escolhas financeiras pessoais em meio a sistemas maiores: tudo o que vai dos custos de habitação até política fiscal e prioridades da rede de proteção social. Questionar esses sistemas é o que orienta os movimentos e debates políticos; e conversas privadas não vão resolver isso. Mas, ao entender onde nos localizamos nesses sistemas, podemos aliviar um pouco da carga mental depositada em nossas contas bancárias. Ao falar sobre o contexto maior da própria situação financeira, fica mais fácil ajudar e ser ajudado. É mais fácil pedir ajuda porque os desafios particulares deixam de ser apenas pessoais, e é mais fácil ajudar porque você percebe como sua boa sorte não é apenas resultado de sua inteligência, portanto você deve passar isso adiante.

As melhores conversas sobre dinheiro abrem espaço para falar tanto de forças estruturais quanto de escolhas pessoais. Elas revelam histórias diferentes que fazem parte da nossa identidade financeira, com as personalidades e os valores que trazemos para esses tipos de escolhas. Quando conseguimos olhar para ambos os aspectos com clareza, fica muito mais fácil conversar sobre dinheiro em termos práticos.

Pode parecer bizarro que seja necessário percorrer tantas etapas apenas para falar com mais segurança sobre a conta de luz. Mas é por isso que é tão difícil falar sobre dinheiro. E é por essa razão que a regra número 1 é esta: a melhor coisa para começar qualquer conversa sobre dinheiro é admitir que o dinheiro envolve muitas coisas mais do que apenas dinheiro.

Algo que aprendi da maneira difícil, porque era muito ruim em relação a isso.

"O que você quer?"

Entrei na idade adulta com uma série de ideias rígidas sobre dinheiro, por exemplo, que há formas boas e ruins de lidar com ele. Para mim, todas as formas boas minimizavam o risco: conseguir e manter um emprego estável, seguir a orientação de profissionais sobre quanto deveria poupar e não gastar em nada que pudesse ser considerado superficial ou vistoso. (Eu acreditava que, se fosse para comprar algo de que não necessitasse, só se fosse numa liquidação.)

Minha prescrição para ser uma adulta responsável não incluía deixar meu emprego e mudar para Nova York durante uma recessão a fim de que meu primeiro marido fosse fazer faculdade de Cinema. Essa contradição se alojou dentro de mim.

Economizar dinheiro me fazia sentir responsável, independente e segura, em contraponto, desperdiçar dinheiro, por mínimo que fosse, me fazia sentir mal. E eu tinha a sorte de não ter assumido muitas dívidas. Não tinha empréstimos estudantis graças ao fato dos meus pais pagarem a faculdade – meu pai era cirurgião, minha mãe fisioterapeuta. Quando comecei na rádio, meu ex ganhava mais do que eu em seu escritório de advocacia, mas o pai dele não era cirurgião – a mãe era professora e o pai não trabalhava mais. Ele tinha prestações de empréstimos estudantis e dívidas de cartão de crédito da faculdade, mas se preocupava menos com dinheiro do que eu. "Gaste o que tiver de gastar", ele me dizia quando eu ficava estressada por causa disso assim que fomos morar juntos. "Se em algum momento precisarmos gastar menos, gastaremos menos."

Eu achava isso reconfortante, porque estava aprendendo como ser adulta junto dele e ficava nervosa em função do quanto a vida custava de verdade. Tentei muitas coisas para afastar minha ansiedade nos meses que antecederam nossa mudança para Nova York – terapia, meditação, visualização criativa –, mas a única coisa que de fato funcionava para mim era conferir minhas contas bancárias. Ali eu via comprovado todo o meu esforço em relação ao dinheiro e à segurança: depósitos regulares na poupança, gastos controlados com rigidez, contribuições para plano de aposentadoria. "Você é responsável", eu ouvia aqueles números sussurrando para mim. "Você vai ficar bem".

Existe um termo para meu tipo de personalidade financeira, me disse o psicólogo financeiro Brad Klontz. É a vigilância clássica do dinheiro. Acredito que o dinheiro exija monitoramento e atenção constantes e me sinto responsável e fazendo a coisa certa quando fico obcecada a respeito.

A vigilância é um dos quatro roteiros financeiros que Klontz identificou em seu trabalho.[9] Os outros são: veneração pelo dinheiro (o dinheiro é a chave da felicidade), aversão ao dinheiro (o dinheiro é mau e corrompe) e status financeiro (o dinheiro classifica nosso valor e merecimento). São eles que representam os posicionamentos e os valores que carregamos para as discussões sobre dinheiro. Muitas vezes percebemos seus efeitos, como quando eles moldam nossas escolhas entre gastar ou poupar, mas não suas origens. Quando surgem embates entre personalidades financeiras, eles são explosivos porque cortam fundo. Desentendimentos sobre finanças, Klontz me disse, são "caracteristicamente ligados a algum instinto de sobrevivência, que são os mais difíceis de mudar".

Sair dos roteiros financeiros enraizados exige localizar de onde vêm essas crenças e considerar se elas são ou não verdadeiras. No contexto de relacionamento, examinar os hábitos financeiros um do outro pode forçar os casais a refletir sobre reações que se tornaram automáticas e verbalizá-las, Klontz observou. Pode incentivar a curiosidade entre um e outro que "faz a conversa toda deixar de lado a hostilidade, a raiva ou as posições inflexíveis, porque, no geral, só estamos tentando convencer nossos parceiros de que eles estão errados e nós estamos certos".

No meu primeiro casamento, nós não conseguimos imaginar como falar sobre os roteiros financeiros que cada um tinha levado para o casamento, e quais desses valores desejávamos que guiassem nossa vida conjunta. Talvez, por exemplo, eu pudesse ter admitido que sou uma gata assustada quando se trata de riscos calculados, então ele e eu poderíamos ter lançado mão de planos de contingência até eu conseguir neutralizar meus medos. Ou poderíamos ter ficado amigos de um cineasta rabugento em Nova York, que poderia ter apoiado os sonhos do meu ex de uma longa carreira enquanto me ajudava a acreditar que conseguiríamos imaginar um jeito de pagar por uma vida criativa como queríamos.

Não fizemos nem uma coisa nem outra. Meu ex e eu discutíamos por causa de cada decisão financeira: Ele ia arranjar um emprego nas férias de verão ou usar o tempo para trabalhar em cima de roteiros? Quanto do nosso dinheiro ele poderia gastar no orçamento do curta-metragem? Será que poderíamos nos permitir jantar fora? Como conseguiríamos nos sustentar em Nova York depois que ele se formasse?

No entanto, não sobrevivemos até a formatura. Antes disso, os anos de depreciação e ressentimentos explodiram quando estávamos num aviãozinho, voltando para Nova York depois de uma visita doméstica à Virgínia Ocidental. Um saco de plástico transparente do Subway estava no meu colo, com um sanduíche de peru suando lá dentro. Tínhamos passado o fim de semana nos bicando. "Não quero o que você quer!", ele, por fim, berrou para mim no avião. "Você quer ter uma casa, uma família, um trabalho regular. Eu quero filmar em toda parte! Quero morar na Europa! Não quero ficar preso!"

Baixei os olhos para meu sanduíche de peru. Ele tinha razão. Eu queria filhos, raízes e estabilidade. E não queria começar de novo. Mas não sabia o que dizer além de pedir que falasse baixo, porque todos no avião poderiam ouvir. Eu me sentia abalada por ouvir o conflito fundamental do nosso casamento ser verbalizado, e com muita clareza. Sua dinâmica tinha sido revolucionada pela mudança de carreira dele, revelando que tínhamos diferentes níveis de aceitação em relação a riscos financeiros. E, talvez, quanto aos riscos em geral: ele queria uma vida totalmente nova, e eu aquela que tínhamos. Ele se sentia aprisionado nela; eu me sentia rejeitada.

Trocamos outros insultos até que ele se afastou e me senti abandonada. Tenho me perguntado se posso atribuir nosso divórcio a diferenças irreconciliáveis em relação a dinheiro.

Isso parece ao mesmo tempo certo e muito simplista para abranger tudo o que tinha se desgastado. Nenhum de nós estava conseguindo mais o que precisava. Onde antes nos sentíamos como uma equipe percorrendo unida um mundo incerto, nos transformamos em duas pessoas separadas e ressentidas, pressionando em direções opostas e destruindo o que antes tinha sido uma visão compartilhada. Reduzir isso apenas à questão do dinheiro parece muito superficial para uma perda tão profunda. Isso é o que se perde quando as conversas desse tipo só se concentram em táticas financeiras pessoais, como contas conjuntas bancárias ou divisão de contas a pagar. Nossos interesses já não combinavam. Queríamos fazer escolhas diferentes – em relação ao dinheiro e à nossa vida.

Anos depois, olho para trás e sinto ternura pelo meu eu rígido e assustado, que continuava olhando para suas economias procurando se tranquilizar. E me sinto maravilhada pela coragem do meu ex em se lançar inteiro num sonho incerto. A coragem dele fez minha vida melhor. Se não tivéssemos sido casados, eu nunca teria me mudado para Nova York sem emprego em vista, no meio de uma recessão. E nada do resto da minha vida, em que me sinto tão bem, teria acontecido.

Mas nosso casamento não sobreviveu. Cerca de um ano depois que nos separamos, eu estava numa viagem entrevistando eleitores em vários pontos dos Estados Unidos. Em um café em Iowa, um fazendeiro me contou todos os altos e baixos pelos quais ele e a mulher tinham passado e quantos outros casamentos tinha visto desmoronarem sob pressão. O que os fazia diferentes? Perguntei. "Bem, para fazer funcionar, é preciso ter o mesmo projeto." Para mim e meu ex, todas as nossas conversas sobre como nos sustentar em Nova York eram uma distração para um desalinhamento maior. Enfim, não tínhamos o mesmo projeto.

Ficando solteira de novo aos 30 anos, aprendi que era capaz de cuidar de mim mesma sozinha. No momento em que passei a tomar todas as decisões, gastar começou a ficar mais fácil. Não era perda de controle, era autocuidado! Minha vigilância linha-dura parecia ter se acalmado. Ela reapareceu, porém, tão logo me apaixonei e precisei compartilhar outra vez.

"Para que serve o dinheiro?"

Meu divórcio, em retrospecto, foi como uma trama se desfazendo aos poucos. Como fizemos e deixamos de fazer, falar sobre dinheiro nos puxou e rompeu o tecido. Não nos sentíamos traídos por causa do dinheiro, apenas tínhamos objetivos diferentes. O caso nem sempre é esse.

Um casal, Hien e Mitchell, me contou uma discussão sobre dinheiro que colocou o relacionamento deles no meio de uma tempestade[10] depois que um dos parceiros investiu cem mil dólares da poupança conjunta num imóvel para locação de férias e manteve isso em segredo. Não acabou com o relacionamento deles, mas os dois ainda discordam em relação ao tamanho da quebra de confiança que isso foi, porque existe uma grande diferença entre suas crenças culturais acerca do dinheiro.

"Eu sabia que estava ajudando minha família", disse Hien, que tinha feito o investimento com o irmão. "Você entende, eu confio neles." E ele imaginou que seu companheiro também deveria confiar em sua família.

Hien sabia que Mitchell era mais conservador em relação ao dinheiro, então deixou de lhe falar sobre o investimento. Passaram-se mais de dois anos. E então o irmão de Hien lhe pediu mais quarenta mil dólares para cobrir os custos de renovação. Era mais do que Hien tinha em sua conta conjunta com Mitchell, mas o irmão insistiu.

"Ele disse: 'O que vamos fazer? Desistir da casa? Então não teremos tido lucro com ela!', Hien recordou. "Eu precisava contar para Mitchell. E precisei lhe pedir: 'Você poderia retirar algum dinheiro do seu plano de aposentadoria?'" Quando ele descobriu, ficou chocado e muito magoado. Considerou o investimento uma grande traição.

As diferentes posições e valores de Mitchell e Hien em relação ao dinheiro sempre foram fonte de desentendimento entre os dois, mas eles trataram isso como reforço para o modo como se contrabalanceavam. Quando esse conflito de grandes proporções aconteceu, eles precisaram imaginar o que tinha levado a isso.

Hien era criança quando veio do Vietnã para os Estados Unidos com os pais e os quatro irmãos. "Bem no início da guerra, tínhamos perdido tudo", ele disse. "Passamos da classe média para a extrema pobreza." Deixaram o Vietnã de barco em 1980, e, tão logo Hien começou a escola pública nos Estados Unidos, ele se concentrou em se realizar para o bem da família. "Precisava ir bem na escola para conseguir um bom emprego e, assim, ajudar meus pais. Essa era a minha grande motivação." Seus pais faziam parte de um clube de dinheiro com outras famílias vietnamitas, juntando e emprestando dinheiro umas às outras, então Hien aprendeu cedo que o trato do dinheiro era ligado a relacionamentos, muitas vezes fora do sistema comercial dos bancos. Quando sua família chegou aos Estados Unidos com tão pouco, "o dinheiro não nos definia, ainda éramos uma família", Hien disse. "Do mesmo modo não se ligava à estabilidade. Não tínhamos medo de recomeçar."

Ele e Mitchell vivem, agora, num duplex que dividem com uma das irmãs de Hien, e ele sente que seu destino entrelaçado com o de sua família não tem sido apenas fonte de pressão, mas também de segurança – o que, porém, muitas vezes é incompreensível para Mitchell. "Ele vai dizer: 'Não se preocupe, minha família vai cuidar de nós'", Mitchell me falou. "E eu nem sei o que isso quer dizer!"

Mitchell é treze anos mais velho que Hien e cresceu no sul dos Estados Unidos, numa comunidade da qual sente que conseguiu escapar. Ele é branco e, quando criança, o pai vendia carros e a mãe tinha uma agência de viagens. "Éramos uma família de classe média alta", ele conta. "E então perdemos tudo."

A mãe de Mitchell lutava contra o alcoolismo e, logo antes dele deixar sua casa para estudar Música num conservatório particular muito caro, ela o chamou para lhe dizer que estava perdendo sua empresa. Os pais, que vinham pagando pela educação de Mitchell e pelo apartamento, estavam pedindo falência, e ele estava por conta própria. Mitchell precisou deixar a faculdade e ganhar dinheiro servindo mesas como garçom. Afinal, ele se voltou para uma carreira em hotelaria, casou-se com uma mulher e, quando tinha 40 e poucos anos, assumiu que era homossexual. Quando se divorciou, Mitchell deixou quase tudo para a ex-mulher porque se sentia mal em relação ao dinheiro. Então, vinte anos depois de ficar por conta própria pela primeira vez, precisou recomeçar as finanças do zero. "Eu quero estar sempre livre de dívidas e separar algum dinheiro para poupar", Mitchell me explicou.

A irmã de Mitchell, sua única parente viva, ainda vivia em sua cidade natal. Ela desenvolvera esclerose múltipla e lutava para sair da casa que dividia com o namorado e os dois netos que estava criando. "Ela levou uma vida muito difícil, e nós dois temos, de algum modo, uma relação tensa, mas tento ajudá-la com dinheiro." Ele me disse que gasta de duzentos a trezentos dólares por mês para cobrir coisas como a conta de luz ou enviando vales de compras para o mercado, o que parece melhor do que mandar dinheiro.

"Só tento ajudá-la o melhor que posso", e acrescentou que muito do que ele dá vai carregado de culpa. Diferentemente de Hien, os eventos financeiros contribuíram para seu afastamento da família e reforçaram o sentimento de que dependia apenas de si mesmo. "De algum modo eu saí e tenho uma vida até que bem-sucedida, mas uma pergunta não me abandona: 'Como eu fiz isso? Por que saí?'"

Quando Mitchell e Hien se conheceram, ambos estavam refazendo suas vidas e finanças. Mitchell estava concluindo o divórcio e Hien acabara a faculdade poucos anos antes. Os dois tinham trabalho, portanto pagar as contas não era problema para ambos. Eles juntaram o dinheiro que tinham e, como a maioria dos casais, discordaram algumas vezes em relação a prioridades dentro do orçamento. Mitchell queria dar mais segurança para eles, em parte porque é mais velho e a aposentadoria parece mais próxima. Hien gosta de comprar coisas bonitas com o que eles ganham – ele consegue bons preços em roupas de luxo no aplicativo de compras Gilt – e dá um toque em Mitchell para se alegrar por poderem ajudar a irmã dele. "É sua família", Hien disse. "Isso é o que se faz."

Durante anos, isso pareceu uma competição saudável na tomada de decisões como casal, em especial porque tinham empregos que lhes permitiam economizar para a aposentadoria, comprar o duplex para dividir com a irmã de Hien e formar uma conta de poupança considerável. Quando Hien sacou escondido dinheiro da conta, ele disse a si mesmo que contaria a Mitchell que tinha investido o dinheiro e que não era apenas para ajudar seu irmão, mas também uma oportunidade de fazer dinheiro. Mas foi ficando mais fácil não trazer isso à tona. Quando, por fim, precisou admitir que tinha gastado o dinheiro sem dizer a Mitchell, também teve de contar que precisavam sacar ainda *mais* para a renovação ou se arriscariam a perder o dinheiro que Mitchell nem sabia que tinha sido gasto.

"Falei tudo de uma vez só. E foi difícil. Afinal, ele não desconfiava de nada", Hien me contou. Mitchell ficou arrasado. "Me senti muito traído e fiquei bravo", ele foi falando bem devagar. "É uma coisa que paira sobre nós." Hien sentiu-se muito mal por magoar Mitchell, mas também achou que Mitchell não tinha entendido. "Eu não pedi desculpas *na verdade*. Continuei dizendo, mas é família. É o que fazemos por nossa família", ele me contou. "Eu lhe disse: 'Não espero que você entenda, mas gostaria que confiasse em mim'. E ele respondeu: 'Confiar em você? Como você tem coragem de dizer isso quando me atacou pelas costas?'"

Eles me contaram o que tinha acontecido em conversas separadas e, depois, juntos pelo telefone, um ano e meio após Hien ter confessado. Como conversaram entre eles sobre isso, era evidente que a traição era uma ferida que quase cicatrizara. Mitchell me contou que, depois de Hien confessar, ele telefonou para seu consultor financeiro para garantir que Hien não pudesse fazer retiradas sozinho. Os dois precisavam assinar a restrição, uma providência que Mitchell ficou chocado por ter sido obrigado a tomar para proteger o dinheiro que partilhava. Além disso, Mitchell jamais teria feito isso com o dinheiro deles. Ele já tinha a impressão de que estavam gastando mais do que deveriam e precisavam separar mais dinheiro para os planos de aposentadoria.

Hien, contudo, ainda acredita que vão ficar bem, porque não acha que tudo recai sobre eles. "Minha família vai nos acolher e nos tratar como príncipes. Creio que essa é a segurança que Mitchell não tem", Hien me disse. "Acredito que, quando duas pessoas ficam juntas e têm origens tão diferentes, não conversam de verdade sobre isso até surgir um conflito como esse. Isso de fato nos forçou a dizer: 'Nossa, sua origem e o modo como pensa sobre dinheiro é muito diferente de como eu penso em função do meu relacionamento com minha família.'"

Ele continua firme na crença de que seu investimento com o irmão é o tipo da coisa que se faz para e com a família. Ele sabe que não deveria ter gastado o dinheiro sem falar com Mitchell, mas não se arrepende disso na qualidade de decisão financeira, em parte porque ele não vê o fato de investir dinheiro em propriedades para locação nas férias como menos inteligente do que num plano de aposentadoria. É apenas uma outra forma de fazer dinheiro e, como está fazendo isso com o irmão, e não sozinho, ele não sente necessidade de ser tão cuidadoso. Falar sobre o assunto na ocasião e depois junto comigo ajudou-os a enxergar como pensam de modo muito diferente sobre o que é ser responsável com as finanças. Eles nunca tinham feito juntos esta pergunta: para que serve o dinheiro?

Essa pergunta levanta pontos sobre como cada um pensa em relação a recursos, segurança, risco e interdependência. A forma pela qual aprendemos sobre dinheiro e seus valores em nossas famílias e culturas muitas vezes não é explícita. Até articularmos nosso pensamento sobre esse assunto, é difícil tomar decisões com outra pessoa cujos instintos financeiros podem ser bem diferentes. Falar sobre esses valores subjacentes também lhe dá a oportunidade de avaliar quais as crenças que quer conservar e de quais pode tentar se livrar.

Para Hien, que teve um relacionamento amplo e positivo envolvendo questões financeiras em sua família, o dinheiro é para contribuir e para criar mais estabilidade para si mesmo e para sua família extensa, mesmo que isso seja feito de modo não prescrito em comum pelos consultores previdenciários. Mitchell, que viveu por conta própria e sentiu a fragilidade dos relacionamentos, deseja apenas seguir as regras e proteger tanto a si quanto o companheiro. Para um, o dinheiro é para ser arriscado a fim de beneficiar uma família extensa; para o outro, o dinheiro é para poupá-los.

Mitchell ficou emotivo ao ouvir Hien pelo telefone. "Porque eu o amo muito e não o entendo em muitos pontos", ele explicou. "Mas, de certa forma, sinto que essa conversa nos ajudou a não colocar uma pedra sobre o assunto, mas sim a revê-lo e poder dizer: 'Tudo bem, agora compreendo isso melhor'", Mitchell falou para nós dois.

"Verdade?", Hien entrou na conversa. "Então você não vai mais falar sobre isso? Que bom!"

Eles riram, sabendo que não seria a última vez que isso surgiria entre os dois.

E, com o lado financeiro, tudo acabou bem para o investimento feito. Eles venderam a propriedade para locação em 2020, Hien me contou. "Estamos recebendo o dinheiro de volta, mais o lucro."

"Vamos montar uma planilha?"

Depois do divórcio, ficar de novo no controle do meu dinheiro foi um alívio. Eu tinha aprendido no divórcio, como Hien e Mitchell na crise deles, que decisões financeiras conjuntas envolvem muitas vezes coisas maiores do que dinheiro. Eu não queria me aborrecer com essas questões na espreita para atacarem. Tinha um emprego, estabilidade no aluguel do apartamento e sabia que ficaria bem com o lado financeiro. Estava no controle e me manteria segura.

Quando conheci Arthur, ele ganhava menos de trinta mil dólares por ano como estudante de pós-graduação em Wyoming. Ele usava o dinheiro que tinha e não pensava muito a respeito. Ele mantinha as contas em débito automático e, vez por outra, se de fato precisasse de algo que não podia ser coberto por sua conta bancária, apelava para os fundos que herdara da avó – uma pequena rede de segurança que esperava que durasse até ele arranjar um emprego.

Enquanto namorávamos a distância, com ele em Wyoming e eu em Nova York, mantínhamos nosso dinheiro separado e, quando estávamos juntos, negociávamos o pagamento das despesas. Quando Arthur se mudou para Nova York, começamos a procurar por um apartamento de dois quartos para trabalharmos em casa. Encontramos um que era perfeito – perto do parque para nosso cachorro e próximo de um mercado e de estações de metrô, mas o aluguel era mais do que o dobro do que eu pagava pelo meu primeiro apartamentinho na cidade quatro anos antes.

Eu ganhava mais do que Arthur, mesmo ele sendo duas vezes mais graduado que eu. Quando assinamos o contrato de aluguel juntos, tomamos consciência da disparidade ao abrir uma conta conjunta para despesas compartilhadas, cuja contribuição de cada um era proporcional aos nossos ganhos. Eu pagava mais, já que ganhava mais. Isso não me incomodou. Não me importava em dividir, mas não concordávamos quanto ao dinheiro que deveríamos gastar no aluguel de um lugar que funcionasse melhor para nós. Para mim, quando pensava em escrever aquela quantia enorme numa folha de cheque todos os meses, meu corpo tensionava e eu ficava com dificuldade de respirar.

Repassamos os números várias vezes para demonstrar que conseguiríamos arcar com o aluguel, e Arthur puxava outros anúncios para provar que aquele era o melhor negócio. Enquanto isso, eu ficava dizendo a mim mesma, com orgulho, que minha preocupação era um sinal de responsabilidade. Eu estava pisando no freio para nos salvar da ruína financeira e ignorando, convenientemente, que isso também me fazia sentir no controle. Arthur pressionou, eu enfim cedi, nós nos mudamos e ficamos bem. Conseguimos manter o lugar, e ele era tão confortável que, depois de alguns meses morando ali, meus protestos anteriores pareciam perdidos na memória.

Isso não me impediu de repetir essa dinâmica muitas vezes, inclusive nos meses que antecederam nosso casamento em 2015. Arthur recebeu uma ótima oferta de trabalho na Califórnia que não poderíamos recusar. Eu tinha de pedir à WNYC para que me transferisse para lá ou encarar a possível perda do emprego. Isso ativou minha memória de quando me mudei para Nova York anos antes. Só que dessa vez eu estava grávida. Havia tantas incógnitas que tratei de me concentrar naquilo que eu tinha conhecimento: todas as novas despesas que estavam a caminho. Do ponto de vista de Arthur, minha preocupação estava tirando o prazer de todas as coisas boas que estavam acontecendo. Interpretei isso como uma prova de que eu não poderia confiar em sua prudência.

O impasse nos levou a Patricia Kummel, conselheira de casais e advogada aposentada, que disse para focarmos as soluções práticas dos problemas, que era o que queríamos. Precisávamos de ajuda para montar um orçamento para a mudança, a vida nova na Califórnia e o nascimento do bebê. Como eu e Arthur fizemos uma lista das mudanças de vida que estávamos enfrentando, ela nos disse que, além de morte ou divórcio, a maioria dos grandes acontecimentos ocorre ao mesmo tempo: novo casamento, nova gravidez, novo emprego, nova casa. Patricia fez perguntas que nos levaram a descrever as diferenças entre nossas personalidades financeiras e, depois de algumas sessões, nos passou uma lição de casa:

fazer orçamentos individuais para nossa vida como pais na Califórnia. Poderíamos, então, comparar os valores diferentes que estávamos levando para a tomada de decisão. Eu tinha certeza de que venceria.

Na tarde do sábado seguinte, eu e Arthur nos sentamos na cama com os laptops lado a lado e começamos a montar nossas planilhas. De cara, fiz um trabalho rápido. Era eu que tinha todos os logins bancários e os pagamentos de contas à mão, então, enquanto preenchíamos as primeiras colunas do orçamento, eu puxava números relevantes, como o gasto médio em serviços e alimentação nos últimos doze meses. Naquela ocasião, tínhamos deixado de ir atrás da proporção entre os ganhos e desistimos de contas separadas, sobretudo porque nos darmos a esse trabalho não parecia valer a pena depois que nos casamos. Algumas pessoas fazem escolhas diferentes, mas decidimos que, já que tudo que ganhássemos ou trouxéssemos para o casamento era de ambos aos olhos da legislação de família de Nova York, podíamos deixar de lado essa chatice.

Lado a lado, inserimos os números da vida que estávamos vivendo em planilhas separadas. Passamos, então, à estimativa dos custos de morar num lugar onde nunca tínhamos vivido com um filho recém-nascido. Arthur olhava coisas como tarifas de estacionamento no campus em seu novo emprego. Eu procurava no Google "quantas fraldas um bebê usa por dia?".

Quando chegamos à parte de cuidado com filhos no orçamento, paramos para discutir as vantagens e desvantagens das diversas modalidades. Começamos visualizando como deveria ser nossa nova vida como pai e mãe que trabalham. Puxamos calculadoras de poupança para a faculdade e conversamos sobre quanto do custo da faculdade do nosso filho tentaríamos cobrir. Arthur calculou um item de babá mensal para saídas noturnas. Pouco a pouco, a conversa foi girando menos em torno de dinheiro e mais sobre como queríamos usá-lo para esse estágio novo da nossa vida como casal. Também percebi que Arthur não estava incluindo estimativas de gastos que fossem muito mais altas do que as que eu incluiria. Eram baseadas na realidade, não no medo, e o foco dele no gasto para o nosso presente – em oposição ao meu foco em economizar para mais tarde – era outra forma de cuidar da nossa família.

Quando entregamos nossa lição de casa para Patricia, nossas planilhas separadas tinham se tornado uma. Tivemos nossa filha, nos mudamos e começamos o longo processo de construir uma casa para nossa família.

Então tivemos outra filha. Ainda brigamos por causa de dinheiro, mas atualizamos aquele orçamento ao longo do caminho para antecipar alguns anos no futuro. Olhar para ele ainda pode ser opressivo e gerador de ansiedade. Entre cuidados com as filhas e com a casa, temos muitas despesas neste momento. Quando a covid-19 surgiu, acrescentei uma coluna para reunir "incógnitas" diversas: possíveis demissões na mídia, férias coletivas nas universidades, incertezas na creche. Esses itens não se encaixavam em nenhum cálculo da planilha, mas fazer uma lista em algum lugar para ter noção de quanto poderia estar em movimento me acalmou.

Ainda existe em mim uma parte que entra em pânico quando se trata de gastar – e a ouço com frequência! –, mas posso puxar a planilha para mostrar a mim mesma que eu e Arthur temos levado em consideração essas preocupações. Isso deixou mais claro o caminho a seguir em minhas conversas com Arthur sobre esse assunto a fim de focar as escolhas financeiras reais que temos diante de nós em vez de deixá-las se transformarem em outra disputa entre os sentimentos que temos em relação ao dinheiro.

"Esgotei minhas opções."

Quando eu e Arthur estávamos montando o orçamento familiar, conversávamos sobre nossos valores e prioridades, mas também tínhamos muitas questões financeiras básicas que perguntávamos um ao outro. "Espera aí, quanto você acha que vamos pagar de impostos? Aquela calculadora on-line diz QUANTO vai custar a faculdade quando nosso filho tiver 18 anos? As pessoas pagam mesmo tudo isso para morar na Área da Baía de São Francisco?"

Gerenciar o dinheiro sempre foi confuso, mas hoje as pessoas estão cada vez mais ilhadas conforme constatamos. A maioria não vai caminhando até uma agência bancária da vizinhança e se senta para um papo com um orientador financeiro profissional. Em vez disso, entramos na internet, pesquisamos artigos diversos sobre finanças pessoais e cuidamos das nossas contas e economias com alguns cliques todos os meses, enquanto isso, o número de agências bancárias está diminuindo nos Estados Unidos, três sendo fechadas por dia nos últimos dez anos, segundo o FDIC (*Federal Deposit Insurance Corporation;* em português, corporação federal asseguradora de depósitos).[11]

Se não tiver um companheiro ou um membro da família com quem falar em particular sobre dinheiro, pode ficar difícil imaginar a quem recorrer quando estiver confuso ou pressionado. Então, pode ser que ponha de lado lidar com isso, até uma emergência financeira o obrigar a ter uma conversa. "Passei muito tempo sem pedir ajuda e isso não foi bom para mim", a escritora Ashley C. Ford me contou numa entrevista. "Em que altura você tenta algo diferente e vê o que acontece?"

Ashley foi criada numa família em que ser direto quando se tratava de dar conselhos financeiros era normal. Ela cresceu em Fort Wayne, Indiana, com a mãe trabalhando como guarda no gabinete do xerife local enquanto criava quatro filhos e seu pai na prisão. "O dinheiro sempre pertencia a todos", isso valia, em especial, para as quatro irmãs de sua mãe e a avó de Ashley. Ninguém tinha vergonha em ficar sem dinheiro e pedir ajuda, porque as necessidades pareciam estar sempre circulando. "Todos sempre colocavam contas em nome de outra pessoa ou: pode me ajudar a comprar este carro? você pode ser meu fiador?" Mas isso tudo com uma condição: "Não peça nada a ninguém fora da família".

Mas quando Ashley foi cursar a faculdade a cento e trinta quilômetros de distância, na Ball State, ela percebeu uma mudança. A rede de proteção tinha desaparecido, e seu lugar era ocupado por contas de cartão de crédito e cheques de empréstimo estudantil endereçados apenas a ela. Ashley pagou a faculdade com uma combinação de subvenções, bolsas de estudo e empréstimos que somaram perto de oitenta mil dólares. Mesmo com seus empregos no campus, ela nem sempre conseguia cobrir as despesas.

Um casal a quem Ashley chama de "pais da faculdade", Becky e Mitch, foram em seu auxílio. Eles trabalharam com assuntos estudantis na Ball State durante anos, e Ashley foi babá de seus filhos. Ela podia falar sobre dinheiro com eles, mas pedir ajuda parecia diferente das conversas dentro da família. Não havia como contornar a diferença entre eles.

Então, quando ela perdeu seu alojamento, Becky e Mitch a convidaram para ficar no porão da casa e também lhe deram dinheiro, o que poderia ter sido muito tenso, mas Becky, com delicadeza e clareza, expôs seus termos. Ela disse a Ashley: "Só damos dinheiro na forma de presente", Ashley me contou. "Creio que estavam tentando dizer: 'Estamos ajudando a diminuir seu estresse. Assim, fazer você ficar preocupada sobre como vai devolver o dinheiro vai estressá-la ainda mais, o que invalidaria nossa intenção. Então não se preocupe com isso'. Tive sorte de encontrar pessoas assim em minha vida, e foram várias."

Isso desafiou sua ideia de como as pessoas cuidavam umas das outras. Quando se tornou adulta, chegou a acreditar que "a melhor coisa que pode fazer para outra pessoa é não precisar dela", ela me disse. "Para livrá-las da sua carga." Isso a tornou desenvolta e independente. Mas, quando Ashley de fato se viu em dificuldade, isso a impediu de falar sobre isso até sentir que não tinha mais opções.

Ashley deixou a faculdade em 2012, um semestre antes de se formar. Tinha estourado três cartões de crédito e estava trabalhando em três empregos – dois para entidades sem fins lucrativos e, em paralelo, como editora.[12] Ela dividia um apartamento com duas colegas. Não havia folga em seu orçamento, mas ele funcionou por um tempo, até que seu carro quebrou e ela não teve dinheiro para mandar consertá-lo. Ela não conseguia chegar aos empregos nas entidades de transporte público e foi despedida de ambos. "Então o trabalho de edição secou, e eles pararam de me chamar. Eu não tinha mais nada. Não tinha nada além de um lugar para morar."

Como estava sem renda, disse às colegas que não poderia pagar sua parte dos mil e cem dólares do aluguel. Ela pretendia que a conversa fosse um alerta de que deveriam estar sentindo falta da sua parte do pagamento, mas elas a surpreenderam. "A expressão delas era de 'seguramos as pontas'". Elas não fizeram um acerto formal ou estabeleceram uma data para Ashley devolver o dinheiro. Em vez disso, as colegas trataram o caso como uma emergência temporária. "Era como se dissessem: 'Gostamos de ter você morando aqui e amamos você. Fique. Não pretendemos ir a lugar nenhum. Se chegar um momento em que não seja mais possível lidar com isso, nós lhe diremos. Enquanto isso, sossegue. Procure um emprego.'"

Sentir essa assertiva simples e amorosa – de que não estava sozinha naquela crise e de que precisar de ajuda não era um grande problema – tirou Ashley do pânico em que se encontrava e lhe deu espaço para pensar em arranjar um emprego que pudesse contribuir para ela no longo prazo.

As colegas cobriram seu aluguel por dois meses. Ashley arranjou trabalho numa empresa de telemarketing, conseguiu seiscentos dólares com a venda do carro para um ferro-velho, pegou alguns frilas de redação e pagou as colegas em quatro meses. No mesmo ano, o portal *Buzzfeed* a recrutou como escritora e pagou sua viagem para Nova York. Ela chegou lá com oitocentos dólares.[13]

Ashley escolheu as pessoas certas para falar quando estava sem opções. Sem a ajuda delas, as emergências financeiras temporárias poderiam, com facilidade, mudar o rumo da sua vida, com anos de uma espiral crescente de dívidas e oportunidades perdidas. Quando se trata de aconselhamento financeiro, ou ajuda monetária concreta, o que funciona num relacionamento às vezes não funciona para todos os relacionamentos próximos. "Nem toda transação econômica é compatível com todas as relações íntimas", escreveu Viviana A. Zelizer, socióloga de Princeton.[14] Ela se define como "socióloga de economia relacional". Em outras palavras, ela é especialista na arte de imaginar quem é a melhor pessoa a quem pedir ajuda quando você precisa.

Nas duas ocasiões em que Ashley encarou problemas financeiros agudos, ela precisou reunir coragem para admitir que não sabia o que fazer. Antes que descobrisse como pedir ajuda, alguém se ofereceu para lhe dar ajuda financeira. Foram conversas delicadas, porque a dignidade de Ashley estava em jogo. "Resisti muito à ajuda deles", ela me disse. Quando deixou que a ajudassem, descobriu uma nova e profunda forma de amor existente fora da família. "Eu não era responsabilidade deles. Essas pessoas estavam me ensinando que há mais para mim no mundo do que eu imaginava."

A maneira como essas conversas se deram revelou a Ashley tanto a espécie de relacionamento que tinha e que poderia ter com essas pessoas quanto sobre dinheiro. Ou, para expressar de modo mais acadêmico: "As pessoas se esforçam para descobrir arranjos econômicos que confirmem não só o entendimento daquilo que seu relacionamento envolve como também o sustente", Zelizer escreveu num artigo com o título ambicioso "Os mercados envenenam a intimidade?".[15]

Mercados e dinheiro não precisam envenenar a intimidade, mas podem complicá-la. Tomar empréstimo e emprestar dinheiro pode criar ressentimento concreto que surge quando alguma outra coisa dá errado no relacionamento. Quando se está num momento de aperto financeiro e precisa de ajuda, escolher com quem vai falar é tão importante quanto o que vai dizer.

Ashley acabou por concluir os últimos créditos da faculdade e agora está mais em paz com suas finanças. Com uma movimentada carreira de escritora, palestrante e apresentadora de podcasts, pessoas que ama lhe pedem dinheiro. Ela usa as mesmas técnicas que a fizeram se sentir à vontade quando era ela que pedia. Sua mãe não pede quase nunca, mas, quando pede, Ashley garante a ela que está dando de coração o que pode e que isso não vai criar ressentimento. "Lido com a situação dizendo: 'Mamãe, prometo que nunca vou chegar à falência por ajudá-la.'" Ela disse que, embora se considere generosa por natureza, "tento não ser irresponsável com meus recursos. Posso quebrar algum dia, mas não será por ter dado todo o meu dinheiro. Nem mesmo para minha mãe". Quando precisa negar algum pedido de dinheiro, ela é clara e direta. "Um belo 'Não' ou 'Não posso agora' não deve significar que vai perder alguém que ama, mas, se isso acontecer, isso era amor? Resposta rápida: não."

Ela aprendeu outra lição fundamental quando se deixou chegar ao ponto de precisar de ajuda. Viver as próprias emergências de dinheiro e ser capaz de ajudar outras pessoas a atravessar as delas mostrou a Ashley que as crises financeiras e a incerteza podem ser temporárias. Não são um veredito sobre nosso valor intrínseco ou desmerecimento. Acrescentar a qualificação de que é um problema *neste momento*, em oposição a descrever um problema interminável, direciona a conversa para a solução do problema atual. Assim que Ashley toma conhecimento da necessidade e da urgência do pedido, ela faz um cálculo simples com base no que tem disponível – sem se perder em julgamento moral sobre quem merece o quê.

"Sei o quanto dei duro para não ganhar nada", ela acrescentou. "Sei quanto minha mãe trabalhou para não ter quase nada. Saber como vivo agora, quanto dinheiro eu ganho agora e o que preciso fazer para ganhar a quantidade de dinheiro que ganho agora ainda significa trabalho, mas não é nada comparado ao que minha mãe, minhas tias ou minha avó tiveram que fazer para sobreviver. Não chega nem perto de quão duro é para a mente e para o corpo", disse Ashley. "Não chega nem perto."

"Estamos chegando de lugares diferentes."

Nos momentos de crise, pessoas da vida de Ashley C. Ford apareceram para ajudá-la, com conselhos e dinheiro conforme ela precisou. Parte do apoio veio de mentores mais velhos, onde já existia uma dinâmica estabelecida entre orientador e estudante, mas ela também contou com as colegas – suas companheiras –, que a ajudaram sem fazê-la se sentir marginalizada.

Mas algumas vezes diferenças de acesso ao dinheiro e de patrimônio criam mudanças duradouras na forma como nos conduzimos em relacionamentos próximos – entre parceiros de trabalho, amigos e irmãos.

Identificar essas diferenças é importante, mesmo que isso possa parecer incompatível com a intimidade. No entanto, diferenças não expressas podem se transformar em ressentimentos silenciosos. Assim, quando estiver fazendo um novo amigo, inclua em sua história pessoal como seus pais se saíram com as finanças e como isso ajudou ou prejudicou você. Sua história financeira é o principal fator para você ser quem é e ter chegado onde chegou. Trocar essas histórias também deixa claro como a economia está funcionando de forma diferente na vida de cada um de vocês. Falar a respeito disso ajuda ambos a verem que o destino de seus pais resultou um pouco de forças maiores estruturais. Constrangimento, culpa e inveja estarão presentes quer você diga, quer não que existe uma diferença financeira entre vocês. Você também pode enfrentar isso.

Conversei a esse respeito com a escritora Cynthia D'Aprix Sweeney porque ela ficou famosa por escrever com detalhes sobre dinheiro em seu romance *A grana*. Publicado em 2016, o livro trata de quatro irmãos orbitando entre si na expectativa de uma herança.[16] Diferentemente de suas personagens, Cynthia não cresceu em berço de ouro. "Não havia dinheiro de família, muito pelo contrário", ela disse, rindo. "Meus pais são bastante generosos, e sempre brinquei que só espero que não deixem dívidas. Isso já seria muito bom."

Ela não entendia o impacto da riqueza herdada quando chegou a Nova York depois da faculdade. "Não acreditava que fundos de investimentos fossem uma coisa real que pessoas de carne e osso tivessem", ela disse. Ela percebeu que seus companheiros de trabalho, que tinham o mesmo cargo que ela, compravam roupas novas que ela não podia pagar e passavam férias em lugares com que ela apenas sonhava. "Eu pensava: 'Será que administro meu dinheiro tão mal?'" Como não se falava de como o dinheiro de fato funcionava na vida dos colegas, Cynthia supunha que não estava à altura deles porque *ela* estava fazendo alguma coisa errada.

Perto dos 30 anos, ela ficou obcecada pelo desejo de saber como os outros estavam fazendo isso. "Eu fiquei muito obcecada querendo saber como as pessoas lidavam com o dinheiro para viver em Nova York e ter uma família, que era algo que eu queria muito fazer. Eu meio que bisbilhotava por aí e a resposta era sempre dinheiro de família. Fui tomada pelo rancor, a ponto de me sentir muito mal em relação a isso."

Rancorosa, sim, mas não menos obstinada em descobrir as histórias financeiras dos seus amigos. Ao se tornar mãe, ficou mais fácil colher informações. "Ter filhos facilita sua entrada na vida dos outros de um modo que a amizade por si só não lhe confere." Cynthia se lembra de encontrar uma mãe numa pizzaria do bairro, em Manhattan, "e então, depois daquela espécie de flerte materno e contato visual, começamos a conversar, e eu gostei dela de verdade". Sua nova amiga convidou-a para ir à sua casa, e Cynthia recordou: "Era um dos mais belos apartamentos de Nova York em que eu tinha entrado". Era enorme, com grandes janelas emoldurando trechos do rio Hudson. "Apenas olhei para ela e disse: 'Meu Deus, quanto vale este apartamento?'. Fiquei morta de vergonha na mesma hora. Ela ficou vermelha como um pimentão e começou a falar como seu marido era bom em fazer negócios, e não tive uma resposta clara."

Cynthia tinha presumido circunstâncias semelhantes às deles quando tinham se dado bem, quando na verdade havia muitas diferenças. Aquilo fez os contrastes evidentes de como eles viviam parecerem supermisteriosos, o resultado de uma simples estratégia de vida que, de algum modo, Cynthia sentia falta. "Acho que eu pensava: 'Existe um túnel secreto! É assim que você consegue um apartamento'", ela me contou, rindo. Cynthia sabe, agora, como não deixar escapar uma coisa dessas e, claro, apenas iria para casa e se informaria sobre o apartamento no site de uma grande imobiliária. Mais tarde, ela descobriu que o marido que era bom em fazer negócios também era banqueiro.

Ter essas diferenças reconhecidas em voz alta é o que torna essa conversa tão incômoda, porque, repito, fomos treinados para esconder nossas diferentes posições financeiras, em especial entre nossos pares. O marido de

Cynthia não era banqueiro. Naquela ocasião, ele era aspirante a comediante e autor de comédias. E, por mais estranha que fosse essa conversa, ela a ajudou a não se abater quando sua vida não parecia com a de algumas das suas amigas. Aos poucos, ela criou mais confiança para iniciar conversas em torno do porquê de as coisas serem assim. Ela me contou:

> Ficou um pouco mais fácil dizer coisas como: "Adoraria encontrar um lugar por aqui que conseguíssemos pagar, mas não sei se podemos fazer isso". E, algumas vezes, as pessoas diziam: "Bem, você sabe... nós também não teríamos conseguido. Meu pai nos deu a entrada para o apartamento" ou "Herdei algum dinheiro da minha avó". E parecia que tinha vindo de um lugar piedoso. Como se me dissessem: "Não sinta como se tivéssemos encontrado um caminho para isso. Não encontramos. Só tivemos sorte nesse aspecto".

Descobrir isso não deixou Cynthia com menos inveja ou achando que o mundo fosse mais justo, mas, pelo menos, ela não se sentia mais como uma tola que tinha estragado tudo. Suas lutas com o setor imobiliário de Nova York não eram um fracasso pessoal. No fundo, em muitos casos, a diferença era o acesso à fortuna da família. Não era fácil para ela aceitar isso, mas, por fim, tinha entendido.

Então a condição financeira de Cynthia mudou. Seu marido conseguiu um trabalho regular para escrever para um programa novo, apresentado por um jovem comediante chamado Conan O'Brien, e, no início, o cheque mensal de pagamento parecia uma dádiva divina. "Estávamos num momento em que, se conseguíssemos pagar a fatura do cartão de crédito, já seria maravilhoso." Acabaram poupando trinta mil dólares. Isso foi em meados dos anos 1990, e eles puderam comprar um apartamento no Brooklyn com 10% de abatimento depois de ignorarem o aviso de todo mundo de que não era inteligente comprar com menos de 20% de desconto. Cinco anos mais tarde, eles venderam o apartamento por setenta mil dólares – mais do que o dobro do que tinham pagado por ele – e compraram uma casa típica com fachada de arenito vermelho.

Ganharam dinheiro com aquela casa também quando a venderam, ao se mudarem para Los Angeles, e compraram outra casa boa. Tão boa que, depois de Cynthia concluir seu mestrado em Escrita Criativa já na casa dos 50, não se sentiu à vontade para convidar as colegas de turma para uma festa de graduação, em especial por saber que muitas delas estavam lutando para pagar suas contas. Do mesmo modo, ela não sabia, na verdade, como lidar com essa diferença. Não estava acostumada a pensar em si mesma como aquela que estava em situação financeira mais segura.

Grandes mudanças na posição financeira, com frequência, são acompanhadas de sentimentos complexos. "Isso ajuda a explicar por que ganhadores de loteria torram todo o seu dinheiro", me explicou o psicólogo financeiro Brad Klontz quando conversamos a respeito da ansiedade social que pode vir com a ascensão. "Ficar fora da sua zona de conforto, do seu âmbito familiar e dos seus amigos em relação às finanças cria tal ansiedade que eles se livram do dinheiro e, então, não se sentem mais estressados."

Klontz chama essas zonas de conforto de "tribos socioeconômicas", porque perder ou ganhar dinheiro pode nos separar da nossa comunidade e ameaçar o senso de pertencimento. "Para as pessoas que estão na mesma zona que você, é muito mais fácil e seguro contar-lhes quanto dinheiro investiu, qual sua renda anual. É muito menos arriscado."

Cynthia sentiu esse incômodo e tentou minimizar seu sucesso, mesmo sendo evidente pelo lugar em que estava morando que tinha mudado de classe. Então ela vendeu seu romance de estreia *A grana*. "Vendi o livro por mais de um milhão de dólares e isso virou notícia", ela me disse categórica. Ele foi baseado no texto que tinha escrito nas oficinas de graduação, e já não podia mais esconder o quanto suas finanças progrediam em relação às pessoas que considerava como iguais, porque isso era de conhecimento público. "Eu me lembro de dizer ao meu marido: 'Nunca vou escapar da influência dessa narrativa'. Mas, de verdade, essas questões desapareceram assim que o livro começou a vender bem. Ninguém mais me perguntou sobre o sucesso."

Sua situação financeira mudou antes do seu senso de identidade. Ela ainda pensa em si mesma como aquela garota acelerada que chegou a Nova York sem contatos, que veio de uma família sem rede de proteção financeira. "Minhas três irmãs mais novas, como a maioria das pessoas, estão tentando pagar as contas. Elas têm anos bons e anos difíceis. É duro ter mais do que as pessoas da sua família." Cynthia me explicou isso bem devagar, com muito cuidado. Ela sabia que dava a impressão de uma mulher branca rica se lamentando, e ela sabe como dói quando alguém próximo está se dando bem enquanto você passa por dificuldades. "Creio que era assim que costumava me sentir em relação aos amigos que eu achava que tinham coisas que eu gostaria de ter. Tenho certeza de que disse de modo sutil uma porção de coisas impróprias como: 'Sim, seria ótimo, eu gostaria de poder morar neste bairro, eu gostaria de ter todo esse dinheiro.'" Ela continua: "Não estava tentando fazer alguém se sentir mal, mas talvez, de certo modo, eu estivesse".

Agora que ela está do outro lado dessa barreira econômica, o que ela tinha em comum com as irmãs é algo que não compartilham mais. Ela aprendeu que, para ela, a melhor forma de lidar com o peso das tensões é admitir que elas estão aí, com cuidado para não insistir no ponto. Ela é generosa com seu dinheiro e, quando o divide com alguém, mantém uma conversa rápida, a fim de entregá-lo sem enfatizar demais o ato para não constranger as irmãs, como quando ela recebeu um cheque pelos direitos autorais de *A grana* perto dos feriados e dividiu-o entre as famílias das irmãs e seus pais: dois mil e quinhentos dólares para cada membro da família, mais algum dinheiro extra para os pais. A cada cheque, ela anexou um bilhete, explicando que tinha recebido um ganho inesperado e queria compartilhá-lo com eles. "Eu disse que agradecia por não serem parecidos com as personagens do meu livro", ela me contou. "Foi divertido e foi bom. Também percebi que não vai resolver o fato de eu querer que todos estivéssemos na mesma situação."

Uma conversa nunca vai apagar as diferenças entre suas posições financeiras, mas admiti-las ajudou Cynthia a se acostumar com elas. "É um pouco autoindulgente se sentir mal desse modo por muito tempo." Ela se manteve agindo sempre que percebia que era necessário, como na ocasião em que os pais se viram diante de contas médicas elevadas. Essas transações não foram acompanhadas de conversas longas e extenuantes com a família. Em vez disso, ela logo observou que estava em posição de cuidar da despesa e cuidou. Tudo deixou de ser tão pesado.

Depois, ela começou a fazer isso sem precisar se omitir e deixou de lado o impulso de minimizar seu sucesso. Em agosto de 2020, Cynthia anunciou que a fundação dela e da família do marido investiria cem mil dólares num novo programa de bolsas para publicações a graduados em instituições historicamente negras. Ela havia acabado de escrever outro romance e recebido um pagamento que cobria anos de trabalho, os filhos já estavam fora da faculdade, e ela teve algumas conversas com um consultor sobre como lidar com as doações de modo que fossem mais organizadas. Ele lhe disse para pensar sobre o que pretendia. Ela estava em posição de dar dinheiro para tornar o setor editorial mais acessível, ainda assim, a princípio, queria fazer uma contribuição anônima.

"Não me sentia à vontade. Tinha medo de parecer como se estivesse me autopromovendo." Mas seu editor, que a ajudou a montar o projeto, lhe disse para usar seu nome, convencendo-a de que era significativo que um autor que havia se saído bem agora estivesse contribuindo para criar oportunidades para pessoas que nem sempre sabiam como ter acesso ao restrito mundo editorial.

Por mais embaraçoso que fosse, Cynthia decidiu fazer a doação sem ser no anonimato a fim de atrair a atenção para o fato de que existem, na verdade, túneis secretos. Não para apartamentos chiques que estejam ao alcance de todos, como ela desejara quando era uma jovem mãe, mas para uma série de oportunidades. Quando você não tem dinheiro ou os recursos que acompanham a proximidade com o dinheiro, pode ser difícil até mesmo saber por onde começar.

"Esta é uma questão do sistema."

Emergências financeiras podem ser traiçoeiras. Quando não temos o suficiente para pagar por aquilo de que precisamos, escolher entre uma dificuldade temporária ou uma punição que mude sua vida pode, à primeira vista, parecer uma questão de atitude. Cartões de crédito ou empréstimos de curto prazo podem cobrir um rombo, e aquele débito vai parecer obscuro e abstrato, então deixe-o girar enquanto bem entender. Isso é sinal de rumo errado ou um teste da sua engenhosidade?

"O problema com a negação é que, quando a verdade aparece, você não está preparado", Nina LaCour escreveu em seu romance *Estamos bem*.[17] Danielle Muñoz vê uma porção de gente despreparada em seu escritório. Ela dirige um centro de apoio a crises para estudantes na Sacramento State University, onde as matrículas batem recorde enquanto os aluguéis locais estão no topo das listas nacionais.[18] O trabalho dela destina-se a ajudar estudantes em qualquer tipo de crise, mas, desde que começou, em 2016, é o dinheiro que os traz à sua porta. "Seria possível pensar que o problema estivesse por toda a parte, mas não. Está sempre relacionado ao aluguel."

Danielle me contou que, logo que conhece o estudante, ela começa por oferecer o que chama de "cuidado individualizado". Antes de falar em números ou opções ou sobre a crise de moradia na Califórnia, ela agradece o estudante por ter vindo. "Eu reconheço que é bem difícil para as pessoas pedirem ajuda, tão difícil que acho que elas levam anos para fazer isso."

Os estudantes, em geral, a procuram depois de ter contado a outra pessoa no campus que estão enfrentando uma emergência financeira. "A maioria não aparece dizendo: 'Oi, não tenho onde morar'. Eles dizem: 'Não vou poder fazer o trabalho que passou para mim porque estou enfrentando isso'. Aí é onde está o estigma", ela conta, por isso, muito do seu trabalho é garantir que instrutores e professores saibam onde e como indicá-la para estudantes.

Esse foi o caso de uma aluna chamada Alejandra.[19] Ela foi encaminhada para Danielle por uma professora que percebeu que ela estava bem nervosa depois de entregar uma prova. A professora a abordou antes que ela conseguisse sair e lhe perguntou se estava bem. "E eu desandei a chorar", Alejandra me contou. "Eu lhe disse que achava que não terminaria o semestre porque precisava arranjar um emprego para ajudar meu marido com as despesas."

Alejandra tinha 40 e poucos anos e estava se esforçando para se formar havia mais de seis anos, primeiro num curso de ensino superior de curta duração em meio período e, depois, em período integral para tentar, enfim, concluir seus créditos em Desenvolvimento Infantil e estudos envolvendo surdos. Quando ela ingressou na universidade, o emprego do marido numa seguradora era suficiente para sustentá-la e os três filhos. "Sabíamos que ia ser sacrificado, mas não contávamos com a possibilidade de ele ficar desempregado."

Então ele foi demitido "e arrumou outro emprego, e foi de novo mandado embora um ano depois. Então ficou um ano sem conseguir trabalho, depois arrumou outro e foi despedido. Tem sido um liga/desliga". Quando nos falamos pela primeira vez em 2018, o marido de Alejandra estava trabalhando como técnico de conserto de computadores contratado. "Agora, se ele perder o emprego, não sei o que pode acontecer", ela me falou naquela ocasião.

Enquanto tentava concluir a faculdade, ela acumulava bolsas e empréstimos estudantis para cobrir a matrícula e as despesas familiares. "Então acabou", ela me disse. Ela não conseguia fechar as contas, sobretudo em Sacramento, onde vivia havia vinte anos, porque o custo de vida vinha se tornando cada vez mais fora do seu orçamento. Sua família pagava mil e quatrocentos dólares por mês pelo aluguel de uma moradia de três quartos. "E nem é um bom bairro", ela disse. "Nosso crédito não é bom em consequência do desemprego e de todo o resto, então temos o que conseguimos."

Sentada na classe naquele dia, tentando acabar a prova, Alejandra sabia que sua família não tinha dinheiro para pagar a matrícula daquele semestre. Atendendo à insistência da professora, Alejandra foi ao escritório de Danielle e explicou como a longa derrocada da sua família, antes remediada, tinha se tornado uma crise de habitação.

Danielle ouviu com atenção, depois destacou as questões estruturais mais amplas. "Eu ofereço alguma legitimação, do tipo: isso não é falha de caráter, mas uma questão estrutural", ela explicou. Mas Danielle precisa equilibrar o reconhecimento dessas grandes forças com um plano de ação. "Não se trata de nada que tenha feito de errado, você não provocou essa situação, mas vamos ter de resolvê-la", Danielle me contou que é isso que diz aos estudantes. "É necessário um grau de aceitação radical."

Quando Danielle falou as palavras "aceitação radical", a princípio, pensei que fosse um modo californiano de falar sobre o que a maioria das pessoas chama apenas de aceitação. Mas Danielle me explicou que a aceitação radical é uma forma de terapia cognitivo-comportamental desenvolvida no início dos anos 1990.[20] "Trata-se de gerir suas emoções e encarar a realidade das coisas", Danielle resumiu.

"As adversidades são inevitáveis. Assim, se admitirmos isso, podemos partir para a ação mais rápido e começar a fazer algo com isso." Quando se trata de dinheiro, isso significa enfrentar as grandes forças econômicas como elas são em vez de desejar que sejam diferentes.

A parte *radical* da aceitação radical é fundamental, porque não se restringe à aceitação. Danielle não está dizendo aos estudantes para ceder ou se render. Em vez disso, está ensinando a dizer: "Mesmo que eu não goste disso ou pense que é injusto, preciso lidar com esta realidade". Por exemplo, Danielle me contou que procura cada um dos senhorios para negociar descontos nos aluguéis, vai a reuniões do conselho local para defender moradias mais acessíveis e escreveu ela mesma uma petição para o desenvolvimento de um programa de realojamento rápido, de forma que seu escritório pudesse oferecer uma proteção emergencial para estudantes que estivessem perdendo a moradia. Quando fala com estudantes que estão em crise financeira, ela não se limita a mostrar empatia com suas dificuldades e lamentar o sistema, mas conduz a conversa para os recursos disponíveis e uma linha de ação individual. Isso é aceitação radical.

Danielle vê como seu papel municiar os estudantes para lidar com seus objetivos de educação e orçamentos com a maior quantidade de informações possível. Ela examina recursos e opções, revê os orçamentos dos estudantes e explica cronogramas de reembolso. Se um estudante lhe pede para resolver um problema, ela diz: "'Não conserto. Ajudo.' Porque ele é um adulto, e eu quero que ele seja capaz de ter crédito pelo seu sucesso". Ela pode, também, solidarizar-se com eles concordando que as opções disponíveis no momento, como dividir com colegas um lugar para morar, podem não ser o que eles tinham imaginado para si mesmos, mas os problemas que estão vivendo não são permanentes. Eles estão fazendo o necessário para se formar, e esses compromissos têm data certa para acabar.

No caso de Alejandra, ela e Danielle examinaram o orçamento familiar dela e o que seria necessário para se formar. Parte do plano a que chegaram era assumir até mesmo mais dívidas, e Alejandra lembrou muitas discussões sobre o que isso poderia significar, assegurando que entendesse quando os pagamentos agendados começariam e quais seriam seus valores. Ela também requereu uma subvenção financiada por doadores da Sacramento State University para estudantes em emergências financeiras. "Precisei escrever uma petição explicando como isso me ajudaria a ficar na faculdade", Alejandra me contou, o que significava focar a realidade financeira da sua família.

Como aconteceu com Ashley, Alejandra me disse que a emergência financeira deixou claro com quem ela podia falar sobre dinheiro e com quem não podia. A maior parte da família do seu marido mora perto, mas eles competem entre si em relação ao dinheiro e a outras coisas. Alejandra me contou que sua cunhada, numa festa de quinze anos, olhou para ela de cima a baixo e perguntou onde ela tinha comprado seu vestido vintage e quanto tinha custado seus sapatos. "Supõe-se que nós, mexicanos, formemos uma grande e antiga família e ajudemos uns aos outros, mas esse não foi o caso nessa situação!", disse, dando uma risada.

Alejandra gostou de poder contar com uma especialista neutra para falar sobre suas finanças. Nessas conversas, ela pôde se concentrar em sua história e nos números sem ter de lidar, ao mesmo tempo, com um relacionamento ou um subtexto não expresso de que ela estaria pedindo dinheiro. Mas, para chegar a essa ajuda, ela precisou admitir a si mesma que necessitava disso, que as lágrimas naquela aula tinham sido o sinal de que chegara ao limite. Se ela tivesse segurado o choro e ido embora, teria acabado com muitas dívidas de empréstimos estudantis e sem diploma.

Alejandra se formou com oitenta e cinco mil dólares de dívida estudantil, em 2018, quando a dívida de empréstimo para formados em faculdades de quatro anos ficava em torno de vinte e nove mil dólares.[21] Depois que acabou o curso, ela conseguiu um emprego que ama numa pré-escola local, onde se exige que os professores tenham grau universitário. Ela recebe quinze dólares por hora e não tem seguro-saúde. Não é suficiente, ela me disse. "Minha área de trabalho é mal remunerada. Não se consegue ganhar muito dinheiro. É isso aí." Essa é *outra* questão do sistema.

Para alguns, a dívida de empréstimo de Alejandra para se formar não faz sentido em relação ao financeiro, mas, quando perguntei a ela se a faculdade valeu a pena, Alejandra não hesitou. "Sim. É uma grande soma acrescida de juros, mas tenho meu diploma e posso olhar para ele pelo resto da vida." E, pelo menos nos primeiros anos fora da faculdade, ela não teve que pagar nada, entre adiamentos baseados na renda e suspensão de pagamentos por causa da covid-19.

Ela me contou que outras coisas, como seus filhos, a preocupam mais do que seu débito estudantil. A mais velha se formou no ensino médio durante a pandemia, e seus planos para entrar numa faculdade da comunidade foram cancelados por causa do vírus. "Foi uma grande decepção para ela." Alejandra se lembrou daquele mesmo sentimento de desesperança de quando acontecimentos fora de controle ameaçaram desfazer tudo aquilo pelo que tinha trabalhado.

Alejandra sabia que não havia nada que pudesse dizer à filha para resolver a situação, mas se recordou do alívio que sentira quando entrara no escritório de Danielle. "Antes, lidando com essas questões anos a fio, nunca tinha falado sobre isso, até entrar em colapso", ela disse.

Agora, ela sabe estar presente para a filha, ouvi-la e orientá-la para que aprenda a fazer a distinção entre fatores que podem ser controlados e os incontroláveis.

"Quem está ficando rico? Por que está enriquecendo? O que está fazendo com o dinheiro?"

O modo como o trabalho é remunerado nos Estados Unidos não reflete o valor do trabalho ou o empenho empregado nele. O salário médio de professores da pré-escola nos Estados Unidos é um pouco mais que trinta mil dólares anuais.[22] Eu apresento um podcast e ganho mais dinheiro que meu marido, que levou sete anos para se formar e, em geral, gasta mais horas por semana ensinando, aconselhando, arrecadando fundos e escrevendo.

"Esse é o estranhamento que acontece quando se fala de dinheiro e sua ligação com o trabalho", me disse Chris Hughes, cofundador do Facebook, numa entrevista. "A maioria dos estadunidenses está trabalhando. Só que apenas uns poucos escolhidos estão tendo sorte, muita sorte." Ele é uma dessas pessoas com sorte, muita sorte. Em Harvard, foi colega de quarto de Mark Zuckerberg, também cofundador do Facebook. Aos 25 anos, Chris recebeu o primeiro extrato bancário que mostrava um milhão de dólares em seu nome. "Isso deve ter sido em 2008", ele me contou. Naquela época, ele estava trabalhando para a campanha de Obama, ganhando sessenta e cinco mil dólares por ano. Isso foi, ainda, quatro anos antes de o Facebook se abrir para ofertas públicas, mas ele pôde vender algumas das suas ações no mercado secundário. "A maioria dos colaboradores iniciais fez isso como uma forma de garantir certa segurança. Eu vendi um milhão de dólares em ações e ninguém à minha volta sabia disso."

Ele me disse isso no outono de 2017, quando o entrevistei no San Francisco Mint (um ramo da Casa da Moeda dos Estados Unidos) nos bastidores de um evento organizado pelo Economic Security Project, grupo que Chris copreside e que defende uma renda mínima para todos os estadunidenses. Nosso papo foi anunciado no programa como "Uma conversa franca sobre dinheiro". E foi, embora ele tenha hesitado quando lhe perguntei sobre quanto vale seu patrimônio líquido. "Por três anos de trabalho no Facebook, ganhei cerca de meio bilhão de dólares." A audiência diante de nós se engasgou e riu de nervoso. Chris continuou: "Enquanto isso, os salários médios estão estagnados e os trabalhadores, em geral, não conseguem pagar suas contas. E creio que essas coisas estão relacionadas".

Chris é filho único de um vendedor de papel e de uma professora e me contou que ainda pede conselhos financeiros aos pais. "Parece loucura, porque eles nunca tiveram nenhuma experiência desse tipo, mas a relação deles com dinheiro é muito saudável." Não é possível fazer uma ligação entre Chris e os pais em montantes de dólares, mas eles possuem valores semelhantes sobre como devem lidar com o que têm. "Ainda faço tudo o que eles fazem. Eles contribuem com o dízimo todos os domingos, e eu faço bem mais do que isso, mas tento imitá-los nesse modelo rigoroso de orçamento e contabilidade."

Isso dito, Chris admitiu que, no seu dia a dia, ele agora é a pessoa mais rica na sala em que entra e que não se encontra muito com pessoas que ganhem menos que, digamos, cinquenta mil dólares por ano. "É muito difícil sair da bolha e ter conversas francas e desarmadas", ele confessou. Ainda assim, ele tenta e, apesar de todo o seu dinheiro, não sente que pertence à cena dos bilionários da tecnologia. "Me sinto mais como um intruso no sentido de que, embora eu integre a parte de dentro, ainda tenho prazer em desafiar a sabedoria convencional de que as pessoas pobres, trabalhadoras, de classe média não sabem de nada. Descobri que é o padrão corrente das conversas que tenho tido."

Em outras palavras, nas salas cheias de pessoas endinheiradas, elas têm certeza de que descobriram algo essencial que as pessoas pobres apenas não acharam. Como o Pew Research Center relatou em 2017, em comparação a pessoas com renda mais baixa, as com rendas familiares mais altas tendem mais a acreditar que uma pessoa é rica porque trabalhou muito, em oposição a quaisquer vantagens em suas condições.[23]

Chris tentou desmontar esse mito da meritocracia descrevendo como ele se tornou tão rico, o que motivou sua presença para discutir seu estilo pessoal de orçamento comigo diante de um público. Ele disse que nem sempre fica à vontade, mas que ficou mais fácil conforme foi se desafiando a ficar mais aberto. "Aprendi que se trata apenas de dinheiro, sabe?

Existe a responsabilidade que vem com ele, mas você pode falar sobre ele de uma forma que reconheça seu poder e também ajude as pessoas a tomarem decisões coletivas sobre como movimentá-lo."

Minutos depois da nossa conversa em público acabar e sairmos do palco, descobri Chris sozinho e nervoso num canto do salão examinando as bandejas de salgadinhos. Ele me disse que gostaria de não ter deixado escapar "que se trata apenas de dinheiro" no final da nossa conversa. Ele sabe o risco de ser visto como um doador rico sem noção ou, pior, um administrador descuidado de uma imensa fortuna.

Garanti a ele que tinha entendido seu ponto de vista – que ele estava tentando dizer que o dinheiro é uma ferramenta, mas que não confere merecimento às pessoas. Isso não pareceu tranquilizá-lo. Perguntei-lhe se gostaria de se debruçar sobre o que tinha sentido ao falar de maneira tão cândida e pública sobre seu dinheiro. Quando entramos em contato de novo alguns meses depois, ele admitiu sentir uma forma particular de solidão. Por seu lado político, ele se sentia obrigado a detalhar o que sua história pessoal revela sobre desigualdade, mas ser franco quanto à sua fortuna também salienta uma distância social que gostaria de poder diminuir. "O dinheiro pode separar você de outras pessoas, e é algo em que você não quer ficar preso." Ele sabe que o mais fácil é se esquivar disso, mas acredita que tem a obrigação de sacrificar seu conforto social por algo maior. "Acho que, quanto à riqueza, não quebramos o tabu de falar sobre como a economia funciona, quem está ficando rico, por que está enriquecendo e o que está fazendo com o dinheiro. Assumimos que aqueles que têm dinheiro trabalharam duro para isso e têm todo o direito de tê-lo."

Nós sabemos que essa não é a história completa. Então, se você tem mais dinheiro do que precisa, fale sobre como isso aconteceu. Estamos acostumados a reconhecer as grandes recompensas que vêm do risco assumido ou do trabalho duro, mas não deixe de lado os golpes de sorte e as vantagens herdadas. Você contará uma história mais honesta, que pode fazê-lo se sentir menos alienado de outras pessoas, porque não precisa fingir que você é mais merecedor de conforto e recompensas do que os outros a fim de justificar sua fortuna.

A pressão social da riqueza pode não ser algo que desperte muita simpatia por parte de quem não tem fortuna, mas isso não significa que a pressão não seja real. Vik, um desenvolvedor de software milionário, descreveu isso para mim no *Death, Sex & Money*, em 2018, para uma série que fizemos sobre classes nos Estados Unidos. "Você sabe, nos contos de fada é um pouco mais fácil porque, afinal, quando a Cinderela se dá bem, ela estava cercada pela madrasta e pelas irmãs de criação malvadas, além do ambiente hostil e injusto", Vik disse, continuando:[24]

> Então, quando ela chega a um destino bastante espetacular, imagina-se a explicação: "Bem, ela mereceu isso, e as outras pessoas eram más". E acho que a verdade é, pelo menos no meu caso, que cheguei até aqui sem ter pessoas más ao longo do caminho. De fato, é *por causa* de todas as pessoas que me cercaram que cheguei até aqui. E nem todos chegaram ao mesmo lugar. E então fico pensando a respeito.

Quando você aproveita as oportunidades para reconhecer que está se saindo bem com seu lado financeiro, pode falar sobre o sucesso de um modo que também mostre o que é importante para você. Sente-se grato por ter recebido bastante ajuda da sua família? Criou oportunidades de trabalho para outras pessoas? Isso deixou-o livre para contribuir para causas que apoia? Ao assumir tudo isso, você estará também traçando limites em torno daquilo em que quer gastar seu dinheiro e daquilo em que não quer.

É isso que Chris tenta fazer. Ele descreve como chegou a esse tremendo golpe de sorte, e agora se ocupa com o trabalho de desenvolver uma política particular de orientações para mudar a forma como a economia funciona e pagar por essa defesa na posição de grande doador. Ele tem enfrentado muito ceticismo quanto a ser um porta-voz adequado. "Ele é um multimilionário autoconsciente e filantropo fora do comum", é o que se lia no seu perfil no site *Vox*, em 2020.[25] Quando você é a pessoa mais rica na sala, exerce mais poder do que as outras que não são. Esse poder está lá, quer Chris admita, quer não. Eu gostaria de ter mais gente rica debatendo para todos o modo como suas experiências pessoais correspondem ou não às histórias que contamos sobre oportunidades e sucesso nos Estados Unidos.

Chris é um crítico do pote de ouro em que caiu e ainda sente que pode assumir alguma responsabilidade por isso. Ele não ganhou na loteria; ele trabalhou no primeiro time que inventou uma nova plataforma que mudou o mundo, para melhor ou para pior. Como ele escreveu em seu livro de 2018 *Fair Shot: Rethinking Inequality and How We Earn* [Uma oportunidade: repensar a desigualdade e a forma como ganhamos], sua história demonstra que o atual cálculo risco-recompensa é bem desequilibrado: "Em um mundo em que o vencedor leva tudo, um pequeno grupo de pessoas consegue retornos estratosféricos como resultado de suas ações anteriores. Essas pequenas diferenças que, mais tarde, geram um grande sucesso são muitas vezes chamadas de sorte, mas sorte não é a palavra certa".[26] Muito esforço foi despendido para entrar em Harvard e, depois, para fazer o Facebook decolar. "Mas a combinação desses pequenos eventos levou a retornos descomunais e historicamente sem precedentes graças ao poder de ampliação das forças econômicas de hoje", ele escreveu.[27] O sistema econômico atual é desenhado para recompensar as pessoas apenas na posição dele, e é um sistema, ele argumenta, que está sujeito a mudanças. "Somos seus autores e implementadores."[28]

Chris tinha se tornado pai nos meses entre nossas duas conversas. Perguntei-lhe se tinha mudado de ideia quanto à sua fortuna, que ele e seu marido planejavam doar. "Quero ter certeza de que nossos filhos tenham estabilidade financeira e todas as oportunidades que eu puder lhes oferecer para que possam descobrir o que querem fazer e irem atrás dos seus sonhos, e isso custa dinheiro." Mas quanto dinheiro e quando essa criança de meses poderia esperar receber eram coisas de que ele precisava um pouco mais de tempo para elaborar.

"Eu não penso que a melhor coisa é passar uma fortuna de geração em geração apenas para o bem delas. E, em especial no meu caso, ganhei muito dinheiro por um curto tempo de trabalho. Sinto que tenho a responsabilidade de doá-lo para coisas que tornem o mundo um lugar melhor e que o deixem um pouco mais justo. Eu o ganhei. Vamos torná-lo útil."

Ficar à vontade ao falar de dinheiro depende muito do que pensamos sobre o que nossa situação financeira diz sobre nós. Quando você apenas não tem o dinheiro de que precisa, pode se entregar ao fatalismo em relação ao que podemos controlar – sem deixar de lado o pânico de tentar pagar as contas. Se perceber que a maior parte do seu dinheiro vem do seu trabalho, fica mais fácil sentir-se orgulhoso e prestigiado na sua posição. Quando sua segurança financeira vem do trabalho de outros, muitas vezes de pessoas que nasceram muitos anos antes de você, é possível que duvide do seu merecimento e lute para fazer as pazes com sua história.

Essas narrativas sobre dinheiro e o significado delas em nossa vida estão, ao mesmo tempo, sempre presentes e inconscientes até que tenhamos de tomar decisões financeiras com outra pessoa. Nossos relacionamentos mais íntimos expõem nossos valores em torno de cooperação e independência, estabilidade e risco. Essas conversas são a ponte entre como imaginávamos nossa vida quando crescêssemos e que tipo de vida é viável ao nos tornarmos adultos.

Em relacionamentos próximos, muitas vezes é mais fácil se concentrar em números concretos – um orçamento ou um extrato de cartão de crédito. Muitas vezes basta isso. Mas, quando nos esquivamos dos valores e princípios que sustentam nosso roteiro financeiro individual, como fiz no meu primeiro casamento, isso pode fazer as conversas difíceis sobre dinheiro perderem o foco e não incluírem importantes dinâmicas de poder em torno do dinheiro.

Se diálogos sobre dinheiro estão encontrando resistência por parte daqueles que ama, vale a pena recuar e examinar suas premissas de como o dinheiro funciona. Ele está ligado à sua história pessoal, familiar e à sua cultura, como Hien e Mitchell descobriram. Assim que conseguir discutir o assunto, poderá voltar aos números e à planilha, como eu e Arthur fizemos, para usar as conversas sobre dinheiro como uma forma de fortalecer um plano compartilhado.

Entre amigos e colegas, papos sobre dinheiro tornam visíveis as diferenças que, por razões de interação social, muitos aprenderam a minimizar. No entanto, quando falamos com mais clareza sobre dinheiro, essas conversas podem ter benefícios pouco visíveis, de amizades mais próximas a gastos mais inteligentes. Ashley C. Ford aprendeu como as conversas sobre dinheiro podem ser fortalecedoras quando ela falou com orientadores e amigos e, ao fazer isso, criou uma rede de apoio para ela e para outros. Ao mesmo tempo, conversas entre amigos sobre detalhes de importância prática envolvendo quantidades de dinheiro são essenciais para aprender como lidar com nossas finanças.

Mentores e colegas generosos me ajudaram muito quando descreveram como tinham pedido aumento, quando recusaram empregos e quanto pagavam por creche para os filhos. Essas conversas são importantes, mas também delicadas. São particulares e se apoiam na confiança mútua. Enquanto alguns defendem maior transparência em tudo, não me sinto à vontade em espalhar aos quatro ventos meu salário porque, para mim, isso tira os números do contexto, o que é importante. Estou pronta a compartilhar a história que envolve meu histórico financeiro com um amigo ou colega próximo tomando um drinque: o que fiz quando, como uma segunda oferta de emprego me ajudou a negociar, recusei outra porque não era boa o suficiente. A diferença aí é que tive essa conversa dentro de um relacionamento em que éramos capazes de falar sobre a história que acompanha os números.

Portanto, não estou defendendo privacidade zero quando se trata do nosso dinheiro. Por segurança, precisamos deixar que cada um tome decisões individuais sobre como e quando compartilhar as informações. Elas são pessoais e, como com as conversas sobre sexo, cada pessoa tem limites diferentes quanto ao que quer falar. O que eu defendo é uma admissão mais ampla de que o dinheiro é um fator importante na vida, independentemente da soma que temos. Ficar em silêncio sobre algo tão importante sacrifica oportunidades de ser mais franco, mais próximo e mais interdependente.

Ainda, essas conversas podem ser incômodas e despertar sentimentos negativos. Como Cynthia D'Aprix Sweeney descobriu, falar sobre dinheiro, muitas vezes significa destacar as diferenças de quem ganha mais ou teve sorte. Entretanto, é importante falar em voz alta essas diferenças. As pessoas não começam todas a partir do mesmo ponto; não temos todos as mesmas chances. Quando não falamos sobre dinheiro com as pessoas que fazem parte da nossa vida, também ficamos menos preparados para ser francos sobre como queremos lidar com o dinheiro que temos e ver com clareza como o dinheiro está moldando nossa sociedade. Na Sacramento State University, Danielle Muñoz e Alejandra falaram com franqueza sobre a realidade de viver num mercado habitacional insustentável, e esse reconhecimento ajudou a orientá-las enquanto tentam fazer sua comunidade mais humana em relação à economia. Na outra extremidade do espectro, Chris Hughes percebeu que mesmo a fortuna que é chamada por alguns de *"self-made"* não é tão simples, o que o leva à crítica da crença na meritocracia e no equilíbrio entre riscos e recompensas na economia atual.

Com muita frequência, optamos por não conversar sobre dinheiro. Tomamos decisões financeiras sem ter consciência sobre os valores que as orientam. Na nossa privacidade, nos preocupamos se estamos à altura das pessoas que nos rodeiam. Contamos histórias simples que alinham dinheiro com esforço e valor pessoal, quando as maiores forças por trás do que temos são muito mais complexas. As conversas abertas sobre dinheiro não vão achatar as diferenças entre nós e, sozinhas, não vão fazer o dinheiro funcionar de forma justa, mas elas deixam o dinheiro menos misterioso. Elas nos dão uma companhia essencial enquanto passamos por altos e baixos e nos ajudam a separar ansiedade e culpa ligadas ao dinheiro do dinheiro real. Elas podem nos aliviar de um peso enorme – e nos fazer mais lúcidos sobre o que temos, por que o possuímos, o que devemos fazer com ele e como poderíamos trabalhar em conjunto para fazer mais.

Família

Depois de uma hora de concordar com o fim do meu primeiro casamento, liguei para os meus pais para lhes contar.

Eles sabiam que eu estava passando por um momento difícil, não por eu ter dito isso a eles, mas pela maneira tensa e abreviada com que lhes assegurava que tudo estava *bem*. Quando eles atenderam, não me lembro de falar, apenas de emitir uma mistura de soluços e suspiros que comunicavam: *Meu casamento acabou.*

Era de noite, tão tarde que eles já deveriam estar na cama, e me lembro bem do que eles disseram. Ouvir aquelas palavras foi como cair numa almofada gigante.

"Deixe-me pôr seu pai na linha também", minha mãe disse e então murmurou enquanto eu continuava a chorar. "Estamos aqui, estamos aqui."

"Estamos aqui. Você tem uma boa família", meu pai entrou na conversa. "E sei bem como você está se sentindo."

Ele sabia. Mais de trinta anos antes, ele tentara repetidas vezes salvar o *seu* primeiro casamento. Ele sabia a dor de não ser capaz de manter uma família junta apesar de ter sempre afirmado que a família era a coisa mais importante. Ele sabia o que era tentar tanto até chegar no limite do seu controle.

"Você está cansada e não consegue dormir. Eu sei, eu sei", ele me disse. Ouvir o reconhecimento da situação pelo meu pai, poucos minutos depois dessa derrocada, foi muito bom. Meu casamento acabara, mas eu não estava sozinha. Aquele telefonema me fez lembrar das partes em mim que continuavam familiares enquanto outras tantas agora pertenciam ao passado.

Isso é o melhor que uma família pode ser: um espaço amoroso onde pode se encaixar, onde somos conhecidos e protegidos do mundo exterior. Mas a família também pode ser dolorosa – repleta de brigas sem sentido e feridas que nunca cicatrizam. Muitas vezes nos vemos oscilando entre dois polos, da alegria à frustração, da distância à reunião. Isso não é incomum. A família, acima de tudo, é onde aprendemos como lutar e onde ficamos sabendo que amar e gostar de alguém nem sempre acontece ao mesmo tempo.

Para mim, foi muito mais fácil de aceitar isso na infância, quando as brigas no banco de trás da perua eram rotineiras. Você quer cruzar a linha e tomar meu espaço? Vou gritar e morder seu braço! Isso não funciona muito na vida adulta. Sou, com orgulho, uma filha do meio independente numa família de cinco irmãs, amo demais meus pais, mas jamais gostei de ser cuidada. Imaginar como me sentir próxima da minha família depois de adulta, enquanto impunha um espaço adequado à minha, foi sempre um tema difícil para mim.

Quando menciono meus pais neste capítulo, vejo-a tanto como objeto de muitas conversas difíceis e quanto como contexto para elas. Precisamos falar sobre família *dentro* das nossas famílias. De modo geral, estou falando do nosso núcleo familiar original – pais e avós, irmãos e irmãos de criação, nossos filhos e sobrinhos. Essas são as pessoas que nos ensinam sobre pertencimento, identidade e responsabilidade. Eles nos mostram quem somos e de onde viemos. Mas eles vão falhar conosco ao longo dos anos, de forma leve ou pesada. Para algumas pessoas, as famílias de origem mostram que a melhor coisa a fazer seria formar uma rede alternativa de entes queridos.

Tentar falar sobre conflitos familiares é bem difícil – quer esteja lidando com uma situação inesperada, um desentendimento de longa data, quer esteja lidando com uma combinação de ambos. Nossas relações familiares são as mais duradouras e, em paradoxo, muitas vezes são as mais resistentes a mudanças. Antes de tudo, quebrar o padrão rotineiro da família é, na visão dela, uma ruptura. Muitas conversas difíceis que foram evitadas por anos precisam romper uma barreira. E desenterrar histórias antigas apresenta a oportunidade – aproveitada pela maioria! – de discutir outra vez remorso e culpa, quem disse o que e que pontes foram derrubadas.

"A família é onde tendemos a perder a maturidade", me disse o terapeuta familiar Michael Nichols, autor de diversos livros acadêmicos e comerciais sobre terapia e relacionamentos familiares, quando o entrevistei. Podemos até desejar ser pacientes, amorosos e bons com as pessoas com quem temos parentesco, ele me falou, mas muitas vezes reagimos, nos indignamos e nos fechamos. "Muitos se tornam adolescentes na presença de familiares." Isso porque quem nós somos em nossa família é construído de acordo com padrões e papéis estabelecidos há muito tempo. Não assumimos essas pessoas como adultos evoluídos e encantadores; elas conhecem nossos gatilhos e, muitas vezes, os criaram.

Conversas difíceis dentro das famílias são muito complicadas por causa da intimidade e de como a proximidade se modificou com o tempo. Conhecemos as inseguranças e as pulsões dos membros da família mais do que conhecemos as nossas. Essas pessoas nos são muito familiares, e nós a elas. Mas, na verdade, elas conhecem uma versão nossa – quem fomos no passado – que pode se tornar ultrapassada ou ser mudada quando do crescemos. As conversas familiares difíceis têm, assim, dois objetivos básicos que podem parecer estranhos. Queremos, ao mesmo tempo, compreender nossas origens e ligações com essas pessoas, mas também desejamos declarar como somos diferentes delas, para que nossa individualidade seja compreendida, respeitada e apreciada.

Quando entrevistei o comediante Hasan Minhaj no *Death, Sex & Money*, ele lembrou uma pergunta que o pai lhe ensinou a fazer para abordar um conflito: "Você quer estar certo ou quer ficar junto?".[1] Quer ouvir e resolver o conflito ou permanecer firme em suas convicções e na sua verdade?

Queremos as duas coisas, é claro. Mas imaginar qual delas desejamos mais num dado momento pode nos guiar para quando e como abordar conversas incômodas dentro da família. Algumas vezes, você precisa ser "direto" e declarar que você é quem manda na sua vida. Ser ouvido e levado a sério, mesmo que isso contradiga o que os outros pensam e sentem, é a base do respeito mútuo. Nas famílias, pode haver abuso, *bullying* e padrões de comportamento que você não consegue convencer as pessoas a abandonar, por mais que tente. Traçar um limite do que você vai tolerar, às vezes, é a única coisa a fazer.

Em outras ocasiões, é mais importante sentir a ligação que a família pode dar a fim de ficarem juntos, mesmo que isso signifique deixar de lado desavenças ou velhos conflitos não resolvidos. E muitas conversas vão se dar entre estes dois polos: independência e conexão, dependendo do que você achar mais importante no momento.

Devemos esperar sentir essa tensão entre união e autonomia, em especial ao nos tornarmos adultos. Quando o poeta e cineasta Rafael Casal foi ao programa, ele contou como tinha deixado a faculdade para ir atrás do hip-hop e da poesia. Seus pais não aprovaram, e a vida familiar ficou estressante. "Tentávamos de verdade não ficar bravos, porque eles não entendiam muita coisa das minhas escolhas", ele explicou.[2] "Estávamos lidando ainda com nosso distanciamento."

Adoro essa frase: "lidando com nosso distanciamento". Traduz bem o problema – sentir-se separado das pessoas que eram as mais próximas de você –, mas não indica culpa. É certo que faz sentir a distância onde antes havia proximidade soar muito normal, o que de fato é verdade. Afinal, ficar adulto, por definição, significa separar-se dos membros da família com quem crescemos.

Nunca esquecerei quando era ainda uma mãe bem recente, sempre com uma ligação física e emocional com minha filhinha. Qualquer ruído que ela produzisse exigia que eu achasse a causa. Eu estava conversando com uma mãe que tinha filhos mais velhos, e ela me disse, meio que lamentando: "Isso é o mais perto dela que vai chegar. Ser pai ou mãe é deixar ir embora". Embora seja natural, ir embora e se separar dos familiares nem sempre parece bom, porque ansiamos pela família para nos sentirmos em casa. Mas a sensação de pertencimento e proximidade que antes era intuitiva pode esgarçar. As pessoas que antes eram nossos únicos guias para o mundo podem nos desapontar e ficar sem respostas. Mesmo nas famílias em que não existem grandes conflitos, ainda existem cisões que surgem à medida que crescemos.

Quando isso acontece, tanto por causa do conflito ou crítica quanto porque aquilo nunca *foi* verdade em determinado relacionamento, parte da dor vem do simples fato de a família não se parecer com nossa ideia do que uma família deveria ser.

A família também pode ser o local onde ocorrem as mágoas e as traições mais profundas. O lugar de abuso, de abandono e de quebra de confiança, o que pode afetar nossos relacionamentos pelo resto da vida. Nem todos numa família são capazes de tomar parte de uma conversa difícil. Alguns mentem, manipulam e nos rebaixam. Outros recuam e evitam cenários estressantes que surgem muitas vezes entre familiares, preferindo manter as coisas leves e contidas. Conversas difíceis podem expor os limites daquilo que podemos esperar deles.

Quando bem conduzidas, elas podem abrir espaço para as diversas visões que cada um traz, reconhecendo, ainda, o tecido conectivo que há entre vocês. Meu desejo, neste capítulo, é cooperar para isso. Quero descrever o terreno familiar para que você possa ver de que modo alguns conflitos e tensões familiares são partes inevitáveis do nosso crescimento – da infância para a idade adulta ou da paternidade para a velhice. Quero também ajudá-lo a julgar por si mesmo quando há necessidade de conversar com mais clareza com a família. As conversas familiares nem sempre desfazem as tensões. Em vez disso, elas permitem a cada um de vocês explicar seu ponto de vista e como entendem sua história, assim como descrever as mudanças pelas quais estão passando. Algumas vezes, é preciso que você ouça com muita atenção. Em outras ocasiões, é mais importante que fale. Às vezes, precisa sentir que está certo, outras, necessita sentir que estão juntos.

Para decidir qual é mais importante, de vez em quando, é preciso parar de falar por um tempo.

"Vamos conversar. Eu ouço e você fala."

Dentro da família, nossos papéis são definidos cedo. E, com eles, vem uma série de regras não expressas sobre como somos vistos dentro da família, como vamos tratar uns aos outros e quem tem permissão de falar e o quê.

O psicólogo Murray Bowen desenvolveu a teoria dos "sistemas familiares" nos anos 1950 e 1960, embora tenha observado em textos posteriores que ela "não contém nenhuma ideia que já não tenha feito parte da experiência humana durante séculos".[3] Ele elaborou uma prática para ajudar as pessoas a reconhecerem os papéis que desempenham juntos em família e a mudarem padrões que não estão funcionando. Durante as sessões de terapia de Bowen com os familiares que o procuravam, ele pedia que apenas uma pessoa falasse por vez, que se dirigissem primeiro a ele e que não conversassem entre si. A esperança era, à medida que se revezassem diante de todos, poderem ouvir um ao outro de novo. Ele queria estimular a separação entre eles, ou a "diferenciação", como Bowen preferia, com o objetivo de que cada pessoa pudesse aprender a ser "um indivíduo enquanto estivesse em contato emocional".[4]

Ao tentar ouvir um ao outro de maneira nova, cria-se espaço para as relações familiares evoluírem fora da rotina e dos trilhos. Você não precisa ser *apenas* quem sempre foi diante do outro. Nas famílias, quando somos todos adultos, maior separação pode abrir espaço para mais amor.

Conversei sobre isso com Yesi Ortiz, apresentadora de uma rádio pop de Los Angeles que criou seis sobrinhos sozinha. A irmã de Yesi lutava com o vício em drogas, e, quando seus sobrinhos acabaram entregues ao sistema de casas adotivas temporárias, Yesi, com 25 anos na época, requereu a custódia. Isso significava que tinha de testemunhar contra a irmã. "Fui obrigada a dizer que ela não estava em condições de ficar com os filhos naquele momento", Yesi me contou quando a entrevistei pela primeira vez no *Death, Sex & Money*, em 2015.[5] "Eu precisava dizer a verdade." Yesi e a irmã não se relacionaram mais desde que Yesi testemunhou na vara de família para tirar os direitos parentais da irmã. Ela me disse que não se arrependia disso.

Logo que as crianças foram morar com ela, o mais novo tinha 5 anos e o mais velho estava com 12, e Yesi organizou sua vida em função de cuidar deles. Na ocasião, ela trabalhava no turno do início da manhã na estação de rádio, então deixava as crianças com uma babá quando saía para trabalhar às quatro da madrugada. Ela pegava as crianças na escola e supervisionava as lições de casa, sonecas vespertinas, hora do jantar, hora de dormir, e tudo isso de novo no dia seguinte. Embora criar as crianças mais o seu emprego a colocassem numa condição solitária, isso provava também que, com força de vontade suficiente, ela conseguia fazer algo que ninguém pensava que fosse possível – criar e sustentar seis crianças.

Quando falei outra vez com ela em função deste livro em 2019, o filho mais novo tinha acabado de fazer 18 anos, e, agora que todas as crianças que criou se tornaram adultas, ela andou refletindo sobre os anos em que cuidou dos seus filhos e que tipo de relacionamento deve esperar deles agora. Ela passou a ser mãe deles quando conseguiu suas custódias; agora, eles, por serem maiores de idade, não precisam mais de pai ou mãe. Os anos que antecederam esse momento foram difíceis. Conforme as crianças mais velhas iam crescendo, elas se afastavam de Yesi de diversas formas. Tinha sido mais complicado com o filho mais velho, A.[6]

Perto de completar 21 anos, A. se envolveu em acidentes de carro, não estava contribuindo com dinheiro para as despesas da casa, "estava se comportando como um irresponsável", Yesi comentou. Sua preocupação com ele levou-a à exaustão, e ela se sentiu imprensada contra a parede. "Não podia mais tolerar sua irresponsabilidade, sua falta de respeito em nossa casa. Eu lhe disse: 'Se você não vai ajudar a pagar as contas ou frequentar a escola como deveria estar fazendo, então não existe razão nenhuma para eu garantir um teto sobre sua cabeça.'"

Yesi estava decepcionada e brava. Depois de tantos anos de esforços e preocupações, não estava com muita paciência para se preocupar com A. entrando na idade adulta sem ter uma orientação como a dela. "Não importava quanto eu tentasse ser uma boa mãe, ainda assim eu falhava", foi como ela se sentiu naquela época. "Sempre pensei que eles saberiam o quanto eu trabalhava para sustentá-los ou como ficava exausta depois de quinze a dezesseis horas de faina diária. Esperei muito dele, sabendo das oportunidades que tinha. Ele não as aproveitou. Penso que ele me desapontou demais."

Desde quando conseguiu a custódia, Yesi trabalhou muito para criar um lugar seguro e estável para as crianças. A maneira como eles se comportavam como jovens adultos parecia um importante veredito sobre sua criação. Ela também se preocupava com o exemplo que A. estava dando para os irmãos mais novos. Quando ela lhe disse que precisava ir embora, ele foi morar com a mãe biológica, o que pareceu uma traição a mais para Yesi. "Foi quando comecei a perceber que eles sempre teriam uma ligação com a mãe biológica. Não importa o quanto isso tenha me magoado, tive de aceitar. Não posso controlar nenhum deles e dizer quem eles podem ver ou não."

Perceber que tinha de aceitar os limites do seu controle era uma coisa, outra era aprender a se comunicar de forma diferente. Yesi sentia falta de A. e, no começo, ela tentou melhorar a situação lhe perguntando sobre seus planos para o futuro. Ela queria que ele entendesse as responsabilidades da vida adulta, mas ele não quis se comprometer. Isso a deixou mais frustrada com ele e mais insegura em relação a si mesma como mãe, ainda com cinco crianças em casa. Havia visto de perto como as escolhas da irmã quando adolescente tinham fugido de tal forma do controle que feriram tanto ela quanto muitos outros. Ela não queria isso para nenhum dos seus filhos. Então, do mesmo modo que Yesi fizera para conseguir a custódia deles, ela desejava continuar a protegê-los assumindo o controle.

"Dar espaço a eles era assustador", Yesi admitiu, mas não teve escolha. Quanto mais tentava policiar o filho mais velho, menos ele queria falar com ela. Durante os quatro anos seguintes, à medida que os outros filhos também ficaram adultos, as tensões com o mais velho diminuíram um pouco. Ele foi morar num apartamento com a namorada, eles tinham um filho que estavam criando juntos, e ele trabalhava num restaurante fast food e numa loja de conveniência. "Desejo o melhor para ele. Não discutimos. Só não vemos com os mesmos olhos algumas coisas." De vez em quando, ela ainda insiste em lhe perguntar sobre seus planos e como ele pretende realizá-los. "Agora ele fica lá sentado e escuta. Agora ele não foge como se fosse uma criança grande."

Ela precisou aceitar que seu papel com ele agora é ser a pessoa que vai impulsioná-lo. Quando não quer ouvir isso, ele vai falar com outra pessoa. A. nunca lhe disse isso; ele apenas se retirou. "Olhando para trás, eu bem poderia ter dito: 'Vamos conversar. Eu escuto e você fala'. Não escutei o suficiente. Estava tão ocupada dizendo a eles como deveriam viver suas vidas que não dei ouvidos a como eles queriam viver."

Yesi enfim entendeu ao conversar com sua filha mais velha, que brincou com ela sobre a necessidade de se rebelar para conseguir espaço e tomar algumas decisões discutíveis. "Ela me disse literalmente: 'Não vou lhe contar porque já sei o que vai dizer: você espera mais de mim'. E deu uma risada e completou: 'Mas, de qualquer modo, ainda vou fazer isso!'" A filha lhe disse que tomar decisões faz parte do amadurecimento, então que a mãe devia se afastar. Yesi escutou a filha, o que também a ajudou a entender as escolhas do filho mais velho como escolhas *dele*, não um reflexo de como ela tinha transmitido suas ideias de como viver.

Essa revelação modificou sua forma de falar com A. e como ela se sentia sobre a relação deles. "Já não me pressiono tanto, e assim posso ter conversas mais incômodas. Digo apenas: 'Oi, não tenho as palavras certas para dizer, mas quero que se lembre de sempre cuidar de você.'"

Renunciar à sua autoridade sobre os filhos permitiu-lhe ser um pouco mais honesta em relação à própria insegurança. Yesi tem muito menos controle do que quando impunha a hora de dormir e fazer tarefas de casa, mas, ao falar menos, ela está tentando ter espaço para conhecer melhor os filhos, em especial na condição de adultos.

"Um filho é diferente do outro. Ouça o que eles estão dizendo. Escute-os", ela diz a si mesma agora. "Eles vão acabar voltando. Eles sabem que estou aqui."

"Esta é a pessoa que está me ajudando."

O que vai acontecer se você estiver na posição de A.? Se for o membro da família que precisa de algum distanciamento de padrões, expectativas e controle do resto da família? Como vai conseguir esse espaço?

Uma opção que muitos tentaram em algum momento é entrar no quarto e bater a porta atrás de si. Isso resolve a questão. Mas, depois de adultos, a situação pode ser bem mais complexa. Em especial se a necessidade por espaço não for causada por algum conflito explosivo, mas por uma sensação de distanciamento que se instala aos poucos, conforme nossa vida vai ficando diferente.

Foi isso que um homem que pediu para ser chamado de Adrian descreveu para mim.[7] Tendo crescido na Califórnia, sua vida estava organizada em volta dos membros da sua família filipino-americana. Eles eram uma presença constante, e Adrian se sentia muito próximo deles, em especial da mãe. Mas, quando ficou mais velho, depois de ter se casado com uma mulher branca e lutado com a depressão após dois abortos da esposa, percebeu uma sensação crescente de ressentimento por sentir, pela primeira vez, que seus familiares não sabiam amá-lo da forma como ele precisava.

Enquanto crescia, Adrian sempre se sentiu pertencendo à sua família. Ele nasceu um ano depois de os pais chegarem aos Estados Unidos, onde tinham vindo se reunir aos irmãos da sua mãe. "Minha mãe tinha oito

148 VAMOS ABRIR O JOGO?

irmãos, e todos estavam tentando vir para cá. E eles se ajudavam nessa empreitada. Eu me lembro de que, num verão, havia quatro famílias, quinze a vinte pessoas, vivendo numa casa de dois quartos." Mas, em vez de ficar chateado com os cômodos apinhados com tanta gente, ele achava tudo divertido. "Havia muita alegria e muita risada. Na minha família, eles sempre dizem: 'A família vem em primeiro lugar'."

Adrian frequentou a faculdade local e fez ali sua pós-graduação, e as grandes reuniões de família continuaram a ser uma constante em sua vida. Todos os feriados religiosos católicos ou datas festivas eram acompanhados por uma multidão de tias, tios e priminhos, inclusive em seu casamento com uma mulher irlandesa católica do outro lado da cidade, o lado que tinha dinheiro.

Sua mulher ficou grávida do primeiro filho quando eles voltaram da lua de mel em Paris, como pretendiam. Mas, na primeira consulta médica, não havia batimento cardíaco. O corpo dela, porém, não sabia que a gravidez não era viável. "Ela ainda tinha enjoos matinais, então, ter todos os sintomas e saber que o que carregava não estava vivo..." A voz de Adrian falhou. "Por mais ou menos um mês, ela carregou nosso filho morto, e foi muito difícil para nós pensarmos sobre isso na ocasião." Mesmo depois de duas séries de medicação, o corpo dela ainda não tinha expelido o tecido morto, e ela precisou passar por um procedimento ambulatorial. Ela quase teve uma hemorragia, resultado de uma anormalidade no útero do qual os médicos não tinham conhecimento, e foi transferida para o hospital.

Esse foi seu primeiro aborto. Passados alguns meses, mais um teste de gravidez deu positivo e, poucas semanas depois, um sangramento indicou que aquela gravidez também tinha sido interrompida. Adrian e sua mulher ficaram devastados; para ele, ter sua grande família católica o rodeando não lhe deu nenhum alento. "Eles lidam com o luto rendendo-se à vontade divina, rezando o terço e outras coisas semelhantes." As menções casuais ao plano de Deus, ou o consolo encontrado na igreja, estavam deixando Adrian furioso, porque ele estava muito bravo com Deus. "Aqueles abortos mudaram minha vida espiritual, mudaram toda a minha relação com Deus. Sempre pensei que havia alguma justiça se você tentasse fazer as coisas direito e vivesse na linha. É o tipo da coisa idiota de pensar. Eu estava zangado."

As reuniões familiares se tornaram estranhas e incômodas. "Nos forçávamos a ir", ele conta. "Todos tentavam ser muito delicados, conversavam comigo sobre coisas que antes nunca teriam falado. Primos que odiavam esportes me perguntavam sobre o jogo do [Sacramento] Kings. Isso deixava as coisas bem piores, você pode imaginar. Havia toda essa gente bem-intencionada que continuava a me abordar, mas do jeito errado." Ele não tem certeza, entretanto, qual teria sido a forma correta de abordagem. Ele apenas sentia falta daquele sentimento de união que antes fluía com facilidade. Nada naquela ocasião parecia leve ou fácil, então, quando os parentes tentavam fazer contato, ele sentia tudo como se fosse um teatro doloroso. Olhando para trás, ele percebe e aprecia o tanto que eles tentaram, mesmo quando ele não estava aberto para aceitar os esforços para consolá-lo.

Adrian e a mulher tiveram uma filha em 2017, um ano depois do segundo aborto, e os primeiros anos como pais foram desafiadores. A filha teve problemas de saúde e a mulher lutou com a depressão pós-parto enquanto ele trabalhava em tempo integral e tentava lidar com tudo. O distanciamento que sentia de seus familiares era como se houvesse um zumbido constante ao fundo, algo que não podia desligar. "Eu era tão apegado à minha família, a tudo o que fazíamos, e agora não sou mais", ele me disse.

Mas sua mãe continuou tentando lhe mostrar que podia apoiar o filho. Ela ficava quatro dias por semana com a neta na casa de Adrian, enquanto ele e a mulher iam trabalhar. Ele se sentia grato por isso, mas ainda não conseguia afastar a sensação de perda de proximidade.

Encontrar o caminho de volta levou tempo. A falta de conexão com a família era baseada em diferenças reais que nem sempre tinham estado presentes. Ele se sentiu desiludido com o catolicismo depois dos abortos. Tinha se casado com uma mulher branca e obtido uma pós-graduação, o nível de educação mais alto já atingido por sua família. E ele também sentia tristeza, o que também não se encaixava em sua família. "O mantra da minha mãe enquanto eu crescia era que não havia tempo suficiente na vida para ficar triste. Era preciso seguir adiante." E ele continuou: "Isso não funcionou daquela vez. Então procurei um terapeuta, coisa que a minha família não faz".

Mas ele sentiu que precisava contar à mãe que estava recebendo aconselhamento e a razão de estar se sentindo tão afastado dela e da família. "Eu lhe disse que estava passando por momentos superdifíceis e precisava da ajuda de alguém de fora." Adrian tinha medo de que ela o criticasse ou tentasse lhe dizer para deixar de se sentir triste. Para sua surpresa, isso a levou a começar uma conversa mais aberta sobre como suas vidas estavam divergindo, algo que eles não tinham admitido em voz alta. Ela sabia que ele estava lutando e tinha ficado contente por saber que estava tendo ajuda – mesmo que fosse uma ajuda que ela não sabia como oferecer.

"Ela me disse que compreendia que a mudança para os Estados Unidos significava que os filhos viveriam uma experiência diferente de fato", ele me contou. Sua família era barulhenta, adorável e alegre, ela admitiu, mas também rígida. "Ela me disse que tinha orgulho do homem que eu me tornara, orgulho por eu ter tido forças para apoiar minha mulher e minha filha. E ela acrescentou que, se eu tiver de discordar da família de algum modo, ela sabe que consigo lidar com isso." Ouvir o que sua mãe lhe disse acabou por ajudá-lo mais do que a terapia.

Falar do terapeuta para a mãe abriu caminho para Adrian reconhecer que estava passando por momentos difíceis e também serviu para aliviar a pressão sobre ela e a família para ajudá-lo a resolver isso. E ele pôde admitir, sem culpa pela primeira vez, que sua família não podia nem precisava dar todo o apoio de que ele precisava. "Isso ajudou muito porque eu me sentia muito diferente da minha família em diversos aspectos. [Minha mãe] compreende que, mesmo que eu não esteja seguindo o caminho da família, ainda é um caminho para ser bem-sucedido. Foi muito importante para mim ouvir isso."

"Estou estabelecendo um limite."

Nossas vidas ficam entrelaçadas, muitas vezes por décadas, às vidas de nossos familiares. Os conflitos e as tensões vêm e vão, e temos que decidir o que é necessário numa questão que justifique uma conversa ou quando devemos observar em silêncio nossa decepção e tentar fazer tudo ficar bem. Temos em nosso favor o tempo, o que não acontece em outras conversas difíceis. Esses relacionamentos e essas conversas se desenrolam ao longo de anos e décadas nas famílias, com altos e baixos na proximidade e no entendimento.

"É verdade que, quando se trata de família, você deve, em muitas ocasiões, fechar os olhos às coisas que o aborrecem. Deve dar a todos o benefício da dúvida", a cineasta Desiree Akhavan me disse e completou: "Porque vocês estão casados pela vida toda."

Para manter a harmonia, deixamos conversas de lado e as compartimentalizamos conforme a necessidade, mas, cedo ou tarde, algum fato inevitável pode surgir no caminho, como declínio e velhice, negociações financeiras incontornáveis ou diferenças cruciais de valores quando se trata de como você quer viver sua vida. "Se sua bússola moral for diferente da de sua família, nada poderá substituir a condução de sua vida em seus próprios termos", Desiree explicou. "Ser honesto com a família é primordial, mas também é muito incômodo. Mas esse desconforto vale a pena."

Para ela, apaixonar-se por uma mulher aos 20 e tantos anos forçou-a a desapontar os pais, sem desculpas, e mudou tudo. "Não tinha percebido como mentir e tentar agradar os outros influenciava na minha felicidade. Creio que a minha vida só começou quando pus os pés no chão", ela me revelou. "Você traça sua própria linha."

Desiree nasceu em 1984, poucos anos depois dos pais e do irmão mais velho chegarem a Nova York vindos do Irã. Desde muito cedo, ela teve consciência do quanto os pais haviam desistido para que ela e o irmão fossem bem-sucedidos. "Sabíamos sobre os sacrifícios que tinham sido feitos", ela me falou. Seus familiares se viam como forasteiros numa terra nova, mas, por Desiree ser a única da família que tinha nascido nos Estados Unidos, ela era também o membro mais afastado. O irmão mais velho "sempre foi um pouco o terceiro pai", ela disse. "Ele e eu tínhamos abordagens diferentes em relação à família. Ele tinha muito mais responsabilidade e se sentia como âncora na casa. Como a mais nova, acabei por desapontá-los."

Já adulta, ela achou que tinha mais espaço para quebrar convenções na família e, portanto, poderia contar sobre a namorada. "Sabia que tinha de lhes contar, e contei, e foi péssimo", ela relembrou. Estava visitando os pais num fim de semana e, no domingo à noite, ela lhes disse que precisavam conversar. "Eu disse, tenho de lhes contar algo de que não vão gostar. Meu pai nada falou. Eu sabia que ele tinha ficado devastado. Eu o deixei arrasado." Isso foi terrível para ela. Seus pais tiveram problemas para aceitá-la porque não era uma situação que tinham sonhado para sua família.

."Tinha muito a ver com imagem. O que quero dizer é que acho que eles viam nisso algo como: *Teremos de carregar isso como um estigma.*"

Os pais de Desiree precisaram de tempo para digerir essa nova informação. Não só temiam que ela fosse viver "uma vida de segunda classe", eles também não entendiam. "Existe um grau de autoanálise autocomplacente que acompanha a condição de ser estadunidense. Eles pensavam: 'Por que você não mantém privada a sua vida particular?'"

Ela não conseguia dizer nada que fizesse desaparecer o mal-estar que eles sentiam. Para Desiree, esse processo serviu para ela aprender a ouvir a vozinha que lhe diz quando algo não está bem, a voz que pode animar você a traçar linhas duras. "Creio que é desse modo que acaba criando limites, por intermédio desse tipo de voz." É preciso algum esforço para estabelecer um limite numa família na qual, numa discussão, o pai rotineiramente joga na cara essa questão: "Você esqueceu uma coisa, eu criei você", conta Desiree. "Este é o argumento: *Eu criei você.*" Ela disse isso com ternura, mas ficou claro que, quando o pai diz isso, não está brincando.

Mas ela sabia que precisava lhes contar. "A alternativa era mentir, e eu não ia fazer isso." Nos casos em que não há clareza, imaginar o momento certo de falar sobre algo que vai aborrecer a família é difícil. Quando você decide criar o conflito no meio daqueles que conhecem seus lugares na situação estabelecida? "Nunca é a hora certa", Desiree observou sem rodeios. Se estiver esperando pela ocasião em que vai saber de verdade o que dizer e o modo de conter as reações familiares, isso nunca vai acontecer. "Trata-se de não viver à vontade e decidir pôr para fora algo que sabe que alguém não quer ouvir, porque, se não fizer isso, a situação vai se deteriorar e haverá uma explosão mais difícil de conter."

Na família dela, isso levou anos, mas os pais se ajustaram à realidade de quem Desiree é. "Passaram por uma grande mudança." Mais tarde, ela perguntou ao pai o que, afinal, tinha mudado. Ele lhe disse: "Eu tinha que escolher: perder minha filha ou superar isso."

Também ajudou, Desiree contou brincando, o fato de ela tão logo ter alcançado sucesso fazendo filmes semiautobiográficos sobre sua vida sexual. "O tabu se tornou a estrela brilhante."

A família pode ser muitas coisas, positivas e negativas, mas, acima de tudo, ela nos é conhecida. Novas revelações rompem os padrões familiares, mas também abrem espaço para dinâmicas desatualizadas se redefinirem. "Me assumir abriu a possibilidade de desordenar. Ficamos livres da expectativa não expressa que tínhamos criado em nós mesmos de representar a família imigrante ideal."

Cerca de cinco anos depois de Desiree se assumir, seus pais se divorciaram. O casamento deles era uma união tumultuada havia muito tempo, desde a infância dela. Os pais tratavam suas brigas como sendo uma coisa normal, mas, para Desiree, isso não parecia certo nem seguro. "Quando era criança, eu as chamava de 'episódios'. A intensidade disso era como se estivesse em um filme. Não sabia para que casa estava indo", ela me contou. Voltando àquela época, ela falou sobre isso com a família e na escola, mas nada mudou. "Todo mundo agia como se me dissesse: 'Desiree, você é a rainha do drama.'"

Quando o casamento dos pais acabou, a história também mudou de modo abrupto. "Era como se passassem a me dizer: 'Você estava certa.'" Isso desencadeou uma série de novas mudanças na família, alterando suas expectativas e pedindo por uma nova visão agora que todos eram adultos. "Era muito natural quando éramos crianças e tínhamos necessidades muito tangíveis. Agora, queremos entender uns aos outros um pouco melhor e compreender de que forma ser a família um do outro."

Mas, como Desiree aprendeu, essas mudanças não ocorrem se ninguém falar a respeito.

"Eu entendo."
(Mesmo que não entenda, diga isso às vezes.)

Quando alguém resolve falar numa família, a pessoa que começa a conversa espinhosa nem sempre é a mais adequada para assumir o comando de uma conversa difícil. A dinâmica de poder foi estabelecida cedo, entre pais e filhos e irmãos. Muitas vezes é a pessoa menos detentora de poder que precisa imaginar como adequar o roteiro.

Uma mulher que pediu para ser chamada de Anne aprendeu isso cedo, quando percebeu que, embora a mãe estivesse na chefia da casa, ela não era confiável.[8] Sua mãe sofria do que os médicos agora diagnosticam como transtorno esquizoafetivo, uma combinação de sintomas bipolares com alucinações psicóticas e delírios. Anne, hoje, tem 30 e poucos anos, mas, quando estava crescendo, nem ela nem a mãe tinham palavras para definir o que estava acontecendo. "Era o caos inesperado, sem saber como ela ficaria de uma hora para outra."

Anne tinha 8 anos quando a mãe foi internada pela primeira vez. "Eu me lembro de descer as escadas e ver a família inteira na sala, todos sentados e preocupados, conversando em volta da minha mãe, e ouvir que ela havia saído do hospital e caminhado muitos quilômetros até a nossa casa." Alguns anos depois, seus pais se divorciaram. As duas irmãs mais velhas foram para a faculdade quando Anne estava com 13 anos, assim, lidar com a doença da mãe ficou, em grande parte, a seu cargo.

Anne logo aprendeu que, entre os gatilhos para as crises maternas, estavam a falta de sono e o estresse, por isso ela fazia todo o possível para não perturbar a mãe. "Fiquei treinada desde cedo a agradar outra pessoa porque era a técnica de sobrevivência que eu tinha no convívio com ela. Sabia que a manteria calma e a deixaria feliz se fosse bem na escola ou se não retrucasse quando ela me chamasse a atenção. Eu a satisfazia de todos os modos que conhecia para fazê-la se sentir bem."

Ainda assim, os episódios paranoides aconteciam. A mãe de Anne se convencia de que a casa estava grampeada pelo FBI ou decidia que estava em perigo no meio da noite e montava uma barricada na porta do quarto. E havia ocasiões em que a doença dela repercutia fora da privacidade da família. Um dia, a mãe pegou o telefone quando Anne estava falando com sua melhor amiga e "começou a vociferar coisas paranoicas como: 'Quem está na casa? Quem está na casa?'. E tive de desligar logo." Alguns dias depois, "mortificada e envergonhada", Anne foi até a casa da amiga e tentou explicar. "Eu lhe disse: 'Minha mãe não é sempre assim', e me lembro de ter ficado surpresa e aliviada com a compaixão que ela demonstrou. Senti que isso refletia em mim de certa forma."

Anne saiu de casa para cursar a faculdade e se tornou bibliotecária escolar, o que ela atribui à necessidade de procurar respostas por conta própria e em silêncio na infância e na adolescência. (Ela conta que começou a procurar por palavras que descrevessem o comportamento da mãe na AOL, com internet discada.) Mas Anne ainda mora a uma hora de distância da mãe para ajudar no gerenciamento dos seus cuidados psiquiátricos. Sua mãe foi internada diversas vezes depois de Anne chegar à idade adulta, incluindo uma internação em maio de 2016, quando Anne estava de férias com o namorado no Oregon. Ela recebeu uma ligação do departamento de polícia local para comunicar que sua mãe estava causando distúrbios: gritando no quintal, batendo portas e objetos dentro de casa no meio da noite e importunando os vizinhos que ela achava que eram uma ameaça. Isso já tinha acontecido antes – por isso, Anne tinha deixado o número do seu celular com a polícia.

Anne pegou um voo de volta, encurtando as férias, para ajudar a lidar com a situação. Quando embarcou no avião, procurou afoita por algumas novas respostas no Google. Achou um e-book chamado *I Am Not Sick, I Don't Need Help!* [Não estou doente, não preciso de ajuda!], um guia para cuidadores que estivessem tentando convencer alguém a aceitar tratamento para a saúde mental. Negar que há um problema é um sintoma de diversos distúrbios psiquiátricos, escreveu o psiquiatra e escritor Xavier Amador, e foi o que deixou mais difícil lidar com a esquizofrenia do seu próprio irmão. "Meu instinto natural de confrontar a negação levou ao desastre", ele escreveu.[9] Para substituir essa abordagem, Amador apresentou o acrônimo LEAP [*listen, empathize, agree, partner*]: ouvir, empatizar, concordar e associar.

O acrônimo e seu espírito de colaboração com desonestidade e fingimento intencionais não correspondiam às conversas que tinha com a mãe. Quando a mãe estava em crise, Anne tentava, com desespero, trazê-la de volta à realidade, reforçando que o que ela estava sentindo não era real: ninguém a estava perseguindo, ela estava segura e o que ela supunha estava errado. "Tinha sempre falado com ela dentro da sanidade, tentando convencê-la de que não estava pensando com clareza. Apenas lutava, lutava para ser ouvida, lutava para que minha mãe admitisse aquilo que eu estava dizendo", ela me contou. Mas tentar falar com ela do lado de fora do seu delírio "era sempre como bater a cabeça contra a parede. Nunca me levava a nada e só provocava mais sofrimento".

O livro encorajou Anne a aceitar os delírios maternos em suas conversas, a perguntar sobre eles e, acima de tudo, a concordar com a mãe para que fossem associados aos seus cuidados. "Mesmo que não fosse totalmente honesto, pareceu o modo mais digno de tratá-la e de me tratar", ela me disse. A nova abordagem de Anne não curou a condição da sua mãe, mas, no final de uma internação de uma semana, o modo como elas haviam interagido por décadas começou a mudar. "Não foi um passe de mágica, mas creio que nos aproximou."

Quando aconteceu outra crise um ano depois, Anne tentou o LEAP mais uma vez, só que agora os desafios eram ainda maiores: os vizinhos reclamavam de novo e ameaçavam usar as regras da associação de condôminos para pôr sua mãe para fora. Esse seria bem o tipo de coisa que a faria se sentir atacada, encaixando-se à lógica de seus delírios. A mãe estava convencida de que alguém a estava espionando e tentando envená-la, então Anne se concentrou com a mãe nessa sensação de perigo em vez de tentar tirá-la disso. Ela se viu falando coisas assim: "Meu Deus, isso é muito assustador. Parece que você está mesmo com medo de pessoas invadindo a casa." Depois, ela observou: "Não preciso concordar com os delírios dela para validar o que ela sente em relação a eles".

Dessa vez, elas não brigaram em torno de quais ameaças eram reais e quais não eram. Anne sabia que estava entrando no jogo das falsas premissas da mãe, mas foi isso que permitiu orientar a conversa para além daquele momento no sentido de achar o que era necessário acontecer para que a mãe pudesse se sentir segura em casa. "Eu senti que me comportava como adulta, mais calma, me debatendo menos e sem perder o controle. Fazê-la baixar a guarda ajudou. Mamãe sentiu que eu me preocupava com seu bem-estar e que estava ali para ajudá-la."

Nessa ocasião, a mãe concordou em ir para a clínica e ficou lá por seis semanas, sua mais longa internação. "Ela estava mais vulnerável, um pouco menos na defensiva." Ela começou a tomar uma medicação antipsicótica injetável e, antes de ter alta, assinou um documento autorizando Anne a tomar por ela as decisões relativas à sua saúde mental no futuro. "Eu me lembro de estar sentada com ela, segurando sua mão e tendo uma conversa que nunca tínhamos tido antes, nos comunicando de um modo como nunca tínhamos feito, o que foi, de fato, gratificante. Me deu algo pelo qual eu ansiava havia muito tempo."

Perguntei a Anne se, ao seguir o conselho do acrônimo para concordar com a mãe, tivera a sensação de estar, mais uma vez, dando um jeito de não a desagradar, como tinha aprendido a fazer quando criança. "Senti que estava tudo bem, como se fosse essa a maneira de preservar sua dignidade e mostrar empatia por aquilo que ela vivia. Tinha sempre pensado sobre isso como algo que estava tornando minha vida miserável. Acho que comecei a entender o quanto ela era infeliz por causa da sua doença mental." Ao fingir acreditar e aprendendo a acompanhar os seus delírios, Anne estava encontrando uma nova forma de amar a mãe através da doença dela.

Nas famílias, muitos se prendem em lutas para saber de quem é a versão mais correta da história. Algumas vezes, isso é causado por doença mental, vício em drogas ou traumas familiares, ou apenas nos lembramos das coisas de modo diferente. Anne não podia convencer a mãe a ver o mundo do modo como ela o via ou dizer-lhe para ficar bem. Mas, ao mudar a maneira de falar com a mãe – ao se alinhar a ela e ceder-lhe o controle da narrativa –, ela deu um fim às batalhas que tinham sugado tanta energia das duas.

Para Anne, a nova abordagem de aceitação da versão materna da realidade preservou sua capacidade de comunicar-se. Ela também precisou desistir da ideia de que, nos momentos de crise, a mãe fosse capaz de ouvir seu ponto de vista. Anne percebeu que não podia evitar que os gatilhos surgissem e disparassem os episódios paranoides. Mudar o modo de se comunicar também não impedia Anne de ter de abandonar tudo para ajudar a mãe na crise seguinte. Mas ajudou-a a vê-la "mais como outro ser humano que está lutando e menos como uma adversária". E como alguém cujo cérebro apenas funciona de forma diferente da nossa.

Quando ela desistiu de lutar com a mãe sobre o que era real, Anne também aceitou as limitações que sempre farão parte da sua relação com ela. Lamentou, mas não tentou mais mudar isso.

E percebeu que precisava encontrar outras pessoas, escolher familiares, quem pudesse lhe dar o tipo de amor, apoio e tranquilidade que não tinha recebido da mãe. "Encontrei outras mães à minha volta. Gosto da estrutura e do acolhimento que encontro em mulheres mais velhas", ela me disse. "É maravilhoso."

"Nosso relacionamento é mais importante do que esta desavença."

Amar nossas famílias, quando há sofrimento e conflitos, depende muitas vezes de deixar de lado alguma coisa. Para Anne, ela precisava desistir da ideia de que a mãe não estava doente. Outras vezes, significa render-se ao fato de que o conflito familiar talvez não se resolva nunca. Quando os conflitos se mantêm por muito tempo nas famílias, com desentendimentos profundos e reais, voltar a se reunir muitas vezes exige abandonar parte do passado.

Quando estava pesquisando sobre afastamento familiar, o sociólogo Karl Pillemer descobriu que os familiares que foram capazes de voltar a se reunir não tinham, na verdade, rupturas menos graves do que aqueles que não conseguiram.[10] Nos casos em que membros de famílias conseguiram se conectar de novo depois de se separarem, Karl percebeu uma característica comum: eles tinham desistido de tentar convencer um ao outro sobre o que tinha dado errado. "As pessoas que se reconciliam descrevem a experiência como deixar de lado a tentativa de fazer a outra pessoa ver o passado como elas o viam", Pillemer disse ao *The New York Times*.[11]

Quando Pam Daghlian era criança em Michigan, ela detestava o padrasto, George. Até os 8 anos, ela tivera a mãe só para si. Então, certo dia, um homem com barba e óculos escuros aproximou-se do carro delas. A mãe ficou intrigada, Pam, assustada, "e, já no início, ele e eu não nos demos bem", ela admitiu.

George era onze anos mais velho do que a mãe de Pam. Depois do seu divórcio, ele criara cinco filhos sozinho, com uma série de regras rígidas. Quando Pam foi morar na casa de George, ela se ressentiu da disciplina severa. "Assim que aquelas regras se tornaram minhas regras, eu comecei a me rebelar. Era como uma guerra silenciosa de agressão passiva." Por exemplo, George tinha uma regra que dizia que, quando tirasse o tênis em casa, deveria desamarrá-lo antes para não danificar a parte de trás ao calçá-lo e descalçá-lo. Pam achou a regra ridícula e a ignorou, e então percebeu que seus tênis de ginástica não estavam na casa. Pam suspeitou que George estava com eles e, para recuperá-los, ela escondeu todos os suspensórios do padrasto. Os tênis reapareceram como que por mágica.

Parte da tensão entre eles era a competição natural entre uma criança e o novo companheiro da mãe. Mas Pam também percebia que a mãe estava mudando de uma maneira que ela não conseguia entender. Elas começaram a ir à igreja batista conservadora que George frequentava. "Minha mãe gostou muito e descobriu algo que funcionava para ela."

Tudo o que Pam descobria nos bancos da igreja era só a confirmação de que a mãe a estava abandonando por um homem com quem não queria ter que lidar. "Fiquei tomada pelo ódio a ele dos 10 aos 18 anos", ela me contou. Depois de sair de casa, ela se dedicou aos estudos sobre as mulheres e se tornou ativista nas políticas femininas. Ela se estabeleceu em São Francisco como orientadora pessoal, deixando Michigan e sua família para trás. "Nós, de certa forma, passamos a nos ignorar. Isso se estendeu pelos meus 20, 30 e 40 e poucos anos."

Embora nunca se falasse a respeito disso, George se lembra da relação deles da mesma forma. "Eram sentimentos difíceis naquele tempo", ele me contou quando liguei para perguntar sobre o relacionamento entre eles. Quando nos falamos pela primeira vez, ele estava com 86 anos, era um fabricante de ferramentas aposentado que vivia em Cadillac, Michigan. "O tempo foi passando e deixamos de nos comunicar por muito tempo", me disse George. "Então a mãe dela ficou doente."

A mãe de Pam desenvolveu uma forma de demência que avança com muita rapidez. Em março de 2016, George não tinha mais condições de tomar conta dela em casa, e por isso eles a instalaram numa casa de repouso. Pam tinha passado a visitar a mãe com mais frequência depois que ela começara a declinar, porém, já que ela não morava mais com George, Pam precisou perguntar, meio sem jeito, se ela ainda podia se hospedar na casa dele. "Não sei se alguma vez tínhamos ficado juntos sem a presença da minha mãe. E ele meio que respondeu: 'É claro, você vai ficar aqui.'"

George percebeu que Pam estava afrouxando sua posição em relação a ele, e ele queria proteger essa mudança. "Ela começava a ficar mais amigável e a nos aceitar mais", e ele não queria romper essa nova convivência. Mas a deterioração da mãe de Pam coincidiu com a campanha para a eleição presidencial de 2016, o que aprofundou a divisão entre muitos estadunidenses, inclusive entre Pam e George. No mesmo mês em que a mãe dela foi para a casa de repouso, Donald Trump fez uma carreata enorme na cidade. "Era difícil fugir da política e mais ainda porque tínhamos posições diferentes", Pam me falou.

Em vez de deixar que esse tema e suas divisões continuassem a separá-los ainda mais, "decidimos fazer uma trégua; não falaríamos nada que fosse ligado à política ou à religião", George me contou. Foi ele que sugeriu a trégua, embora Pam já tivesse notado a mudança antes de George verbalizá-la. Ele sempre tinha mantido a tevê ligada o dia todo na Fox News. Sem dizer nada, deixou de sintonizar aquele canal. Pam valorizou o gesto dele. "Nenhum de nós queria estragar a convivência, então tomávamos muito cuidado um com o outro."

Com a trégua vigorando, o que se relacionava com a televisão se tornou uma brincadeira. Juntos, eles assistiram a "quarenta e sete horas do programa *Family Feud*", Pam disse, rindo, mas, sempre que saía de casa, ela lhe dizia que podia dar uma espiada na Fox News sem perigo. Era impossível, entretanto, manter o mundo exterior o tempo todo do lado de fora. "De vez em quando, dávamos uma escorregadela", George recordou. Uma noite, eles estavam assistindo, tensos, a um debate entre os candidatos à presidência. Por fim, Pam se recorda, "nós dois começamos a rir porque percebemos que, por cerca de meia hora ou mais, não tínhamos dito uma palavra".

Foi quando George lhe disse que estava preocupado com a possibilidade de a política interferir na relação dos dois. "Ele tomou a iniciativa", Pam lembra. "Disse que nosso relacionamento era muito mais importante do que a política." Eu perguntei a George o que o levara a dizer isso, e ele me disse que não tinha sido difícil. "Só deixei sair o que eu sinto. Não sou acanhado quando se trata disso. Tudo se resume a valores. O meu valor aqui é ter a amizade de Pam e conservar a paz entre nós. Isso vale mais a pena do que descarregar nossos sentimentos sobre política. E fui eu quem disse isso. Mas ela me seguiu, é como ela também se sente", ele acrescentou.

Com essa garantia, eles começaram, com cuidado, a falar de política, e suas diferenças são reais e acarretam consequências. Por causa da sua religião, George é contra o direito de aborto e "todo o negócio de direito dos gays", ele me disse, enquanto um dos primeiros sucessos de Pam como ativista foi fretar uma frota de ônibus para um rali pelo direito do aborto em Washington. George achava que o presidente Trump era um "homem excêntrico" que, apesar disso, fez algumas

---

* *Family Feud* é um programa de perguntas e respostas da televisão dos Estados Unidos em que duas famílias disputam entre si por prêmios e dinheiro.

coisas importantes acontecerem no país. Pam estava indignada com Trump e considerava sua retórica detestável e perigosa. "Eu perguntava a ela: 'Por que você acha isso?'. E ela fazia a mesma coisa comigo", George explicou. "Eu queria ouvir o lado dela, não palavras duras ou outra coisa qualquer."

As visitas transcorreram assim pelos três anos seguintes. Pam ia até lá com intervalo de alguns meses e ficava com George por uma ou duas semanas. Ela tentava concentrar-se na capacidade de ouvir que aperfeiçoara no seu trabalho como orientadora de carreira e de vida. "Eu desejava ficar aberta, então ele ia ao encontro da minha curiosidade", Pam disse. "Acho que ele se sente bastante seguro comigo para falar sobre aquilo em que acredita e sabe que não vou julgá-lo por isso, mesmo que eu ache que ele esteja completamente equivocado. E ele está, é claro." Eles não fingem concordar, e, durante suas visitas e telefonemas regulares, as conversas sobre política se tornaram mais específicas e menos cautelosas. Debater cidades-santuário ou os benefícios da imigração legal também foi uma boa distração da triste realidade que os reuniu de novo.

"Não consigo lhe dizer como isso é difícil", George disse sobre a doença da sua mulher. "Acho que, se ela tivesse morrido, seria mais fácil aceitar do que a condição em que ela está agora." Ela não falava mais, mas ainda tinha lampejos de reconhecimento em suas visitas diárias, quando ficavam sentados de mãos dadas. "Pam tem sido muito boa para mim", George me contou. "Ela se tornou uma verdadeira filha. Aprendi a amá-la do fundo do coração, e acho que ela sente a mesma coisa. Ficamos muito, muito próximos agora."

A doença da mãe, Pam me disse, se tornou "a conversa paralela que de fato nos deu uma razão para não brigarmos, porque ele estava compartilhando uma situação vulnerável e compassiva".

Embora Pam tivesse um sentimento de perda e de luto pela demência da mãe, seu relacionamento com George ajudou-a a ficar menos revoltada. "Não é tão difícil para mim quanto é para ele", ela admitiu. Por muito tempo, ela sentia como se a mãe a tivesse abandonado por George, mas as viagens para casa durante a doença dela suavizaram os ressentimentos antigos. Ela não estava mais competindo com George; os dois estavam vivendo a perda juntos. "A demência dela, para mim, foi um presente estranho e amoroso que resultou em muita cura", ela disse. "Destravou minha vida toda. Eu a perdoei. Não estou mais brava. Então isso é uma coisa difícil para conversar com ele."

Falar em voz alta o que significam um para o outro, depois de anos de conflitos e tensão, não fez suas diferenças desaparecerem, mas elas deixaram de ser motivo de ruptura.

A mãe de Pam morreu em meados de 2020. Assim como discordavam sobre política antes, Pam e George não concordavam em relação ao melhor modo de homenageá-la em meio à pandemia da covid-19. George e outras pessoas próximas de Michigan planejaram um funeral; Pam me disse que não se sentia segura viajando e também não achava apropriado reunir as pessoas.

Ela prosseguiu dizendo que ainda valoriza a proximidade que ela e George desenvolveram ao longo dos muitos anos de visitas e sua "doce rotina de comer fora, fazer as refeições juntos, cuidar do cachorro dele e ter longos papos sobre a vida", ela escreveu num e-mail no fim de semana do funeral da sua mãe. "Eu e George demos um jeito de colocar nossa ligação em primeiro lugar. Considero isso uma das grandes realizações da minha vida, de verdade."

"Posso ouvir de novo aquela história de família?"

Pam e George não tiveram um relacionamento caloroso até ela chegar aos 40 e ele aos 80 anos. Perderam muito tempo que poderiam ter ficado juntos, então havia muita coisa que queriam ficar sabendo quando conversavam. Mas, mesmo quando se trata de familiares com quem você sempre esteve próximo, pedir para ouvir mais uma vez histórias da família pode ser um modo de ver um ao outro de forma mais complexa e adulta.

"Se o comportamento de uma pessoa não faz sentido para você, é porque está perdendo parte do contexto", o psicólogo social Devon Price escreveu.[12] Esse sentimento, com certeza, se aplica à família, embora, por causa do parentesco, possamos assumir tão logo que deveríamos ser capazes de entender certos comportamentos e escolhas de membros da família. Quando não entendemos o que eles estão fazendo, nós os criticamos e, muitas vezes, lhes dizemos como deviam fazer as coisas de outra maneira.

Em minha família de origem, fiz esse tipo de crítica contundente e senti a dor de não ser compreendida pelas pessoas que deveriam me conhecer melhor. Adulta, tentei reduzir o tempo de reação quando esses conflitos surgem e lembrar que a minha confusão muitas vezes se dá pela falta de contexto – o contexto, no caso, sendo aquele em que cada membro da minha família viveu longe de mim.

É por isso que pode valer a pena pedir para ouvir várias vezes histórias de família. Quando as ouvimos pela primeira vez, nós as escutamos em relação a nós mesmos e ao que elas revelam sobre quem somos. Recontá-las e pedir detalhes que podem ter escapado possivelmente nos ajuda na tarefa primordial de entender mais os familiares e as decisões que tomaram e que não tinham nada a ver conosco.

Meus pais se casaram um ano e meio depois do primeiro casamento do meu pai ter acabado. Ele tinha duas filhas com a primeira mulher. Meus pais tiveram mais três filhas, e nós cinco éramos muito próximas durante a infância e adolescência, tão próximas que dispensamos o termo "meio" – minhas duas irmãs mais velhas foram e são minhas irmãs. Na verdade, quando tive idade suficiente para perceber que nem todas as famílias eram como a minha, no início do ensino básico, tomei uma decisão: quando estivesse na hora de começar minha própria família, queria me casar com um homem divorciado que tivesse filhos. Queria que meus filhos tivessem irmãs como eu tinha tido.

Minhas irmãs mais velhas são um presente precioso para mim. Elas são nove e onze anos mais velhas do que eu, o intervalo de idade ideal para procurá-las com perguntas que nunca faria aos meus pais, o que me garantiu um conhecimento que me tornou mais segura do que minhas amigas, que tinham de descobrir as coisas sozinhas. Com as minhas irmãs mais velhas, aprendi o básico sobre drogas: maconha não tinha problema, os cogumelos exigiam um espaço seguro, todo o resto era superproblemático, e cigarros eram repugnantes. Elas me ensinaram sobre música e filmes – Bob Marley, Sly and the Family Stone, Deee-Lite, *Kids* e *Corra, Lola, corra*. E me falaram a respeito de sexo. Para começar, estar apaixonada era bom, minha irmã mais velha me instruiu, mas mais importante era sentir-se pronta. Elas me prepararam para ser uma adolescente, uma jovem mulher, uma feminista. Elas tinham passado por tudo o que eu estava passando. Elas eram as precursoras.

Como muitas irmãs mais novas, eu não as via como pessoas que *também* estavam descobrindo coisas. E elas tinham que passar por algo que eu nunca precisei. Entrei na faculdade antes mesmo de começar a perguntar sobre elas e suas experiências em nossa família. Elas me contaram sobre suas lembranças do divórcio do meu pai e as idas e vindas no tribunal para estabelecer um acordo de guarda compartilhada. Minhas irmãs mais velhas acabaram passando os principais feriados e os verões conosco. Eu me lembro, ainda criança, da emoção da chegada delas, e então, já acomodadas, das pequenas tensões que eu não entendia. Como quando elas reclamavam porque nosso pai estava assistindo a programas de esporte na tevê depois de trabalhar longos turnos no hospital. Naquele tempo, eu era muito protetora em relação a ele e ficava imaginando por que elas não facilitavam as coisas para o pai. "Ele sempre assiste à tevê para relaxar", eu pensava. "Qual o problema?" Eu não compreendia que, quando elas deixavam a mãe para ficar conosco, estavam sempre dividindo a atenção do meu pai, se não com a tevê, então com o trabalho ou com as irmãzinhas circulando em torno dele.

Para mim, o divórcio do meu pai era um fato estabelecido, mas, para as pessoas que tinham passado por isso na nossa família, foi e ainda é parte da evolução dos seus relacionamentos e concepção do que é família. Quando você entra numa história já começada, como todos nós entramos na família, o que veio antes parece preordenado, o resultado de uma história estática em vez de uma série de escolhas com consequências ainda se desenrolando.

A mesma coisa se deu em relação à decisão dos meus pais de se casarem. Enquanto criança, eu sentia que a história de amor que nos contavam era romântica. Meu pai disse que, depois do divórcio, tinha feito uma lista das qualidades que desejava numa companheira. Ele prestou atenção em minha mãe quando trabalhavam juntos num hospital em Nashville, e ela era tudo o que ele estava buscando. Meus pais tinham sido feitos um para o outro e para ficarem juntos, era o que essa história me contava. A lista era a prova. Meu pai também tinha certeza disso na época. Quando a convidou para sair, ele lhe disse que não estava atrás de um encontro casual. Ele queria se casar de novo.

Quando passei pelo meu divórcio, perguntei outra vez ao meu pai sobre aquela época da sua vida e a tal lista. Ouvi, pela primeira vez, quão profunda tinha sido sua tristeza, lutando com uma perda que nunca esperara. Ele estava fazendo um retiro, escrevendo um diário e tentando dar um sentido ao que tinha dado errado e como poderia ter feito certo. Compreendi, então, como escrever aquela lista também tinha sua origem no terror: ele queria mais que tudo restaurar a ordem para si mesmo e para as filhas, protegendo-as de mais instabilidades.

Esses detalhes mexeram com o entendimento que eu tinha da origem da minha família, a história deixando de ser uma tradição e se transformando em momentos vividos que me ajudaram a entender as escolhas do meu pai durante uma época de muita turbulência.

Também perguntei a mamãe sobre aquele tempo. Sempre me falaram que ela tinha namorado um cantor-compositor em Nashville antes do meu pai, o que eu imaginava que tivesse sido superlegal, mas não ouvi muito sobre o rompimento deles até a minha separação. Mamãe e o músico ficaram juntos por um bom tempo e gostavam um do outro, mas, a certa altura, a vida deles ficou incompatível, ela com turnos diurnos no hospital e ele se apresentando à noite. Ela estava namorando um astro de rock, mas queria mesmo era um astro do rock com trabalho diurno.

Então, alguns anos depois do meu divórcio, durante os primeiros meses do movimento #MeToo e uma série de escândalos de assédio sexual na minha empresa, pedi a meus pais para me falarem mais sobre o início do relacionamento deles no hospital, quando ele acabara de se separar e ela de sair de uma relação. Onde meu pai tinha feito a grande declaração de querer namorar apenas se ela estivesse interessada em se casar? No consultório dele, os dois me contaram. Ele era chefe dela? Não diretamente, mas ele estava numa posição de hierarquia bem mais alta do que ela e minha mãe sabia disso. Ele também era nove anos mais velho. Quarenta e cinco anos atrás, a abordagem direta do meu pai pôs minha mãe numa situação difícil, de tal modo que um departamento de RH hoje em dia cairia em cima, e eu lhes disse isso. Mamãe concordou. Foi um pouco assustador, ela concordou com um sorriso. Deve ter sido muita coisa para assimilar, sendo ela uma jovem que se formara havia apenas três anos, vivendo sozinha com seus primeiros vasos de plantas.

O pedido do meu pai não se limitava a aceitá-lo; significava também que minha mãe se tornaria madrasta aos 20 e poucos anos. Ela sabia sobre as filhas? Perguntei. Não, minha mãe explicou, mas, depois do primeiro encontro, ela não estava mais iludida. Meu pai achou que era uma boa ideia convidar minha mãe para ir a um museu de ciências para crianças com minhas duas irmãs numa tarde agitada de fim de semana. A mais nova teve um ataque de raiva, e meu pai precisou levá-la para fora. Mamãe descreve como foi deixada sozinha no planetário com minha irmã mais velha, então com 6 anos, ficando as duas embaraçadas e sem palavras olhando para as estrelas no alto.

Meus pais se casaram depois de um ano do primeiro encontro. Os dois estavam saindo de experiências que tinham posto de cabeça para baixo tudo o que sabiam e, em vez de hesitar, eles decidiram atravessar juntos tudo o que viesse pela frente. Meus pais precisaram elaborar um modo de lidar com uma família que vinha junto, separada, e se juntava de novo de uma maneira que eles não tinham previsto. A mesma coisa ocorreu com minhas irmãs mais velhas. Penso nas fotos delas no álbum de casamento dos meus pais, em vestidos feitos pela mãe da minha mãe, uma simpática senhora que elas tinham acabado de conhecer. Imagino como essa família deve ter parecido diferente para elas um ano antes, e ali elas estavam, numa igrejinha à beira de uma estrada rural, com uma ala de convidados do casamento repleta de estranhos.

Estavam na metade da década de 1970; a taxa de divórcios nos Estados Unidos caminhava para seu ápice, que ocorreria no fim da década de 1970 e início dos anos 1980.[13] Muitos pais e filhos estavam passando por divórcios, com muito menos recursos e modelos para saber como se sair bem. Essas pessoas – meu pai, que era o noivo, suas filhas pequenas, a madrasta nervosa – não sabiam o que estavam fazendo, mas ali estavam, juntas, como uma nova família.

À medida que fiquei mais velha, me casei de novo e me tornei mãe de duas meninas, tentei movimentar a câmera em torno da cena de casamento dos meus pais para entender toda a dinâmica que se desenrolou na minha família antes do meu nascimento. É impressionante como isso é óbvio e como demorei para fazer isso. Fazer perguntas sobre histórias bem conhecidas da família revela arestas e tensões que ficaram ocultas nas primeiras versões que ouvi quando criança. Conforme minha perspectiva move-se em torno e ouço essas histórias muitas vezes, minha compreensão se aprofunda. Descubro que a *minha* versão da minha família não revela tudo o que ela de fato é. Vejo com mais clareza que todas as famílias são feitas de indivíduos, com suas próprias versões da história da família, conforme se separam e voltam a se reunir.

Nas relações familiares, o tempo apara as arestas dos conflitos, da mágoa e dos desentendimentos. As primeiras reações podem evoluir para interpretações mais ponderadas e generosas. Mas os anos podem também escoar sobre os conflitos familiares, sem qualquer indício de resolução. Então, quando se trata de uma conversa de família difícil, grande parte dela depende do momento em que se dá. Precisamos prestar atenção às lentas mudanças nos relacionamentos longos e estar dispostos a discuti-los quando o distanciamento começa a ficar cada vez maior.

Foi por isso que Yesi Ortiz precisou mudar o modo como falava com os filhos da irmã à medida que foram crescendo: em vez de lhes dizer como devem ser, ela agora busca ouvir suas necessidades. De modo parecido, Adrian percebeu, num momento de crise, que não podia ter o tipo de conversa que precisava dentro da sua família. Ele saiu do papel de membro feliz numa grande e jovial família extensa e procurou ajuda para além do que seus entes queridos podiam lhe dar.

A decisão de reorganizar a abordagem nos nossos relacionamentos familiares não ocorre de uma só vez. Como Desiree Akhavan descreveu, conversas progressivas ajudaram os membros da sua família a estabelecer limites e abrir espaço para a renovação enquanto ajustavam os relacionamentos entre eles. "Creio que ocupar espaço é uma coisa que ajuda muito quando sente que não consegue definir quem você é ou construir um relacionamento que deseja", Desiree me falou. "Temos regras nas quais mergulhamos, e então fica fácil culpar a família por nos manter lá, mas penso que nós também nos obrigamos a ficar lá."

No núcleo familiar, a passagem do tempo também revela as características e os desafios que talvez não vão mudar. Para Anne, compreender a realidade da mãe significou também aceitar a incapacidade de ela perceber a realidade como Anne a via. Por mais doloroso que seja, isso também era necessário. Empenhar-se em conversas difíceis de família nem sempre traz a obrigação de concordar ou perdoar. Aceitar as limitações das pessoas da família é, ao mesmo tempo, realista e compassivo.

Há também casos em que membros da família não conseguem nos amar do modo como precisamos, quando eles nos causam mais mágoa sempre que tentamos nos reaproximar. Nesse cenário, amar à distância pode ser tudo o que está ao nosso alcance. É possível curar essa relação com o passar do tempo, como vimos com Pam Daghlian e seu padrasto, George, que não tinha ilusão em relação às suas diferenças, mas se esforçou para se concentrar naquilo que os unia e afastar-se do que os separava. Embora isso nem sempre seja viável. No final, tudo bem aceitar que a família não pode nos dar tudo e procurar fora dela outros caminhos que nos levem ao aconchego e ao apoio de que precisamos.

Na idade adulta, nossos relacionamentos familiares amadurecem quando percebemos como enxergar nossos parentes, e como queremos ser vistos por eles, na qualidade de indivíduos. Uma das formas mais efetivas de fazer isso é revisitar as histórias familiares. Pedir a diferentes membros da família que contem suas versões da mesma história me garantiu uma posição estratégica para circular pelo tempo e pelo espaço, tornando mais complexo meu entendimento das experiências dos meus familiares. Isso nos oferece uma maneira simples de perceber que os membros da família têm diferentes relacionamentos uns com os outros – não apenas em relação a você. Ouvir todas essas perspectivas não significa concordar com tudo o que aconteceu ou perdoar os erros de todo mundo, mas deixa que vislumbre a verdade fundamental sobre as pessoas de onde viemos: que uma família é um punhado de indivíduos, cada um fazendo o que pode, exigindo espaço em determinado momento, depois agarrando-se um ao outro no momento seguinte.

É uma confusão, mas também forma um todo. E, quando nos esforçamos em conversas difíceis dentro das nossas famílias, podemos entender isso mais com clareza, e tudo o que turvou nossos piores dias não esconde o calor e a luz dos melhores dias.

Identidade

Eu era a única estudante da minha classe em Stanford que tinha vindo da Virgínia Ocidental, o que eu não achava que fosse muito importante, até que precisei explicar muitas outras vezes de onde eu era. Aqueles que tinham uma vaga noção do estado imaginavam barracões de madeira e mineiros cobertos de pó de carvão, mas, com mais frequência, as pessoas não tinham o menor conhecimento sobre a Virgínia Ocidental, e precisei pensar em como apresentá-la. Procurei as frases certas para expressar minha afeição, sem disfarçar suas falhas ou ficar muito sentimental. Existe um modo generoso e um não tão generoso de explicar a história do meu estado, começando da forma como se separou da Virgínia durante a Guerra Civil e o que se tornou depois.

Em casa, conhecíamos bem as fragilidades do nosso estado, então não precisávamos dizê-las em voz alta. Existe um alto índice de pobreza, deficiências na área de saúde, periculosidade desencadeada por indústrias extrativas nocivas. Cresci num bairro próspero da capital, mas, mesmo assim, podia ver como nosso destino era determinado por pessoas que não viviam entre nós: proprietários de terras de fora do estado, investidores de Wall Street, executivos que dirigem empresas químicas, de carvão e de gás – e, mais tarde, empresas farmacêuticas cuspindo analgésicos. Suspeitávamos que a maioria dessas pessoas não estava preocupada conosco. Quando atraíamos a atenção de gente de fora, ficávamos antenados para captar qualquer desprezo ou paternalismo no tom empregado. Nós, na Virgínia Ocidental, costumávamos ser uma piada ou então alvo de grupos de igrejas em viagens missionárias de férias. Somos protetores em relação à nossa casa e costumamos nos decepcionar quando as pessoas não percebem.

Isso torna o senso de identidade muito coeso, mesmo com pessoas que, de outro modo, você discorde com veemência. Juntos, formamos *nosso* estado desfavorecido, e temos orgulho dele. Ainda sou capaz de cantar a canção dos seus cinquenta e cinco condados. Eu me emociono quando se diz algo de bom sobre os times esportivos Mountaineer em rede nacional. E, se alguém menciona alguém famoso que eu sei que é da Virgínia Ocidental, vou te contar. Bill Withers! Jennifer Garner! Steve Harvey! Brad Paisley! Mary Lou Retton! Katherine Johnson! Eles também fazem parte de nós!

Por ter essa identidade cultural tão entranhada em mim, eu pensava que *todos* se sentissem da mesma forma em relação aos seus estados. Apenas quando cheguei a Stanford e me vi diante da opulência cintilante do Vale do Silício foi que percebi que nem todos crescem num lugar onde *esnobe* é um dos piores insultos que pode ser lançado a alguém. Eu nunca tinha estado rodeada por tanta riqueza, conversado sobre riqueza e a possibilidade de *mais* riqueza. Não sabia o que era IPO (*Initial Public Offering*; em português, oferta pública inicial) quando apareci no campus; alguém teve de me explicar a referência quando surgiu num esquete de orientação de calouros.

Como muitas dimensões de identidade, eu não sabia que *qualquer* elemento da minha formação era único até eu ser aquela que não combinava. E, com isso, veio a percepção de como eu me sentia insegura e isolada longe de casa. Então dobrei a aposta. Ouvia música tradicional estadunidense no dormitório, pedia aos professores para fazer leituras guiadas sobre a história apalachiana e, quando me formei, voltei para a Virgínia Ocidental. Não tinha um plano, exceto voltar para o lugar onde eu me encaixava. Comecei minha carreira de jornalista na Virgínia Ocidental, me casei, comprei uma casa.

E então, cinco anos mais tarde, como gerações de virginianos ocidentais antes e depois de mim, fui embora de novo à procura de oportunidades em algum outro lugar. Isso também faz parte da trama da nossa identidade. O hino não oficial do nosso estado, "Take Me Home, Country Roads", de John Denver, é cantado do ponto de vista de um cantor que saiu da terra natal e não consegue deixar de sentir saudade dela.

Quando a notícia de que eu ia me mudar começou a correr a cidade, um amigo meu parou o carro quando me viu andando na calçada. Ele abriu a janela e gritou: "Desertora!". Ele sorriu, mas sabia que isso ia doer. Ainda dói.

Mesmo depois de me mudar, carreguei comigo as partes de mim que vêm da Virgínia Ocidental. Criei um sistema de convicções de olho no desfavorecido. Isso moldou meu jornalismo e meus valores. Compreendi como ser dispensada e falada por aí pode trazer ressentimento. Guardo parte disso no modo como ainda fico irritada ao ouvir elites satisfeitas consigo mesmas discursando sobre como as outras pessoas deveriam viver. Em vez disso, a virginiana ocidental em mim está sempre tentando ouvir e captar o que está deixando passar. Vejo isso como parte do trabalho necessário para reconstruir algo essencial, algum tipo de unidade e entendimento, em nossa sociedade dividida e enfurecida.

É evidente que, mesmo que eu encontre algo particular sobre o lugar de onde vim, até onde as identidades chegam, ser virginiana ocidental branca e bem de vida tem pouca importância. Essa condição não vem acompanhada da história dolorosa de ódio e injustiça que está intrínseca em ser negro ou gay ou incluída nas inúmeras identidades marginalizadas nos Estados Unidos. Me eduquei, tenho minhas finanças estáveis e posso decidir quando me revelar virginiana ocidental. Posso voltar ao meu sotaque com alguém que duvide do meu perfil de mídia costeira. Ou posso omitir essa característica e me apresentar como apenas outra mulher branca no jornalismo que lê os livros certos, assiste aos programas de tevê certos e está sempre por dentro das piadas internas no Twitter. Tenho o privilégio de ser capaz de me transformar, antecipar e driblar uma série de suposições negativas de como eu posso ser lida. Como Isabel Wilkerson escreveu em *Casta*, seu livro abrangente sobre hierarquia social, racismo e identidade: "Se é possível uma saída, então trata-se de classe, não de casta".[1]

O que também significa que, por causa da minha identidade, sou capaz de ouvir as frustrações e os ressentimentos de muita gente nos Estados Unidos sem ter medo de me tornar alvo de raiva mal direcionada por parte deles. Muitos não têm essa opção, porque não são brancos, ou não falam inglês, ou têm maneirismos. As pessoas cujas diferenças podem ser distorcidas pelo preconceito não têm a opção de passar despercebidas. Viver com esse fato apresenta uma série de questionamentos bastante diferentes quando se trata de conversas difíceis sobre identidade: devo insistir na minha dignidade nessa conversa e me preparar para a resposta? Se eu não concordar ou se me defender, de que forma posso ser ameaçado? Estou seguro? Esse é um exercício que tem como fundamento ser diferente.

Liam Lowery, advogado especialista em direitos imobiliários no Bronx, me contou que está sempre passando por esses questionamentos nas conversas sobre sua identidade. Liam é um homem trans que conheci quando o entrevistei no programa;[2] quando nos falamos outra vez para este livro, ele me disse que tenta abordar de maneira aberta as conversas sobre identidade enquanto fica atento para o que ele chama de "fio detonador". Quando cruzado, acende-se o aviso: "Hora de partir. Reduza as perdas e saia já daqui".

Liam me contou que, quando está falando a respeito de ser trans com alguém que pode não saber muita coisa sobre identidade de gênero, ele tenta ser claro sobre o objetivo da conversa. Naquele momento, a motivação básica é falar a verdade para enfrentar o poder ou ele deve ser mais cauteloso a fim de estabelecer uma conexão? No primeiro caso, quando está criticando alguma coisa, ele descreve: "Estou fazendo um registro para declarar *isto está errado e esta é a razão*". No segundo cenário: "Você toma outras decisões, assim eles apoiam e se engajam". Esse tipo de conversa exige que ele se encontre com as pessoas no ponto em que elas estão em vez do inverso. "Algumas vezes, você se sente obrigado a criar uma linguagem compartilhada que pode não ser a mais verdadeira", Liam me disse.

Especificidade e sutileza podem, de modo estranho, impedir que se chegue a um vocabulário em comum, por isso ele sempre se pergunta: "Qual é o objetivo mais importante no dia de hoje?". Essa dinâmica é comum a muitas conversas sobre identidade. Acolher alguém leva tempo e esforço. Algumas vezes, você tem os meios e acaba se sentindo mais compreendido. Outras, não vale a pena.

Um amigo comparou o desafio da dinâmica de identidade à condição de entrar numa reunião de família como alguém de fora. Você tem pouca informação para poder de fato entender o que está acontecendo. Não teve acesso à história, ao conhecimento e à vivência para enxergar todas as dinâmicas. Pode imaginar que o tio-avô é gentil e um bom sujeito, mas não entendeu seu comentário passivo-agressivo nem a estocada venenosa embutida na piada. Você não vai saber o porquê de a tia estar bebendo naquela noite ou de a irmã mais velha ficar num canto, quietinha. Procurar uma explicação para tudo isso, entender a história, leva tempo e, muitas vezes, é embaraçoso.

Ao longo deste capítulo, ao falar sobre identidade, eu me concentro nas amplas categorias que nos unem e nos separam – raça, etnia, gênero, sexualidade, classe, religião, deficiência – e todo tipo de conversas pessoais difíceis que decorrem das identidades coletivas. Para a proposta aqui, também dou prioridade à forma de encaminhamento dessas conversas nas relações interpessoais – seja entre colegas, amigos, seja na família. Esse tipo de diálogo é que surge no trabalho ou em volta da mesa de jantar com os familiares, quando ouvimos como as outras pessoas veem o mundo e pedimos para elas escutarem como nossa experiência é diferente.

Lidar mal com essas conversas pode afetar de maneira grave ou mesmo arruinar uma relação. Quando nos entrincheiramos demais naquilo que estamos compartilhando ou entramos na disputa para comparar experiências que não têm correspondência exata, podemos colocar tudo em risco. Conversas sobre identidade têm a ver com abrir espaço para as diferenças – que vêm intercaladas com camadas de poder e dor – na esperança de criar um sentimento de conexão ou, pelo menos, uma sensação de paz com a distância que permanece. De modo ideal, você vai ouvir e falar de forma a honrar a dignidade e a experiência do parceiro e as suas. Isso não significa se eximir por falta de jeito. O medo de dizer a coisa errada muitas vezes bloqueia uma conversa necessária antes que ela comece. Tatear procurando as palavras certas pode ser essencial para lidar com as diferenças, assim como conservar a abertura e a honestidade na hora de ouvir.

Parte da dificuldade nas conversas sobre identidade é seu caráter ao mesmo tempo muito pessoal e amplo. Muitas vezes comparamos versões diferentes da realidade e traçamos linhas divisórias para marcar legados históricos de privilégio e visibilidade – quem foi contabilizado e quem "se encaixou", quem fica de fora e como isso está mudando. Precisamos combater as categorias amplas e genéricas em que estamos inseridos e o modo como elas interagem com a forma como nos vemos. Abordar de maneira honesta um assunto como racismo significa encarar séculos de injustiças e desigualdades que se entranharam de um jeito profundo em nossa sociedade muito antes de nascermos. Ao mesmo tempo, essas trocas são imediatas e íntimas. "A verdade é que nada é impessoal quando se trata de racismo ou do desejo de subjugar", Hilton Als escreveu na revista *The New Yorker* nas semanas seguintes à morte de George Floyd.[3] "Todo ato de racismo tem raízes pessoais e com um resultado: a desvalorização da pessoa que é alvo dele."

As apostas são bem altas e interferem de modo direto no nosso mais profundo senso de ser. "Eu vivo sabendo que, a qualquer momento, o que quer que minha negritude signifique para mim pode estar em discordância com o que significa para certos observadores brancos", escreveu Wesley Morris na *The New York Times Magazine* em 2015.[4] "Então, vivo duas identidades: a minha e a da percepção dos outros sobre ela." Isso é o que W. E. B. Du Bois chamou de "dupla consciência" em 1897, "essa sensação de estar sempre olhando para alguém através dos olhos de outras pessoas, de medir a alma de alguém com a régua de um mundo que assiste a isso com menosprezo e piedade".[5] É evidente que, se o mundo, de modo geral, tende a ver sua identidade como típica ou paradigmática, então essa dupla consciência não funciona de modo algum da mesma forma.

Isso significa que, dependendo de quem você é, as cargas de trabalho nas conversas sobre identidade são diferentes. Aqueles com menos poder e privilégio têm muitas vezes de carregar o peso de explicar os custos e as consequências históricas de dividir, dominar e excluir pessoas com base na identidade. "Estamos aqui porque vocês estão aí", declarou o romancista descendente de cingaleses Ambalavaner Sivanandan, nos anos 1980, para ajudar britânicos brancos a entender como a colonização levou a um Reino Unido multirracial e multiétnico.[6]

Para pessoas que não se encaixam em categorias normativas de gênero ou sexualidade, para pessoas que não sejam brancas, para imigrantes, para qualquer um com deficiência, isso não é uma informação nova. "Marginalização" é um termo usado com frequência em relação a essas identidades, mas podemos pensar sobre isso em termos de pertencimento. Esse enquadramento abre mais espaço para movimentação entre contextos: você pode estar marginalizado numa configuração e ser detentor de poder em outra. Observar quando e como isso muda pode lhe dizer muito sobre o funcionamento da identidade em sua vida. Você pertence a que lugar? Entre quem? Quem pertence ao lugar a que você pertence e quem é desajustado?

Se observar onde você e outras pessoas se sentem fazendo parte e onde se sentem excluídos, vai ocorrer uma mudança fundamental na sua forma de abordar conversas sobre identidade. Vai prestar atenção a lugares de conexão, onde possa se reunir, sobre os quais possa construir. O professor de Direito john a. powell, que dirige o Othering & Belonging Institute na Universidade da Califórnia, em Berkeley, argumenta que o foco no pertencimento cria uma distinção importante em relação à palavra "inclusão", um termo da moda para atrair vozes mais marginalizadas. "Inclusão sugere que você está se juntando a algo que já está ali", ele disse numa palestra em 2020, como se fosse uma festa em que o cardápio já está definido, assim como a trilha musical e a lista de convidados.[7] "Enquanto pertencimento sugere que está cocriando a coisa a que pertence. Você a está *cocriando*. Então, de repente, em vez disso ser minha festa, é nossa festa. Isso é bom. E também funciona", disse powell.

Para as pessoas que estão acostumadas a se encaixar – por exemplo, uma mãe branca, hétero, com o financeiro estável, mas que veio da Virgínia Ocidental –, como você se identifica e como é identificada pode parecer a mesma coisa. Isto é, você está perdendo uma dimensão de consciência de tal modo que, quando se sentir perfilado, ou classificado, ou resumido de uma forma que não pareça autêntica para seu autoconceito, isso vai parecer errado e não familiar. Trata-se, entretanto, de um modo que o mundo funciona que você não se viu forçado a observar. Não conheci a humilhação de ter minha individualidade anulada por causa da categorização de outra pessoa ou de sentir que estão interpretando mal quem eu sou além dos limites do meu poder. O que me falta de experiência direta, preciso construir ouvindo. O tipo de escuta que não surge de repente nem se incorpora tão logo às minhas experiências, justificativas, certezas ou desculpas pessoais.

Quando entro numa conversa sobre identidade, também preciso me preparar para algumas novas percepções sobre como meus pontos cegos e minha indiferença feriram outras pessoas e para me sentir mais desestabilizada do que estava antes de começar a conversa. Karena Montag, uma terapeuta de East Bay, na Califórnia, que dirige cursos de justiça restaurativa, me contou que pede aos grupos, no início das sessões, "que esperem e aceitem a falta de conclusão". Falta de resolução, na verdade, indica progresso, porque falar sobre identidade ressalta os limites da nossa capacidade para apenas intuir uma compreensão dos outros. Você precisa perguntar. Precisa ter de viver a imponderabilidade de não saber. Outra razão para a falta de conclusão em conversas sobre identidade é que uma única conversa não vai inverter padrões de opressão. Assim como conversas sobre dinheiro não nivelam as diferenças materiais entre nós, conversas honestas sobre racismo não curam séculos de desigualdade material. Só que mais nuances e detalhes nos levam a mais verdades e entendimentos, e as mudanças políticas reais só podem vir depois do entendimento.

E, assim, as conversas sobre identidade não são definitivas. Depois de ter tido uma conversa séria sobre identidade, privilégio e limites pessoais do seu ponto de vista, os conflitos sobre identidade vão surgir outra vez. A dor, nesses momentos, pode ser aguda e surpreendente – *Como você pode me conhecer e não saber disso?* Eles vão nos fazer perceber com um choque que não estamos tão alinhados um com o outro como pensávamos. Nessas situações, precisamos recuar, reiniciar e repassar fatos básicos da vida e como funciona nossa sociedade – o que pode parecer estranho. Mas a questão-chave é que vivemos esses fatos de forma diferente ou, antes de tudo, deixamos de absorvê-los. E, quando temos essa conversa com a intenção sincera de aprender e ouvir, chegamos a uma compreensão do mundo mais completa e de como é transitar por ele a partir de uma série de perspectivas. Só falar não vai diminuir a força da marginalização ou desfazer injustiças históricas, mas nos faz sentir menos isolados, mais compreendidos e prontos para trabalhar a fim de criar um mundo a que mais pessoas se sintam pertencer.

"Tudo o que eu peço é compreensão."

Conheci Anpo Kuwa Win numa tenda *tipi* em Wyoming,[8] onde ela passava o dia com a porta aberta para responder às perguntas de turistas durante um *powwow*, espécie de reunião dos povos nativos norte-americanos.

Vendo Anpo rodeada por um fluxo constante de pessoas brancas, fiquei impressionada pela maneira como ela falava. As perguntas feitas pelos turistas eram simples e variadas – a respeito de tudo, desde a história dos *powwows* aos diferentes estilos de dança em função da natureza nas culturas indígenas dos Estados Unidos. Ela logo dispensava alguns. "De fato, acho que é uma pergunta muito estereotipada", ela começou em resposta a um turista alemão ansioso por saber sobre a relação bastante próxima do seu povo com a terra. "Isso apaga nossa humanidade. Transforma alguns de nós em lixo!", ela disse, rindo e então seguiu adiante para descrever práticas culturais e demográficas atuais dos nativos que vivem dentro e fora das terras tribais.

Quando conversamos mais tarde, perguntei a ela por que passava um dia de verão respondendo a perguntas de visitantes que sabiam tão pouco da história do seu povo. "Minha mãe me apresentou como voluntária", ela disse. "Na verdade, a culpa é do meu bisavô." Seu bisavô, Benjamin Franklin Marable, morreu quando Anpo ainda estava no ensino médio – aos 105 ou 106 anos, ninguém sabia ao certo. Ele era um dos últimos membros sobreviventes do *Wild West Show*, o espetáculo de variedades que Buffalo Bill Cody levou em turnê pelos Estados Unidos e pela Europa do final do século XIX ao início do século XX.[9] O espetáculo criou muitas das atuais lendas da fronteira oeste estadunidense. O bisavô de Anpo atuava nas partes que Buffalo Bill lhe destinava, mas também considerava uma responsabilidade importante representar o povo nativo norte-americano para o público branco. "Você precisa educá-los", ele falou para a bisneta, "porque são essas pessoas que vão tomar decisões que vão afetar seus filhos."

É por isso que, cem anos depois, Anpo responde às perguntas dos turistas dentro da *tipi* com paciência. Todos os verões, realiza-se o *powwow* nos gramados do conjunto de museus Center of the West, em Cody, então famílias de passagem, viajando para o Parque Nacional de Yellowstone, misturam-se às famílias indígenas que se reúnem para se inscrever em competições de canto e dança, usando roupas feitas com peles de animais, penas e contas de cores vivas. "Um dos motivos para me sentar na *tipi* é fazer que as pessoas vejam que aqueles que dançam são os mesmos que passeiam aqui em volta", ela explicou. Ela quer se assegurar de que os turistas não tomem o *powwow* como um espetáculo e vão embora sem uma compreensão mais detalhada dos nativos norte-americanos de hoje. "Somos todos importantes quando tiramos as contas e as penas."

180 VAMOS ABRIR O JOGO?

Anpo mora na reserva indígena Wind River no Wyoming, onde as tribos Shoshone, do leste, e as dos Arapaho, do norte, agora dividem a terra apesar da rivalidade milenar. Ela é bibliotecária de uma escola de ensino médio na escola distrital da reserva, e o título do seu cargo inclui a expressão "facilitadora cultural". Ela me disse: "A maior parte do meu trabalho é construir relacionamentos", seja com colegas de trabalho (a maioria formada por brancos) que chegaram à reserva para ajudar as crianças, seja com as crianças vindas de diferentes, e muitas vezes múltiplas, origens tribais e que frequentam a mesma classe. Quando fala de identidade, sua abordagem varia dependendo do público ou se a pessoa com quem está falando é nativa ou não.

Anpo nasceu na reserva indígena Pine Ridge, em Dakota do Sul, e ainda é membro integrante da tribo Lakota. Ela mudou para o Wyoming aos 3 anos de idade e se sentiu como uma estranha na reserva de lá. Agora ela está na meia-idade e vive com a mãe na reserva no Wyoming, com as famílias da filha e do filho morando perto.

Outros nativos da reserva sabem que ela é Lakota, porque, quando se apresentam uns aos outros, eles começam por sua afiliação tribal. Mas, quando conhece pessoas que não são nativos, ela disse que é mais fácil passar por cima disso tudo e dizer apenas que é nativa. "Por que gastar outros quinze minutos do seu tempo explicando sua origem tribal para pessoas que não vão entender?" Todos os dias, Anpo alterna dois modos de ser: procurando se conectar com pessoas nativas apesar das suas histórias tribais e afiliações pessoais serem diferentes e, então, explicando quem ela é para pessoas que sabem muito pouco sobre a história indígena e veem os nativos como se fossem todos iguais.

Quando a visitei na reserva indígena Wind River algumas semanas depois que nos conhecemos, ela me levou ao túmulo de Sacagawea, a Shoshone que foi guia e intérprete fundamental na expedição de Meriwether Lewis e William Clark pelo oeste do continente estadunidense. Contei a Anpo que sou aparentada de Lewis pelo lado paterno e que não tinha certeza de como me sentia em relação a isso, porque suas crônicas criaram a base para a expansão branca pelo oeste estadunidense, e sua família – minha família – escravizou pessoas em sua propriedade na Virgínia.

"Bem, se isso faz você se sentir melhor, tive um parente que matou vinte e três homens brancos!", ela disse, rindo.

Foi uma clássica conversa estranha sobre identidade. Eu estava tentando demonstrar minha preocupação por ser branca e pela minha história, e ela captou minha culpa. Ela fez uma brincadeira para aliviar a tensão social que destaca, sim, que estamos de lados diferentes.

"Nunca pensei que o mundo fosse bom. Sempre pensei que era injusto", ela me disse quando estávamos sentadas no carro dela num cruzamento ao lado de uma grande loja da reserva, que ela me contou que pertencia a pessoas brancas e vendia mantas nativas aos turistas. Anpo me mostrou as torres de pedra de vigilância que se erguem no perímetro da reserva, de onde o governo federal costumava vigiar os nativos que viviam ali. Ela me contou a história de crianças nativas sendo tiradas das suas famílias para serem educadas em internatos e se referiu às inúmeras igrejas que os missionários tinham construído ali ao longo dos anos. "O meu lado nativo está sempre pensando: 'Droga, por que vocês não ficam em suas comunidades e pregam para pessoas iguais a vocês? Por que sentem a necessidade de vir aqui e nos impor sua religião?'", ela se referia aos missionários na reserva, os do passado e os do presente. "Mas, então, por outro lado: 'Meu, vocês são corajosos! Idiotas, mas corajosos. Percorreram todo o caminho para o oeste. Vocês nem sabiam onde estavam.'"

Esses forasteiros fazem parte do seu dia a dia na reserva. No trabalho, ela ajuda, todos os dias, os colegas brancos a entenderem as crianças com quem trabalham. Enquanto está explicando a vida na reserva e quais suposições e pontos cegos deles são preconceituosos e por quê, ela pensa como explicaria isso a uma criança pequena. "Você não pode chegar a uma criancinha e dizer: 'não encoste no forno'. É preciso explicar que não pode encostar no forno porque ele está quente e vai queimá-la. Senão, ela vai querer encostar no forno de novo." Anpo falou aos colegas sobre a sacralidade da água para muitas tribos, para alertar qualquer um que estivesse jogando água fora ou desperdiçando garrafas de água. Ela precisou ensinar os professores a não tocar na cabeça de uma criança sem permissão, porque a cabeça é sagrada para os Arapaho – e porque seria um gesto pretensioso e grosseiro. Ela explica a história dos nativos, a pobreza generalizada e o trauma herdado.

Isso é trabalhoso, pois, no seu papel de "explicadora", sua tarefa é representar todos os nativos. Ela lê a história dos povos indígenas e do governo estadunidense para entender as origens das estruturas que fazem a vida na reserva ser diferente da vida fora dela. Ela aperfeiçoa a forma como fala sobre quem ela é e quem são os nativos de tal modo que consiga ser ouvida. "Meu maior problema é que, vou ser honesta com você, as pessoas brancas não escutam! Estão sempre pensando sobre o que vão dizer, qual será a resposta deles, qual será sua defesa ou qual será sua desculpa."

Anpo não quer desculpas. Não quer retaliação. Quer apenas ser capaz de comunicar qual tem sido sua experiência como nativa norte-americana. Quer contar histórias da sua família, narrar o que aprendeu vivendo na reserva indígena Wind River, descrever como é ensinar lá, o tempo todo sem controlar a reação de ninguém. "É como, espere um pouco, não estou falando de você! Não estou lhe pedindo nada. Tudo o que eu peço é compreensão, e isso não é uma coisa difícil para me dar. Droga, é disso que eu preciso."

Como educadora nativa de estudantes nativos, ela também sente a enorme responsabilidade de ajudá-los a entender as tradições e a história de onde vieram e o que isso significa para sua vivência no mundo. Anpo considera parte do seu trabalho preparar os jovens da reserva para os desafios que vão enfrentar, por causa do que eles são e das dificuldades impostas a suas comunidades. Ela é explícita ao falar com pré-adolescentes sobre os altos índices de agressões sexuais contra nativas norte-americanas. Mais de 56% delas sofreram violência sexual, e são também contra elas os mais altos índices de violência física em comparação com outras raças.[10] Estupro por estranhos e tráfico sexual são ameaças, Anpo diz às meninas, que partem de homens brancos vagando pela reserva, procurando suas vítimas. A maioria das indígenas sexualmente atacadas, mais de dois terços delas, é vítima de homens brancos ou não nativos, e também há altas taxas de abuso infantil.[11] Anpo diz às meninas que ela é uma sobrevivente de abuso sexual infantil.[12] Ela dirá a três meninas: "Vocês são três aqui. O que significa que existe a possibilidade de duas de vocês serem atacadas sexualmente. Tenham cuidado. Fiquem atentas."

Aos meninos, ela explica como o sistema de justiça criminal trata os jovens nativos. Ela lhes fala do alto índice de encarceramento: os homens nativos são quatro vezes mais encarcerados do que os homens brancos[13] e estão muito mais sujeitos a serem mortos pela polícia do que os brancos.[14] E, ela lhes diz, se forem presos em terras tribais, podem acabar em tribunais federais e encarar penas mais pesadas. Anpo lhes conta sobre seu filho, que foi preso numa reserva, alguns dias depois de ter completado 18 anos, com oitenta gramas de maconha. Foi indiciado com acusações federais e se viu diante de uma pena de trinta anos, recorreu e, enfim, cumpriu seis anos numa prisão federal, sendo transferido para instalações em estados muito distantes de onde ela e a família moram. Ele está livre agora, mas mudou em função da brutalidade e da violência que existem nas prisões. "Isso arruinou a vida dele", ela disse.

Ela quer que entendam que o espaço para eles errarem é menor porque são nativos. Quer que estejam preparados e situados em relação a suas dificuldades pessoais dentro da longa história do seu povo. E, Anpo lhes diz, eles têm razão para se orgulhar porque resistiram, apesar da sua história. "Vocês estão aqui porque alguém correu mais rápido. Estão aqui porque alguém se escondeu. Estão aqui porque alguém sobreviveu. E, se eles não tivessem conseguido isso, vocês não estariam aqui. Honrem o sacrifício deles. Honrem a sobrevivência deles", ela me disse que fala isso com frequência. "Aprendam a história das suas famílias, aprendam sua língua, aprendam de onde veio o seu sobrenome."

Suas conversas sobre identidade são diretas e honestas, porque ela transita entre dois públicos muito distintos um do outro. Quando está falando com pessoas não nativas, ela pode ser a única pessoa nativa que já conheceram, e ela sente o peso da responsabilidade de representar o que significa ser nativo hoje. É uma carga difícil, mas também uma oportunidade. Ela precisa que entendam que as realidades que percebem são resultado da longa história de leis, políticas, guerra e violência com que o povo nativo foi tratado, como se eles não pertencessem àquela terra. Ela tempera essas interações com piadas, mas deseja que todos percebam: "Há coisas que vocês não entendem; deixem-me explicá-las".

Quanto às crianças nativas, aquelas que compartilham a identidade de serem indígenas nos Estados Unidos, Anpo quer que saibam que os insultos que ouvem e as poucas oportunidades diante delas não são causados por nada que elas tenham feito. Mesmo assim, elas terão de lidar com essas realidades, mas podem recuperar a lembrança de sua força e seus objetivos a partir da identidade compartilhada. E ela divide suas experiências pessoais de realidades dolorosas e injustas em comunidades nativas norte-americanas, para que as crianças saibam que têm alguém a quem recorrer e não estão sozinhas.

Cerca de um ano depois que ela me levou de carro num passeio pela reserva, me encontrei com Anpo quando ela estava, de novo, fazendo seu dever educacional na *tipi,* no *powwow* anual em Cody, no Wyoming. Convidei-a para comer uma pizza depois, e ela aceitou. (Nossa troca de mensagens: "Você come carne?" Resposta: "Somos indígenas, só o que comemos é carne".)

Falei com ela sobre os momentos das nossas conversas sobre identidade que mais me impressionaram. Lembrei-lhe que ela tinha culpado o bisavô por se sentir obrigada a educar as pessoas brancas sobre os povos nativos, quando ele disse que essas eram as pessoas que tinham poder sobre o destino dos filhos e dos netos dos nativos. Sim, Anpo respondeu, tinha sido isso que seu bisavô dissera, mas, quando me ouviu dizer de modo implícito que ela e os outros nativos não tinham o poder de controlar seus destinos, isso soou falso. Não era bem assim, ela me disse. Ao me ouvir resumir daquele modo a situação percebeu que faltava algo essencial sobre o poder de conhecer e preservar sua identidade diante da hostilidade e da violência.

Em conversas sobre identidade, é importante quem está dizendo o quê. Partindo de mim, uma pessoa branca, soava como se eu estivesse reduzindo as escolhas e as possibilidades do povo nativo.

Alguns dias depois, ela me enviou um texto longo. "Andei pensando muito sobre o poder", ela escreveu.

Anpo descreveu sua viagem de carro através do Wyoming no dia anterior, quando fez uma parada para ir ao banheiro e, saindo do posto, viu um homem ajudando uma mulher mais velha a sair de um caminhão vermelho. Eles eram estranhos, mas ela teve logo uma sensação de reconhecimento. "A única coisa que sabíamos uns dos outros era que éramos nativos e que, de algum modo, o destino nos tinha levado àquela parada horrorosa no meio do nada, no Wyoming." Eles trocaram sorrisos e amabilidades. Ela ficou sabendo que eles eram do Novo México. Ela lhes contou que seu pai era Isleta, uma tribo de um lugar próximo de onde hoje é Albuquerque. Trocaram votos de boa viagem. E então Anpo me escreveu que ela se afastou:

> Naquele momento, percebi que, mesmo em meio a todas as batalhas terríveis e coisas horríveis que aconteceram, é muito bom ver alguém que se

parece com você e é possível o reconhecimento mútuo e saber que há outras pessoas por aí que sobreviveram. Aí reside nosso verdadeiro poder, nossa capacidade não só de sobreviver, mas de nos adaptar e até prosperar.

Um dos maiores presentes que minha mãe me deu foi o amor por palavras, livros e poemas. Um dos meus poemas favoritos e que ela partilhou comigo quando eu estava passando por um momento terrível foi "Invictus", que eu sei que algumas pessoas fazem questão de odiar, mas, como eu estava rodando por aquela estrada solitária, do nada o céu tinha ficado mais azul, a grama mais verde, o ar mais leve, e agradeci ao criador por minha alma indomável.

"O que significa continuar a insistir?"

Da primeira vez que vi Anpo, quando ela estava respondendo às perguntas de turistas de passagem por ali, ela era paga pelo museu que recebia o *powwow* em seus gramados. Mas ela me contou que faz sempre esse trabalho de explicar sua identidade, tarefa que muitas vezes parece irregular, emocionalmente desgastante e enlouquecedoramente previsível. Avaliar se e quando começar uma conversa sobre identidade é um exercício comum e diário.

Quando se trata de identidade, as pessoas que se encontram nas faixas mais baixas da hierarquia social são as que, em geral, se ocupam deste raciocínio: "Primeiro, preciso pensar, é essa a luta que vou travar hoje? Quero seguir adiante com isso? Posso deixar isso de lado hoje?", foi o que Meshea Poore me disse. Ela é uma mulher negra na casa dos 40 anos, da mesma cidadezinha da Virgínia Ocidental em que nasci. Ela é advogada, ex-parlamentar e ocupa um cargo alto na administração da Universidade da Virgínia Ocidental. Em situações profissionais, muitas vezes ela é a única pessoa negra na sala. Meshea não poderia ter mais prática do que tem em falar sobre identidade porque, quando surge qualquer coisa ligada à raça ou à diferença, é comum todas as cabeças se voltarem para ela.

"Falo sobre isso o tempo todo", ela me contou. "Espera-se que você assuma o lugar de liderança em tudo. Imaginam que eu seja a voz negra para tudo.

Presume-se que eu seja capaz de ser a paladina de toda e qualquer questão e fale para um salão cheio de homens brancos ou, algumas vezes, mulheres brancas que nem sempre entendem isso. Então você se sente muito à vontade naquele espaço", ela disse e fez uma pausa. "Na verdade, você não se sente à vontade naquele espaço, mas precisa *apoderar-se* daquele espaço. Não existe lugar para o desconforto, porque o trabalho ainda precisa ser feito."

Tudo o que ela comunica tem camadas: "O que quero dizer? Como dizer isso de uma forma que seja ouvido? Como eles devem reagir?". Como Anpo, ela precisa abordar essas conversas como um pai ou uma mãe tentando lidar com a reação de um filho:

> "Qual a melhor forma de expressar desapontamento ou pedir uma mudança de comportamento sem me desviar do caminho com uma derrocada total?" Então a solução é que sempre tenho de fazer analogias. Você encontra pontos em comum. "Você quer falar de flores, minha mãe cultiva flores! Sabe, eu fui pescar!" Você começa a deixar que as pessoas saibam que é humana.

Ela precisa equilibrar dois objetivos: mostrar que é acessível e que merece ser ouvida.

Isso não significa que esteja sempre pronta para a tarefa de argumentar que é merecedora de respeito. Às vezes, Meshea ignora os insultos. "Assim que emprega energia numa briga, isso dita seu nível de paz daquele dia. Porque isso é emocional. É pessoal. É real." Ela sabe que sempre que levantar uma crítica de algo que foi dito ou negligenciado, ela ouvirá de volta que o que foi dito não foi com intenção de ser racista e a pessoa que disse isso não é racista. Então Meshea vai precisar responder de uma forma que consiga atravessar a postura defensiva.

> Você passa mais tempo tentando deixá-los à vontade para que, ao menos, ouçam o que tem a dizer. Me espanta o fato de que, depois de a pessoa originalmente ofendida apontar a ofensa, a pessoa que a tinha ofendido se sinta ofendida! E agora você precisa consolá-los! Isso é muito exaustivo, porque a questão nunca é abordada. Porque agora você está tratando da ofensa *deles*.

Quando decide falar nessas circunstâncias, ela tem aprendido que não pode ser sutil nem evasiva, e isso significa conter sua primeira onda de emoções. Em vez disso, Meshea analisa a resposta que vai ter se chamar a atenção de alguém, para assim estar pronta com outra tática se encontrar uma reação defensiva. Ao mesmo tempo, ela mantém um diálogo e observa a evolução disso, avaliando o quanto se encaixa nos padrões que chegou a conhecer de modo íntimo. "O que significa continuar a insistir? O que você tem de fazer para que enxerguem isso? Você precisa retroceder no seu discurso? Precisa mudar suas palavras para conseguir que vejam isso porque é assim tão importante? Ou você volta a isso em outra ocasião? É preciso avaliar a situação."

Meshea me contou sobre quando participou de um comitê de âmbito estadual para aconselhar o governador sobre questões judiciais. O comitê era constituído por alguns advogados como Meshea e por pessoas de outras áreas, incluindo um homem em particular, "um homem branco de cabelo branco", que não conhecia Meshea do tempo em que fora parlamentar ou como líder da ordem dos advogados estadual. Em uma das reuniões, num comentário casual, ele disse algo sobre os monumentos confederados não constituírem um grande problema. "Eu ouvi isso, mas minha mente deve ter dito: 'Hoje, não'", Meshea me contou, rindo. "Porque até hoje não posso lhe dizer o que o homem disse. Eu já tinha me desligado do que ele falava." Ela percebeu que o salão ficou em silêncio depois do que ele tinha dito e sentiu, em seguida, que estava sendo observada. Na verdade, outro homem branco presente à reunião lhe contou mais tarde que ela tinha lidado muito bem com aquele momento.

Na reunião seguinte, Meshea foi o primeiro membro do comitê a chegar. O Homem da Estátua Confederada chegou em seguida. "Eu lhe dei bom-dia, e ele retribuiu." E então, enquanto Meshea o observava, ele saiu da sala para procurar alguma pessoa da equipe encarregada do espaço para perguntar se estava na sala certa porque ninguém ainda tinha chegado. Ela escutou alguém dizer a ele: "Meshea está lá". Ele voltou, "e, antes que eu percebesse, já estava dizendo: 'Eu lhe dei bom-dia. Você deve ter imaginado que trabalho aqui'." Ela viu em seu rosto que ele tinha sentido o golpe. "Minha resposta despertou algo nele. Estava envergonhado, mas também ofendido."

Ainda assim, ele se sentou perto dela na mesa de reunião, virou-se para Meshea e lhe perguntou o que ela fazia. Meshea lhe disse que trabalhava com diversidade e inclusão na universidade. "E ele disse: 'Diversidade, hum?'. E pensei: 'Ah, aí vamos nós...'." Mas continuaram a conversar.

188 VAMOS ABRIR O JOGO?

A interação entre os dois motivou o homem branco de cabelo branco a refletir sobre suas experiências com racismo. Ele contou a Meshea que tinha crescido nos anos 1950 e frequentado uma escola pública na época da integração, depois da decisão da Suprema Corte no caso Brown *versus* Board of Education, e Meshea descreveu como os desafios do seu trabalho variavam de campus para campus na Virgínia Ocidental. Ele lhe contou que a filha trabalhava em educação urbana, e Meshea lhe falou sobre o teste de Harvard de associação implícita e como fazê-lo ajuda as pessoas a reconhecerem associações negativas e positivas que elas carregam em relação a outras pessoas dependendo da raça e da aparência.[15] Ela continuou:

> Eu disse a ele que devia fazer o teste, e ele o registrou no celular. Lá pelo fim da nossa conversa, eu já sabia o nome da filha dele e lhe disse: "Eu lhe garanto que, se fizer o teste e contar para sua filha, ela vai ficar muito impressionada com você". Brincamos durante o resto da reunião. Agora, não digo que ele tenha se tornado meu melhor amigo, mas aproveitamos uma oportunidade. Se não tivéssemos saído de nós mesmos e de nossas questões pessoais e nos sentado naquele espaço e conversado, eu nunca teria sido capaz de dizer aquilo.

Transformou-se numa conversa cordial, mas começou com Meshea se contendo e ignorando o insulto dele. Na reunião anterior, ela não quis ser a pessoa a repreender o autor do comentário sobre os monumentos confederados, em especial numa sala cheia de outras pessoas que poderiam ter assumido esse papel. Mas, no outro dia, ela não deixou passar, sobretudo quando o encontro acontecia apenas entre os dois e era muito difícil de ignorar. Não foi de fato uma decisão; foi um reflexo depois da indelicadeza dele. Ela não tinha como prever ou controlar a reação que ele teria, mas, naquele dia, precisava dizer alguma coisa em voz alta.

Em outras palavras, o raciocínio pode ser: "O que eu preciso fazer hoje para me cuidar?". Levantar a voz é necessário, mas não em todas as situações. Para Meshea, em alguns dias, quando ela ouve um comentário perdido sobre monumentos confederados, ela o põe no arquivo mental e segue adiante. Em outros dias, ela registra que escutou algo, deixa evidente que o percebeu, mas não assume o encargo de ensinar e de lidar com sentimentos em relação a isso. (Você pode dizer às pessoas que façam algumas buscas no Google.) Outras vezes ainda, ela mergulha de cabeça. "Você precisa imaginar uma forma de articular isso de modo a conseguir o que é preciso", Meshea me disse.

Levantar a voz tanto traz poder *quanto* encargos. Alguns dias, ela só tem de dizer: "Hoje, não".

"Ser legal não tem nada a ver com isso!"

Para Anpo e Meshea, conversas "difíceis" sobre identidade são complicadas porque, quando elas começam a falar com alguém diferente delas, as duas ficam imaginando: "Você vai me ouvir ou não?". Essa dúvida, para elas, é rotineira e previsível, e sua familiaridade a torna cada vez mais exaustiva.

Para pessoas que fazem parte de grupos identitários dominantes – brancos, héteros, pessoas sem deficiências –, as conversas sobre diferenças de identidade se tornam difíceis por uma série de outras razões. Para elas – ou, dependendo de como vocês se identificam, para nós –, serem solicitadas a perceber os insultos diários, preconceitos embutidos e injustiças de longa data pode parecer que estão sendo acusadas de crimes que não cometeram de forma consciente.

Então, pode surgir uma atitude defensiva, ou *fragilidade branca,* como a educadora antirracista Robin DiAngelo a define: aquela necessidade de negar a forma como privilégios e vantagens moldam vidas.[16] Ou, talvez, perceba uma reação oposta surgindo conforme você registra danos e injustiças que não tinha percebido antes: um ímpeto frenético de consertar tudo! Para pessoas de categorias identitárias dominantes – porque instituições, leis e convenções sociais foram programadas para mantê-las socialmente estáveis –, pode existir alguma crença na sua capacidade de mudar esses sistemas para se ajustarem à sua visão de mundo em evolução.

A escritora Erin Aubry Kaplan, uma mulher negra, observou isso acontecer em seu casamento com seu marido branco, Alan. "Nossas criações diferentes criaram perspectivas diferentes", ela escreveu no *The New York Times*, em 2018, ao lamentar a morte de Alan. "No privilégio de Alan, ele esperava mudança; na minha ausência de privilégio, eu esperava luta. Com toda a lucidez que tinha, ele não conseguia escapar do seu sentimento estadunidense de legitimidade, e, às vezes, eu observava isso do lado de fora com uma espécie de perplexidade, até mesmo de admiração."

Para as pessoas das categorias identitárias dominantes, conversar sobre identidade exige que, em primeiro lugar, elas percebam verdades perturbadoras sobre poder, caráter abusivo e injustiça, e como esses tópicos fazem parte de tudo, das instituições às interações entre pessoas. Misturado com justa indignação e atitude defensiva, pode haver também um olhar envergonhado para dentro de si mesmo. Deixe-me encorajá-lo a permanecer aí. Esse impulso para ir mais devagar é importante. É preciso algum tempo para incorporar tudo isso à sua autoimagem e à história que você conta sobre si mesmo.

Esse é o modelo estabelecido por Peggy McIntosh, pesquisadora da faculdade de Wellesley que estuda o privilégio. Em um artigo acadêmico de 1988, ela fez uma lista das formas em que sua facilidade no âmbito social e seu sucesso profissional eram influenciados de modo positivo pelo fato de ser branca.[17] Ela não criou o termo "privilégio branco" – ela atribui o crédito a W. E. B. Du Bois, com sua conceituação em 1930, quando ele escreveu sobre "o ganho psicológico [adicional]" dado até mesmo a brancos pobres –, mas ela descreveu como ser branca facilitou sua vida.[18] Ela expressou isso de forma pessoal:

1. Eu posso, se quiser, dar um jeito de ficar na companhia das pessoas da minha raça a maior parte do tempo...

10. Posso ter certeza de que a minha voz será ouvida num grupo no qual sou o único membro da minha raça...

17. Posso falar com a boca cheia e ninguém atribuir isso à minha cor...

21. Nunca me pedem para falar em nome de todas as pessoas do meu grupo racial...

32. Minha cultura me passa pouco medo em relação a desconhecer as perspectivas e o poder das pessoas de outras raças...

34. Posso me preocupar com o racismo sem ser vista como egoísta ou ter interesse próprio...

E assim por diante, até ela finalizar uma lista com quarenta e seis maneiras de como sua vida foi moldada por sua identidade. "A ausência de discriminação é tão importante e orgânica em relação ao problema de racismo quanto a discriminação", ela me falou quando liguei para sua casa em Massachusetts. "A maioria das pessoas brancas não foi conscientizada sobre sua identidade, exceto como sendo regra."

Peggy começou a pensar sobre o privilégio no trabalho durante uma série de seminários feministas mensais em Wellesley que ela frequentou por alguns anos com um grupo de professores, homens e mulheres, de muitas instituições. Ela percebeu que, a cada ano, depois de discutirem juntos todas as evidências de que a marginalização das vozes femininas era um problema, sobretudo no currículo, começava a surgir uma mudança previsível. "Três anos seguidos, homens e mulheres, para minha surpresa, paravam de falar uns com os outros na metade da série de seminários." O rompimento acontecia quando a conversa passava da descrição do problema para a discussão da solução. Enquanto se ocupava tomando nota, ela percebeu que os homens na sala começavam a lamentar que, embora o ensino acadêmico ministrado por mulheres fosse fascinante, era uma pena que não houvesse espaço no currículo existente para incluir mais vozes femininas. Ela se lembra de um colega defendendo de maneira clara e inconsciente a visão de que não era possível acrescentar mais temas acadêmicos produzidos por mulheres nos cursos introdutórios porque, como esses cursos assentavam as bases do conhecimento, não havia espaço para "coisas leves".

Peggy foi pega de surpresa, sem ter bem certeza do que pensar sobre esse colega, que estava aberto o suficiente para participar de um seminário feminista, mas que agora lamentava com sinceridade que houvesse demasiado ensino básico essencial produzido por homens para que fossem incluídas mais mulheres. "Tinha pensado que ele era um cara legal, mas, se é isso que ele pensa, então é um cara legal ou é um opressor?", ela se perguntou. "Naqueles dias, senti que precisava *escolher*. Agora, acho que ser legal não tem nada a ver com isso."

Esses padrões não são orientados por intenções pessoais, caráter ou personalidade. Eles fazem parte do sistema, foi a conclusão a que ela chegou. Como a identidade, o privilégio tem múltiplas camadas. Você pode ser desfavorecido em algumas coisas e favorecido em outras. Como Peggy percebeu a facilidade com que os colegas tinham desvalorizado o trabalho acadêmico de mulheres, ela pensou na reação que tivera alguns anos antes diante de uma série de ensaios escritos por mulheres negras que descreviam qual era a sensação de trabalhar com mulheres brancas opressivas. "A primeira coisa que pensei foi: 'Não sei como elas podem dizer isso de nós. Acho que somos legais!'. E o pensamento seguinte foi: 'Eu, *em particular*, penso que somos legais por trabalharmos com elas'", então ela fez uma pausa. "Você pode perceber o racismo escancarado na segunda reação, mas eu era assim em 1980."

Ela começou a ver como tinha excluído vozes marginalizadas do mesmo jeito que seus colegas homens. E pensou horrorizada: "Como eu era racista e como esperava que isso não fosse aparente!", ela admitiu para mim. "E percebi, é claro, que elas enxergavam meu racismo, mas elas me toleravam porque tinham a impressão de que eu estava *tentando*."

Peggy percebeu essas reações que a deixaram envergonhada, mas ainda não tinha certeza do quanto era privilegiada, e começou a fazer pequenas anotações sobre como se sentia à vontade nas interações do dia a dia, quando outras pessoas diferentes dela podiam não se sentir assim. Seu subconsciente lhe deu exemplos, como este primeiro, que lhe ocorreu no meio da noite: "'Posso, se quiser, dar um jeito de ficar na companhia de pessoas da minha raça a maior parte do tempo.' Fiquei muito desapontada com esse exemplo, achei que era trivial demais." Mas acabou por anotá-lo e continuou a lista. "Os outros partiram daí", ela me disse. A maioria deles surgiu no meio da noite. "Depois de três meses, uma voz dentro de mim me disse: 'Peggy, seria melhor publicar isso. É provável que seja a coisa mais importante que fará em toda a sua vida.'"

Era o levantamento honesto das experiências vividas por uma pessoa branca no dia a dia. "Meus exemplos originais traziam um cotidiano realista que chamou atenção de brancos porque não é uma lista de abstrações. É uma lista de experiências. E sua natureza pessoal é que a torna crível."

A lista de Peggy me faz pensar sobre as consequências das minhas especificidades – como mulher branca, mãe, pessoa detentora de poder no meu local de trabalho – sem me esconder atrás de repetidas afirmações a mim mesma garantindo que sou uma boa pessoa. Isso contorna as manobras diversionistas das minhas boas intenções e me ajuda a observar minha situação em relação ao poder. A socióloga Margaret Hagerman, no estudo sobre pais brancos abastados que se autoidentificam como progressistas, escreveu sobre o que ela chama de "pacote de escolhas", um conjunto de decisões que os pais tomam sobre onde viver, que escolas frequentar, com quem socializar.[19] Eles tomam essas decisões para preparar os filhos para o sucesso à custa dos outros, sem mesmo emitir uma frase racista que os tiraria do Twitter.

Perceber as formas com que o privilégio molda sua vida é apenas o começo. Em seguida, vem a admissão e a reconsideração das formas com que o privilégio moldou aquilo a que você considera ter direito e o modo como vê os outros. Com décadas dentro desse trabalho, Peggy admite todas as formas pelas quais o fato de ser branca distorce suas experiências de trabalho com pessoas que não são. "Se eu não me vigiar, vou questionar, duvidar e criticar cada coisa, cada sentença, cada palavra dita por meus colegas não brancos", ela declarou num vídeo de um evento TEDX Talks de 2012.[20] "Farei isso porque, no meu disco rígido, está instalada a convicção de que eu sou uma detentora de discernimento e que, entre meus colegas não brancos, o nível de conhecimento e inteligência não é tão alto quanto o meu."

Assistindo ao vídeo, fiquei surpresa ao ouvir uma mulher branca – em especial "uma senhorinha de cabelos brancos", como Peggy se descreve – dizer isso em voz alta. Perguntei-lhe se, ao ser honesta em relação às formas com que seu preconceito racial se manifesta, ela tem o impulso de se desculpar. "É bem próprio de uma pessoa branca pensar que ela própria criou esse sistema. É o poder branco se assumindo. Mas não fui eu quem o criou, e me desculpar por ele não melhora a situação." Em vez disso, o conselho de Peggy para conversas sobre identidade e privilégio é testemunhar e mostrar as evidências do sistema em que todos vivemos, observar e assumir a responsabilidade pela instalação que foi feita em seu disco rígido e tentar anular os efeitos dessa instalação. "Quando rodo meu software alternativo, eu tanto admiro meus colegas não brancos quanto aprendo com eles."

Quando outra pessoa falar sobre como a identidade dela afeta a sensação de pertencer ou não a um lugar, escute-a. Quando for sua vez de falar, faça um levantamento honesto das vantagens e desvantagens que carrega consigo.

Por fim, ela me deu esta orientação: "Recomendo a experiência pessoal em vez da leitura". Conversa sobre identidade trata de onde você está localizado em relação ao privilégio e à marginalização. Conhecimento que é poderoso, esclarecedor e pessoal. Ao lidar com experiências pessoais, você verbalizará o modo como participa no sistema de pertencimento. "Quando você dá o testemunho, não pode ser questionado. Fique com sua própria experiência, não alegue mais nada", Peggy me disse.

Essa é a forma programada por ela e pelos colegas para conversas sobre identidade que acontecem nos workshops do National SEED Project que eles dirigem: mais como monólogos de testemunho pessoal, em geral cronometrados, de modo que o foco se concentre no compartilhamento de experiências pessoais dentro do sistema e na escuta das experiências individuais de outros dentro desse mesmo sistema, semelhante ao método de terapia familiar desenvolvido por Murray Bowen para incentivar membros de uma família a ouvirem uns aos outros em vez de apenas replicarem padrões familiares de longa data diante de um terapeuta.

No mínimo, esse tipo de testemunho sobre identidade e sistema de privilégio e desigualdade cria um registro de como o poder trabalha para beneficiar alguns e não outros e de tudo o que é necessário mudar para caminhar em direção ao ideal de pertencimento.

"Me fale sobre a sua família."

O problema na hora de falar sobre identidade é que as palavras são muito abrangentes. Elas nos reúnem em categorias amplas e embotadas, com limites indefinidos que achatam as variações individuais.

Nas conversas pessoais sobre identidade, o testemunho pessoal é essencial, como Peggy colocou, mas também é importante definir onde você se encaixa nessas categorias amplas. Só porque as categorias são imprecisas não significa que devam ser descartadas, porque elas contêm informações essenciais. "Raça, tendo em vista que representa algo coerente nos Estados Unidos, é a redução de um conjunto específico de probabilidades de vida", Jelani Cobb escreveu na revista *The New Yorker* depois da morte de George Floyd.[21] "Embora raça possa ser uma ficção biológica, sua realidade pode ser vista no que é possível acontecer na nossa vida."

Natalie Masuoka, professora de Ciência Política na Universidade da Califórnia, em Los Angeles (UCLA), me contou que, com frequência, se depara com esses dois níveis de conversa sobre identidade – como forma de expressão pessoal e como categoria ampla em que se é inserido. "A forma como [meus] alunos definem identidade são as formas pelas quais querem ser reconhecidos." Muitas vezes isso inclui autoidentificação como uma mistura de raças, compreendendo que a identidade tem múltiplas camadas, com muitas dimensões de privilégios e desvantagens operando ao mesmo tempo. "Os estudantes têm um entendimento sofisticado em relação à identidade", ela disse, e o vocabulário deles em torno do tema tende a ser preciso, específico e pessoal. Natalie, entretanto, alerta os alunos que a precisão individualizada deles pode fazê-los perder o que pode ser visto ao observar categorias mais genéricas. "Ainda temos de falar sobre a história", Natalie diz aos alunos. "Eu sempre quero intervir para dizer que forças históricas e institucionais delineiam os tipos de identidade que as pessoas podem ou não adotar."

Em seu trabalho acadêmico, Natalie argumentou que categorias amplas como raça, classe ou país de origem são capazes de identificar o modo como um grande grupo de pessoas é moldado pela política e pelas instituições. Ela é coautora de um livro chamado *The Politics of Belonging* [A política de pertencer], que explora atitudes em relação à imigração entre pessoas de diferentes origens raciais, e seu texto de introdução é bastante direto sobre como a raça funciona nos Estados Unidos.[22] "A hierarquia racial estadunidense tem a forma de diamante, com os brancos no topo, negros na base e latinos e estadunidenses asiáticos no meio", Nathalie e sua coautora escreveram em 2013.[23]

Ela achava que isso era muito evidente, tanto na sua pesquisa quanto por experiência própria. Ela é nipo-americana e foi criada e educada na Califórnia até a pós-graduação. Quando se mudou para a Costa Leste para trabalhar em um departamento da Universidade Tufts, ela começou a dar palestras sobre as diferentes formas em que grupos de imigrantes e grupos raciais reagem entre si quando se trata de política. Ela teve uma sensação intensa: os ouvintes das palestras não estavam acompanhando seus argumentos. Eles apenas não compreendiam. Percebeu que, na sua cabeça, tinha entendido raça e identidade nacional como uma mistura de comunidades de imigrantes e de nascidos no país interagindo e reagindo uns aos outros. Tinha sido desse modo que vivenciara identidade desde a infância na Califórnia. Na Nova Inglaterra, isso não encontrava eco. Raça significava só uma coisa: "um verdadeiro binário branco versus negro".

Essa falta de conexão era frustrante, desafiadora e a fazia sentir-se isolada. Natalie, por fim, percebeu que, para ser entendida nesse novo lugar, precisava mudar o modo de se comunicar. Em palestras e conversas mais abrangentes sobre raça e identidade, ela aprendeu a recuar e começar com abordagens históricas mais amplas sobre padrões demográficos nos Estados Unidos, quem veio de onde e quando se estabeleceu.

Ela também percebeu que era identificada de forma diferente na Costa Leste. Na Califórnia, as pessoas entendiam o que significava ser nipo-americana; na Nova Inglaterra, ela sentia que a associavam a outros ásio-americanos, apesar das diferenças culturais e padrões de migração. "O pensamento de que podemos ter uma conversa em nível nacional sobre raça que todos os estadunidenses consigam entender, creio que seja, em muitos aspectos, uma abordagem errada para falar de raça, porque não é o que está acontecendo no mundo."

Depois disso, ela retornou à Califórnia para dar aulas na UCLA e percebeu a mudança na forma como as pessoas a identificavam. "É bom porque situa de maneira mais específica e histórica. As pessoas têm noção de que os ásio-americanos não constituem um grupo homogêneo."

A transição deixou Natalie mais sintonizada em conversas sobre identidade que a fizessem se sentir mais compreendida, e ela gostou do estilo menos hesitante de reconhecimento das diferenças étnicas e raciais por parte das pessoas na Califórnia. Na sua primeira orientação acadêmica na UCLA, ela me contou, com muita graça, a questão que servia para quebrar o gelo no início dessas conversas. Depois das introduções, pedia-se a todos que contassem uma história relacionada à história das suas famílias. Ela percebeu que uma questão tão aberta permitia que cada pessoa sinalizasse como pensava sobre si mesmo, sua identidade e de onde tinha vindo, e como isso se encaixava em tendências históricas mais amplas.

À medida que um a um contava sua história, Natalie foi ficando impressionada com o nível de detalhe. Ela decidiu falar sobre os avós dos dois lados da família. Todos eram nipo-americanos. Quando criança, na parte de dentro da porta da frente da casa dos avós maternos, havia uma prateleira cheia de lembranças e fotos de família, incluindo uma carta emoldurada do presidente George H. W. Bush. Era um pedido de desculpas formal que ele escreveu em 1990 a todos os nipo-americanos que tinham sido confinados em campos de concentração durante a Segunda Guerra, que acompanhava um cheque de indenização aprovado pelo Congresso.[24]

A avó materna de Natalie tinha nascido nos Estados Unidos. Quando sua família foi levada a um campo de concentração no Arizona durante a guerra, a traição feriu todo aquele questionamento sobre pertencimento e lealdade. Quarenta anos depois de ter sido mandada para o campo, quando o presidente repudiou as ações do país, ela queria que todos que entrassem na sua casa soubessem como as desculpas do governo estadunidense foram importantes para eles, tomados pela "raiva por terem sido [mal]tratados por seu próprio governo".

No outro lado da família, dos avós paternos de Natalie, havia mais silêncio em torno daqueles anos. "Faltavam conversas", Natalie me contou. Quando eles foram evacuados para o campo, tinham recém-chegado à Califórnia, vindos do Japão. Parte do silêncio deles se devia à barreira do idioma, já que Natalie e a irmã tinham o inglês como língua nativa e tinham dificuldade com o japonês. Gerações mais tarde, Natalie ainda está juntando as peças do que aconteceu a esses avós e como eles se sentiram a respeito.

A história familiar moldou o senso de identidade de Natalie e seu modo de pensar as categorias que usamos para definir identidade. Seus avós dos dois lados eram nipo-americanos, mas tiveram reações e formas de se comunicar muito diferentes em relação ao aprisionamento em campos de concentração. Para Natalie, ser ásio-americana, nipo-americana e neta de prisioneiros de campos de concentração não significa a mesma coisa. "A narrativa, para mim, sempre foi diferente", ela me disse. "Fale-me sobre sua história familiar", foi uma deixa para Natalie falar sobre tudo isso – as diferentes histórias da imigração dos avós e a sensação de pertencer aos Estados Unidos.

Quando você situa sua experiência de identidade dentro da história da família, está fazendo, ao mesmo tempo, duas coisas que podem parecer descoordenadas ou contraditórias. Está sendo superpessoal e específico, o que detalha as várias influências que fazem de você quem você é. E está mostrando como você e sua família interagiram com as categorias identitárias genéricas que herdamos da história e das quais continuamos a participar. Você está honrando sua história particular enquanto assume que faz parte de algo muito maior.

Por fim, histórias familiares também ajudam a manobrar impasses em torno de frases e vocabulários que podem dificultar conversas sobre identidade. As palavras que usamos para nós mesmos e para as pessoas de quem nos originamos mudaram ao longo de momentos políticos diferentes. A narrativa familiar nos dá um fio condutor.

"É isso que estou percebendo e você deixou de perceber."

As histórias de família também nos conduzem a conversas sobre como nossas identidades derivam de características e histórias que não podemos mudar, e então nos levam à questão de como nos encaixamos nessas histórias ou não. Por exemplo, as escolhas para mim como mulher são muito diferentes daquelas durante a vida das minhas avós. Conversas sobre identidade, acima de tudo, podem tratar de transformação e de escolha de uma forma diferente da que veio antes.

Quando Michelle começou a namorar Alex, o homem que se tornaria seu marido, ela não queria uma relação presa às convenções tradicionais de uma união heterossexual.[25] Logo no começo, ela teve uma briga que quase a levou ao rompimento do namoro.

Uma noite, ela estava indo a uma oficina de bicicletas destinada apenas para mulheres. Ela gostava de se sentir à vontade examinando os mecanismos da bicicleta sem ter de lidar com machões observando. Quando seu novo namorado, Alex, apareceu, ela lhe disse: "Não pode entrar comigo", Michelle me contou. "Isso o irritou muito. Ele ficou muito ofendido."

Alex também se lembra de ter ficado confuso e chocado, "levando isso para o lado pessoal, como se eu fosse algum tipo de ameaça".

Quando conversaram mais tarde num bar, Alex ainda estava magoado. Ele disse a Michelle que não tinha entendido como excluir homens ajudaria a avançar na igualdade de gêneros. Michelle, que tinha crescido com uma mãe divorciada "muito feminista", explicou os benefícios de ter uma comunidade de mulheres e um refúgio de todas as dinâmicas que surgem em espaços dominados por homens como uma bicicletaria, desde tons de voz condescendentes a flertes indesejados. "O mundo em que você vive não é o mesmo em que eu vivo", ela lhe disse.

"Não creio que ele entendeu o que eu quis dizer naquela noite. Não terminou o hambúrguer, o que agora sei que significa que ele está estressado e ansioso." A conversa terminou em briga, a primeira grande briga entre eles, o que deixou Michelle se questionando se ele era alguém com quem gostaria de ficar. Eles não chegaram a nenhum acordo naquela noite, mas, depois, Alex clicou nos links dos artigos e ouviu os podcasts que Michelle enviou para ele.

Agora, quase quatro anos depois daquela briga, Alex me disse: "A perspectiva e a visão de mundo dela de fato me mudaram. Cresci numa família provinciana, com padrões normais de gênero. Mamãe era uma supermulher dona de casa. Papai trabalhava no turno da noite. Os pilares do que eu achava que fossem meus valores pareciam ter sido abalados". Michelle continuou indicando de que forma suas experiências difeririam. Ela descrevia, por exemplo, quantas vezes era abordada por homens na rua. "Comecei a mandar mensagens para ele todas as vezes em que isso me acontecia", porque isso era algo com que ainda estava se acostumando depois de se mudar do Canadá para o Reino Unido. "Isso acontece muito aqui."

Um ano depois da briga no bar, Michelle e Alex foram morar juntos e concordaram que dividiriam as obrigações domésticas. "Naquela altura, ele já tinha embarcado. Tínhamos conversado com tanta honestidade que tudo estava resolvido!" Michelle me disse com ironia. "Não me ocorreu que brigaríamos por qualquer outra coisa." Eles trabalhavam na mesma área, então compreendiam as exigências do trabalho de ambos. Ainda assim, mesmo Michelle sendo um pouco mais veterana e ganhando mais do que Alex, a carga de trabalho deles em casa logo se tornou desequilibrada. "Percebi que estava me ocupando mais. Fazendo as compras e controlando o que tínhamos na geladeira. Percebi de repente, e ele deixou de perceber. Sou eu que ganho mais e, de algum modo, estou fazendo o trabalho dele."

Na primeira vez em que tentou falar com ele sobre isso, a conversa não correu bem. "Foi uma grande confusão. Ele disse: 'Do que você está falando? Isso não é verdade'. Ele literalmente não enxergava isso. Era muito invisível para ele." Recordando, Alex admitiu que a frustração dela com ele não parecia estrutural; parecia um insulto pessoal para fazê-lo se sentir inútil. "Eu lembro que me sentia horrível", ele disse. "Ela é uma mulher incrível e, de algum modo, acho que havia um sentimento de 'será que eu sou bom o suficiente?'" Ele reagia porque não gostava da maneira como as críticas dela o faziam se sentir em relação a si mesmo.

Mas Michelle sabia o tipo de relacionamento que queria ter e estava decidida a falar com ele a respeito disso. Como tinha feito antes, ela tentou tornar visível o que era invisível para ele. "Comecei a lhe indicar. Eu fiz isso!", ela me contou. "Ele ficou na defensiva, mas aquilo foi penetrando."

Esse conflito continuou a se repetir. Tarefas domésticas, de certo modo, forçam conversas sobre identidade. Elas não se importam se você decidir não falar sobre isso; elas precisam ser feitas. E, com cada conversa, algumas vezes mais parecendo uma briga, a rotina doméstica dos dois mudou. "Ele começou a compartilhar, não só verificando o que precisava ser feito na casa, mas também fazendo. Não era uma conversa. Outra briga, outro reequilíbrio." Diferentemente daquela primeira discussão sobre a bicicletaria, agora eles estavam trabalhando a partir de um conjunto similar de premissas e ideais. Ambos disseram estar comprometidos da mesma forma com as tarefas domésticas. Quando saíam do equilíbrio, brigavam, mas o conflito nunca era sobre se aquele equilíbrio era algo que queriam ter juntos. Brigavam em torno do que cada um pensava que seria aquele ideal.

"Me sentia sobrecarregada. Nunca desejei ficar presa a um casamento", Michelle me disse. "Meu desejo de equidade nos encargos era quase infantil. Parecia que, se não houvesse justiça perfeita, ele estaria se aproveitando de mim." E a vida ficou ainda mais confusa quando a filha de um casamento anterior de Alex, em idade escolar, veio morar com eles em tempo integral.

"Era um estresse massacrante. Não estávamos preparados para isso. Só aceitamos. Não podíamos arcar com os cuidados de uma criança e coisas desse tipo", Michelle me contou. Ela e Alex também estavam passando, com frequência, por desentendimentos com a mãe da filha de Alex em relação à custódia, o que aumentou a pressão que Michelle sentia para oferecer uma casa estável e bem administrada. "Alex quase nunca me pedia com clareza para fazer isso. Sempre me voluntariei porque percebia que a tensão estava acabando com ele, e é impossível olhar para o outro lado quando uma criança precisa de um cuidado que você pode dar a ela."

Michelle, então, passou a enfrentar pilhas de roupas para lavar, verificava o calendário escolar e mantinha um olhar atento para não faltarem mantimentos. Às vezes, o trabalho de Alex o mantinha mais tempo longe de casa, o que Michelle entendia, mas isso significava mais tarefas domésticas nas suas costas. De modo racional, ela conseguia dizer a si mesma que isso era o trabalho de uma parceria – assumir mais encargos em casa quando o outro precisa se concentrar em outra coisa –, mas também tinha medo de cair no velho modelo do qual sempre desejara ficar bem distante.

Ela olhava em volta e tinha a impressão de que a lavanderia estava zombando dela e que tinha perdido o controle, então ela punha a roupa para lavar e daí ficava com raiva de Alex. "Não consigo deixar de lado a preocupação constante de me manter sempre em cima de tudo, porque, se fizer isso, vamos desmoronar. E me ressinto disso", ela se lembra de pensar assim. "Eu odeio isso." Não era um exercício político. Michelle estava exausta. Ela começou a pensar em abandonar o relacionamento e todas as tarefas domésticas que vinham com ele.

As brigas entre ela e Alex ficaram mais intensas, entrando no campo do essas-são-coisas-que-não-deveriam-ser-ditas-em-voz-alta em conversas sobre identidade. Michelle explodia com Alex por não fazer o suficiente, e ele lhe dizia que a raiva dela era irracional e implorava para que pegasse mais leve com ambos.

Michelle me contou que essas conversas eram confusas. Tinha a sensação de que Alex estava desafiando seus valores feministas e fazendo pouco das suas frustrações, mas, ao mesmo tempo, valorizava seu encorajamento para que relaxasse um pouco. Ela não sabia o quanto deveria culpar o marido por sua infelicidade. O que era sua identidade e o que era apenas uma fase da vida? Talvez, em toda a sua obsessão pela divisão do trabalho doméstico, ela tivesse perdido algo essencial: que era ela que os estava mantendo em padrões desatualizados, impossíveis de cumprir.

Aos poucos, Michelle começou a escutar Alex de forma diferente quando ele reagia e lhe dizia que as expectativas dela em relação a si mesma e à casa eram exageradas. "Ele me disse algo assim, que eu não tinha de ser perfeita. Que eu era legal do jeito que eu era", ela recordou, com lágrimas nos olhos. "Ele estava pondo um espelho diante do meu comportamento. Estava analisando o que importa e o que não importa e esclarecendo isso de verdade", ela disse. Alex lhe perguntava: "É o fim do mundo se isso não for feito?"

Depois de uma conversa, Michelle decidiu não lavar mais a roupa em casa. Alex comemorou com ela. "Abdicar da lavanderia foi uma ideia excelente", ele me disse. "Aquilo a estava deixando frustrada demais. Ela não conseguia passar reto por uma cesta de roupas." Antes, se enxergasse roupas sujas, ela parava tudo e ia lavá-las, antes de qualquer outra coisa que estivesse fazendo. Agora, não, e Alex não liga nem um pouco para isso. "Posso olhar para isso e pensar: 'Vou fazer isso no fim de semana'", ela me disse.

Michelle também abandonou a troca de mensagens com a mãe da filha dele para lidar com a programação da menina. Deixou isso para Alex. "Ela não teve controle sobre minha filha, e Michelle não tinha controle sobre sua própria casa", Alex me contou. "Eram condições muito difíceis para tentar fazer o melhor o tempo todo."

Para Michelle e Alex, falar sobre a forma como o gênero distorce nossas expectativas e presunções em relação um ao outro nas relações heterossexuais não fazia essas presunções desaparecerem. Michelle precisava sempre chamar a atenção de Alex sobre elas. O compromisso da divisão igualitária das tarefas domésticas nem sempre se encaixava com a realidade do que tinha de ser feito para cuidar da família. Isso se devia a fatores externos, mas também a papéis de gênero internalizados. Eles esperavam muito deles mesmos, talvez até demais.

Eles ainda têm muitas crises, mas me disseram que agora o padrão é familiar. Quando percebem a tensão se instalando em torno de tarefas domésticas, eles fazem uma pausa e tomam consciência disso, e daí procuram uma solução. "Olhando para trás, fica claro que minha reação emocional é me concentrar nas coisas que não foram feitas", Michelle me disse. "Me sinto tentada a culpar Alex por algo que não fez direito."

Quando falamos sobre identidade – a sua, a minha, e como nos afetamos uns aos outros –, é em conversas como essa que as coisas ficam bem interessantes, estratificadas e inflamáveis. O que começa como um conflito interpessoal pode acender o rastilho sobre diferenças em relação à identidade e então evoluir com rapidez para a discussão sobre um dos dois estar certo ou na defensiva. A identidade pode ser um modo de explicar e descrever de boa-fé nossos valores, mas, em outras ocasiões, podemos usar a identidade como um escudo para não assumir a responsabilidade de que nosso comportamento está afetando negativamente outra pessoa. Sim, nossos relacionamentos existem dentro dos sistemas de poder e temos opções de como queremos nos tratar uns aos outros dentro desses sistemas. Nenhum mapeamento de poder vai lhe mostrar quem está certo ou errado.

Conversas sobre identidade, em que falamos sobre tudo isso, nos levam através de toda essa dinâmica complicada. Mesmo quando estivermos brigando, se formos capazes de nos ouvir, um poderá ajudar o outro a ver como tudo isso nos afeta.

Para Michelle, foi preciso Alex reagir antes que ela começasse a analisar todas as expectativas que tinha para a casa deles e para si mesma. Ela percebeu que grande parte da pressão que sentia vinha dos mesmos tipos de expectativas de gênero que estava pedindo a Alex para inverter. Eles estavam criando um modelo novo de cuidado com a família e, à medida que quebravam os velhos moldes, ela precisava recolher mais algumas pontas soltas.

"Sinto muito e farei o possível para não repetir este erro."

Em conversas sobre identidade, muitas vezes nos vemos diante de uma defasagem entre como nos vemos e como somos vistos pelas outras pessoas. Para Michelle e Alex, desde o começo do relacionamento, ambos disseram que queriam se livrar de expectativas de gênero e dividir de modo igualitário o trabalho doméstico. Os conflitos entre eles continuaram a surgir porque tinham interpretações diferentes sobre se estavam vivendo de acordo com aquele ideal.

"Parte da pacificação é admitir que não conseguimos saber tudo a respeito de nós mesmos e que, algumas vezes, revelamos coisas aos outros que não estamos preparados para aceitar", Sarah Schulman escreveu em seu livro *Conflict Is Not Abuse* [Conflito não é abuso].[26] Conversas pessoais e diretas sobre identidade nos forçam a processar essas interpretações desafiadoras e a considerar de que modo precisamos mudar.

Quero finalizar este capítulo com alguém que passou por esse processo, a quem não se podia questionar sem que explodisse e encerrasse a conversa. Agora, ele está tentando aprender a se comunicar de um modo todo novo.

Antonio é branco, está na casa dos 50 e, na maior parte da sua vida adulta, sempre que havia conflito ou se sentisse enfraquecido, acabava por irromper numa "fúria explosiva", como ele me contou.[27] Nunca foi violento em seus relacionamentos íntimos a ponto de partir para agressão física, mas podia ser mau e mordaz. "Eu tinha pena de mim mesmo e era, de forma exagerada, sensível e defensivo e, em geral, uma péssima companhia."

Aos 40 e poucos anos, quando seu casamento estava desmoronando, Antonio passava noites no sofá "preocupado diante do fato de não poder mais morar com meus filhos". Ele percebeu que precisava mudar. Já tinha feito terapia antes e ficara sóbrio por cerca de uma década, mas, recordando, ele disse que "as coisas não estavam resolvidas". O pai dele também tinha lutado contra a bebida e se suicidara um ano antes de Antonio começar a faculdade. Como estava se divorciando, Antonio voltou a fazer terapia e começou a frequentar com mais regularidade as reuniões com pessoas na sua condição. Percebeu que não seria capaz de lidar com a raiva se não confrontasse os padrões de comportamento que o tinham cercado na infância e na adolescência. Tinha sido assim que o ensinaram a ser homem. Aquele comportamento passara a fazer parte da sua identidade, e agora ele queria se tornar outro tipo de homem.

Trabalhar para mudar esses comportamentos era como anular a memória muscular que funcionara para ele durante muito tempo. Como quando estava no ensino médio, nos anos 1970, e sofria bullying por parte de um jogador de futebol. Isso só parou quando Antonio ficou bravo o bastante para se virar e dar um soco no outro no meio do corredor da escola. Ele aprendeu, a partir dessa experiência, que estabelecer limites com força e intimidação funcionava. Então, na sua carreira, ele logo chegou a gerente, construindo a reputação de sujeito implacável que conseguia resultados concretos. Ele gritava com outras pessoas no escritório, tanto que havia pilhas de reclamações contra ele no RH, e um chefe (outro homem branco) chegou a chamá-lo de lado para lhe dizer que não poderia protegê-lo para sempre. Mas Antonio nunca perdeu um emprego por causa das suas explosões e, durante a maior parte da vida profissional, ele entendeu que seu comportamento era, em parte, responsável por ter se tornado bom em sua área. Ser agressivo – até mesmo mau – tinha lhe garantido os resultados que desejava.

Não importava o quanto projetasse confiança, ele, na verdade, tinha medo do abandono e da rejeição. Nos relacionamentos com mulheres, aqueles mesmos impulsos de raiva estavam presentes, mas a vulnerabilidade subjacente a eles ficava muito mais próxima da superfície. "Você sente aquele temor primitivo que, como um ser alienígena, envolve seu rosto e desce por sua garganta", ele me disse. "Naqueles momentos, estou lutando pela minha vida. Dá a impressão de raiva, de dominação, todas essas coisas. Mas trata-se apenas de um menino assustado."

Falar a respeito da história da família ajudou Antonio a perceber por que ele se comportava daquele jeito e a assumir a responsabilidade por isso. Mas ele também teve de pensar numa forma diferente de agir quando surgia um conflito. Precisou adotar novos roteiros ao falar de questões difíceis. "Foi preciso adotar ferramentas e práticas e usá-las sempre." Era necessário "quebrar o círculo vicioso para não fazer com meus filhos o que meu pai tinha feito comigo".

Algumas técnicas o ajudaram a se acalmar. Uma delas, um aforismo dos encontros de recuperação, é "faça uma pausa quando estiver agitado". Antonio aprendeu a não confiar no seu primeiro impulso, que é atacar os outros como forma de se proteger. Fazer uma pausa rompe o padrão, o faz ir mais devagar e pensar por que está transtornado, e assim ele consegue tentar evitar um pouco o dano. Em vez de explodir, ele procura mergulhar dentro de si para encontrar a origem da raiva. "Identificar uma emoção funciona para mim naquele momento", ele explicou. "Isso costumava ser quase impossível para mim", mas ele, agora, se sai melhor. Como: "Estou assustado". Ou: "Eu me sinto alvo de desconfiança". Ou: "Isso me magoa". As palavras são simples, mas o processo não é. "É ainda mais difícil num relacionamento amoroso", ele me disse. Quando percebe que a raiva está chegando ou "crescendo", como costuma dizer, ele aprendeu que não está pronto para continuar falando até encontrar as palavras certas. Até chegar lá, "é preciso fazer uma pausa, respirar fundo, não responder". Ele quer ir devagar em tudo e evitar uma troca hostil até estar pronto para uma conversa mais produtiva.

Só que isso nem sempre funciona. Assim que surge uma discussão, tendo ou não razão, ele assume a responsabilidade por não se comunicar da forma que deseja. "Quando vou longe demais", disse, ele se apoia em outra técnica que aprendeu nas reuniões de recuperação: a reparação. "Existe uma estrutura muito formal para a reparação, que é diferente do pedido de desculpas." Em vez de apenas dizer "sinto muito", ele diz algo assim: "Estava fora de mim. Isso não foi bom. Não fui a versão de mim mesmo que eu havia prometido que seria. Aprendi com isso e vou fazer o possível para não repetir."

Nas desculpas, ele conta, pede-se perdão, mas, na reparação, "não peço que você faça algo". A responsabilidade é dele. A questão não é como a reparação é recebida. Depois, ele acrescentará: "Você tem algo a me dizer?" como um convite, mas tenta não insistir numa resposta.

Ele também usa mensagens de texto para seguir com conversas que não estão correndo bem. Quando o momento acalorado passa e suas emoções esfriam, funciona bem para ele ir mais longe com aquilo que não exige resposta imediata. Ele me contou da visita do filho de 13 anos num fim de semana recente. Foi bem estressante, com muitos ataques recíprocos. "Tivemos um fim de semana semelhante a uma bola de neve descendo a montanha, com ele acabando mais infeliz e à procura de aprovação e eu ficando frustrado pela forma como surtei com ele. Foi, de fato, muito ruim." No carro, quando estava levando o filho de volta para a mãe, Antonio disse que essa onda de vergonha desabou sobre o filho. "Ele estava gritando comigo, chorando. Ele sabe que foi uma companhia difícil no fim de semana."

Antonio reconheceu no filho seu próprio ciclo emocional, mas, como muitas conversas iniciadas no carro, essa acabou porque eles chegaram aonde estavam indo, e não porque alguma coisa tivesse sido resolvida. Mais ou menos uma hora e meia depois, Antonio mandou uma mensagem para o filho: "Crescer é maravilhoso e nem sempre fácil. Você está fazendo o melhor que pode, e eu estou do seu lado. Tivemos muitos momentos bons neste fim de semana. Lembra-se deles? Conte sempre comigo".

Boa e honesta, era uma reparação. Também era uma mensagem amorosa. Ele transpôs as dificuldades do fim de semana do domínio da vergonha e da raiva para um espaço de aprendizado, conexão e compaixão. "Você tenta mostrar a ele como não se alterar mesmo quando as coisas estiverem difíceis", Antonio disse.

Defensora do direito ao voto, Stacey Abrams disse que: "Identidade política não é nada mais complexo do que dizer: 'Vejo você.'"[28] É simples assim. E o objetivo de muitas conversas sobre identidade é o mesmo: ser visto como vê a si mesmo. Mas, para alcançar essa simplicidade, primeiro precisamos descrever e ouvir de que modo cada um foi moldado por sistemas maiores do que nós, sistemas que distribuem benefícios e danos em padrões previsíveis.

Apenas conversar não vai tornar o mundo melhor, mais humano e mais justo. As palavras que temos para oferecer são insuficientes em comparação à longa história de racismo, intolerância e opressão nos Estados Unidos e em todo o mundo. Mas, ao mesmo tempo, o mundo não vai melhorar se não contar com mais conversas difíceis.

Premissas baseadas na identidade e dinâmicas de poder estão sempre presentes em nossos relacionamentos íntimos, desempenhando um papel enquanto interagimos com outra pessoa. Você precisa começar por admiti-las e, quando perceber que elas ferem ou ofendem, reveja o modo como se comunica e assuma a responsabilidade pelos erros, como Antonio aprendeu a fazer. Em um plano mais básico, como Michelle e Alex aprenderam, o primeiro passo para abordar dinâmicas de poder desiguais nos relacionamentos é identificá-las quando elas existem. Isso não vai preencher de modo automático as lacunas de entendimento, mesmo nas nossas relações mais próximas, mas nos permite observar juntos como nossas experiências diferem para que possamos decidir o que vamos fazer em seguida.

Mesmo assim, dar explicações e aprender sobre diferenças de identidade consome energia e pode ser arriscado. É trabalho dividido de maneira desigual. E, com frequência, recai sobre aqueles com menor poder institucional para se defender e, como Meshea Poore observou, algumas vezes é preciso selecionar o que vai dizer a fim de se proteger. Em outras ocasiões, entretanto, se a sua identidade está em julgamento, você não tem a opção de recuar. Essa é uma das formas em que a desigualdade se constitui.

Então, quando se tratar de conversas difíceis sobre identidade, em especial quando estiver em posição de mais poder, você precisa começar por ouvir, como Anpo Kuwa Win defendeu. Não significa discutir ou responder com sua própria história, mas sim abrir espaço para escutar mais sobre aquilo que não sabe. Peggy McIntosh argumentou que cabe àqueles com mais poder e privilégios – inclusive mulheres brancas como ela e eu – entender como fomos beneficiados pela opressão baseada na identidade e como estamos *todos* envolvidos nisso, independentemente do quanto nossas intenções sejam boas. Como ela disse: "ser legal não tem nada a ver com isso". Ainda assim, é frequente as conversas sobre identidade mirarem um nível superficial de bondade e ficarem bem aquém do entendimento mais profundo.

Para contornar isso, Natalie Masuoka descobriu que procurar saber sobre a história da família pode ser uma forma de se engajar com a identidade com que se afina de modo pessoal e de ficar ciente em relação a como nossas categorias genéricas de identidade eliminam nuances e detalhes. Fazer isso é um caminho para deixar de lado premissas e permitir que se discuta a realidade da desigualdade e a importância da nossa individualidade. As melhores conversas sobre identidade nos permitem declarar de maneira ampla quem somos *e*, com precisão, descrevem o que torna cada um de nós especial, assim como os diferentes pesos que carregamos. Elas revelam o que é comum à nossa experiência enquanto lutamos para nos estabelecer no mundo, sem ocultar as desigualdades que tornam isso tão mais difícil para uns e muito mais fácil para outros.

Conclusão

Este livro foi escrito como um convite para você começar conversas que sente que precisa ter. Os temas difíceis que explorei – morte, sexo, dinheiro, família e identidade –, cada um a seu modo, são complicados, mas, por meio dessas histórias, você percebeu como falar sobre eles – e ouvir – pode ser surpreendente, regenerador e valer a pena o esforço. Cada conversa traz uma possibilidade de troca e conexão. Também oferece o lampejo da verdade simples de que seus fardos – quer esteja de luto, quebrado, frustrado, quer se sinta solitário – são normais. Ouvir a história de outra pessoa ajuda a identificar sua própria experiência: deixa de ser algo que aconteceu a você. É algo que acontece.

Entretanto, não importa quanto esforço empregue nessas conversas, elas vão terminar, com frequência, sem resolver os sentimentos conturbados que as motivaram. Isso acontece porque as conversas difíceis tentam atribuir palavras para coisas inexprimíveis: perda e luto pela morte. O risco de rejeição ou vergonha rondando o sexo. A ansiedade em relação a quanto valemos, ou não valemos, quando se trata de dinheiro. O natural, mas ainda doloroso, processo de nos separarmos das nossas famílias quando crescemos. As vantagens do poder, o privilégio e a opressão que regem nossas sociedades e nossas identidades.

Conversas difíceis descrevem e comparam versões dessas realidades, e cada um de nós é bloqueado por essas questões de forma única e bastante difícil. Mas me deixe lembrá-lo de que você não começa um diálogo desses para resolver com rapidez uma questão espinhosa. A conversa lhe oferece alívio e o arranca do isolamento. Deixa que expresse verdades que só admitia de maneira parcial e que ouça histórias que, de outra forma, desconheceria. Elas aprofundam a conexão e o entendimento, mas não consertam as questões complexas. Deixe de lado a sensação de estar sendo pressionado, porque esse não é o objetivo. Na verdade, o objetivo é a tentativa. Quando começa a conversa, está assumindo a responsabilidade de dar mais clareza ao que antes estava obscuro. A cura e a resolução do problema podem vir em seguida, mas só acontecem depois que as palavras iniciais forem ditas e ouvidas.

Mas, se as palavras não estão sendo ouvidas, você precisa saber quando se calar. Conversas desse tipo abrem possibilidades para vulnerabilidade e amor nas nossas relações mais complicadas, mas também podem revelar que não há espaço para essa tentativa. É importante ter palavras para expressar isso, porque, embora empatia e curiosidade sejam vitais, elas têm limites. As pessoas vão assimilar aquilo que você deixar que assimilem. Um abusador, por exemplo, vai bater na mulher, vai desculpar-se chorando e pedir perdão, e depois fazer tudo de novo. As pessoas mentem, atacam e fogem da responsabilidade. A certa altura, a única vantagem que lhe restou é a de parar de responder à manipulação.

Os rompimentos amorosos nos dão um modelo. Na ruptura, chegou-se a um impasse e, por mais triste que seja, um de vocês ou os dois estarão prontos para ir embora. Em outros relacionamentos, com a família, os amigos ou os colegas de trabalho, pode ser mais difícil encontrar o ponto certo para capitular. Há menos ritual para isso. Para essas relações, a terapia nos deu o termo genérico "limites". Estabelecer um limite é traçar uma linha entre a nossa experiência e a reação da outra pessoa, de forma que possa tentar ver o que é mais saudável para você ao se isolar das emoções e exigências que o outro está projetando em você. Precisa enxergar com mais clareza o que consegue ou não mudar – e, então, decidir o que vai acomodar, ou quando pode, enfim, dizer: não. É bem comum ser difícil dizer não, mas muitas vezes é disso que precisamos.

Anos atrás, me deparei com o trabalho da professora Margaret Neale, da Stanford Business School, que incentivava as pessoas a deixarem de lado a ideia de que uma negociação só seria bem-sucedida se você "chegasse ao sim". Não, essa não é a questão. Como ela detalhou num vídeo de 2013 no YouTube, com um título bem atraente: "Negociação: como conseguir o que quer", você não precisa aceitar o que não quer. "A maioria de nós vê como objetivo da negociação chegar a um consenso.[1] Está errado. O objetivo da negociação não é chegar a um acordo, mas a um *bom* acordo." Você não cometerá um erro se não encontrar uma forma de se comprometer; o compromisso pode requerer mais do que está disposto a dar.

Há muitas razões para *parar* de falar sobre questões difíceis: para ter tempo de refletir, para ter um momento de paz ou porque a discussão não está levando a lugar nenhum. Ao abandonar uma conversa, você não estará, na verdade, desistindo, mas dando a si mesmo espaço para enxergar as coisas como elas são e ver o que pode aceitar e o que precisa ser mudado.

Para sair de uma conversa que já chegou ao fim, você pode dizer: "Ouvi você e não concordo". Ou: "Não creio que falar mais sobre isso vai nos levar a algum lugar". Ou: "Gostaria de que falar mais a respeito disso consertasse as coisas, mas sei que isso não vai acontecer". Quando você decide parar de falar sobre questões difíceis, não está fingindo que elas não estão presentes. Dar as costas à dor não é ignorá-la; é resolver parar de cutucar a ferida.

Algumas vezes, uma conversa complicada não termina com uma declaração forte, em vez disso, ela orienta você para uma constatação mais silenciosa do que deve ser abandonado. Na minha memória, foi assim que se deu a decisão de me divorciar – o estágio final de aceitação. Mas, à medida que fui escrevendo este livro e refletindo sobre aquela época, senti como se precisasse voltar lá atrás para ter certeza de que estava vivendo de acordo com meu discurso sobre enfrentar as questões difíceis.

Escrevi um e-mail para meu ex-marido contando que estava escrevendo este livro e perguntando se podia entrevistá-lo. A essa altura, nossa comunicação se resumia a mensagens anuais de parabéns pelo aniversário. Fazia mais de seis anos que não o via – período em que me apaixonei, comecei um programa, casei e me tornei mãe. Ele, nesse meio-tempo, tinha feito filmes do tipo que sempre sonhara, além de viagens a locais remotos e mantinha uma casa em Los Angeles como base. Nós dois estávamos vivendo como desejávamos.

Por acaso, nós dois estávamos indo para um lugar próximo a Charleston, a cidade da Virgínia Ocidental onde nos conhecemos, nos apaixonamos, nos casamos e, afinal, nos separamos em busca de aventura. Eu lhe disse que gostaria de comparar nossas lembranças de em qual ponto nossas conversas no final do casamento tinham ido água abaixo. Queria saber como ele se lembrava da nossa transição de casal que, com cuidado, recorria ao aconselhamento para a condição de duas pessoas que não conseguiam ficar próximas uma da outra na fila do banco quando passamos a ter contas separadas. (Ele ficava do lado de fora para fumar.)

Quando nos encontramos, sua linguagem corporal e seu humor autodepreciativo ainda me eram familiares do tempo que ficamos juntos. Ele usava uma jaqueta de couro que tinha comprado comigo num brechó em Manhattan. Rememoramos os momentos decisivos do final da nossa relação. Fomos gentis um com o outro durante a conversa, condoídos pelo modo como nossos jovens eus eram pressionados, desapontados e incertos. Mas, independentemente de quão abertas fossem as perguntas, de como enfocasse meu direcionamento, eu percebia que não estava aprendendo nada de novo. Não tinha perdido nada que fosse essencial. Conforme falávamos sobre nossas brigas de anos atrás, percebi que não tinha sido a falta de escuta, de esforço ou de generosidade que tinha causado nossos conflitos.

Eu lhe perguntei, quando o assunto vem à tona, como ele explica o fim do nosso casamento. "Digo às pessoas que passei de, você sabe, um tipo de pessoa para me transformar num outro bem diferente. E você também estava fazendo a mesma coisa, e nós não conseguíamos encontrar aquela conexão que poderia nos manter juntos."

E foi assim. Olhando para trás, ele sentia que nossas conversas não nos levariam a lugar nenhum porque nós nunca chegávamos a uma solução. Agora vejo que essa era a questão.

Tínhamos falado e falado, em conversas insatisfatórias e tristes, porque aquilo sobre o que estávamos falando era triste e insatisfatório. Tínhamos falado e falado, até estarmos prontos para enfrentar o que nossas conversas estavam dizendo. Até que, por fim, paramos de falar e demos espaço para tudo o que veio a seguir.

Agradecimentos

A todos que aceitaram ser entrevistados por mim: muito obrigada. Este trabalho tem tanto valor quanto o desejo de vocês de compartilhar, e tem sido um privilégio escutar suas histórias e poder contá-las a outras pessoas.

Muito obrigada a Taylor Books, em Charleston, na Virgínia Ocidental, que me contratou em meu primeiro emprego, e aos colegas de trabalho de lá, que me ensinaram tanto a respeito de livros, arte e vida, Andrew Hansen, Joy Doss e Catherine Martin. Agradeço às escolas públicas do condado por minha educação excepcional, com agradecimento especial à minha professora de Inglês Sarah Murphy Lyons. Na classe, você me incentivava a escrever e, em conversas, me ensinou como cavar fundo. Sinto saudade de você.

Muito obrigada à equipe do *Death, Sex & Money*: Katie Bishop, Anabel Bacon, Afi Yellow-Duke, Andrew Dunn e Emily Botein. Aprendi demais com cada um de vocês e sinto muito orgulho do que estamos fazendo e construindo juntos. Agradeço também por todo o trabalho e cuidado que tiveram com o programa para que eu pudesse fazer este livro! Obrigada a Chris Bannon por pedir por novas pautas de programa em 2013 e por sua amizade e orientação desde aquela época. Obrigada a todos da WNYC que transformaram o lugar num lar acolhedor e empolgante.

Agradeço aos meus muitos mentores e editores no rádio e no jornalismo, por me darem conselhos e oportunidades, além de me pressionarem para fazer sempre perguntas difíceis: Greg Collard, Graham Griffith, John Dankosky, Michael Fields, Lu Olkowski, Collin Campbell, Al Letson, Richard Hake, Glynn Washington, Ken Ward Jr. e Scott Finn. Obrigada aos meus heróis, Brian Lehrer e Terry Gross. Michael Lipton, muito obrigada por ter pagado meu primeiro frila. Mike Youngren, você me deu minha primeira chance em radiodifusão e imprimiu a integridade e a satisfação que eu queria levar ao trabalho. Penny Youngren, tudo começou com você.

Muito obrigada à Simon & Schuster por fazer este livro comigo, em especial meus editores, Jon Cox e Stephanie Frerich. Jon, você entendeu este livro desde o início e me lembrava daquela visão sempre que eu me perdia. Fico emocionada por termos trabalhado nisso juntos até o fim. Stephanie, você deixou meu texto melhor e meu raciocínio mais profundo, e sua disposição para compartilhar suas reações pessoais me lembrava o quanto queria que este livro estivesse presente na vida dos leitores. Emily Simonson, obrigada pela gestão harmônica do projeto e observações editoriais vitais. Agradeço também a Alison Forner, Sherry Wasserman, Lisa Erwin, Kyle Kabel, Carolyn Levin, Cat Boyd, Christina Calella e Stephen Bedford por todo o trabalho de vocês. Kimberly Glyder, você fez uma capa que captura com perfeição o espírito do livro. Muito obrigada.

Agradeço ao meu agente literário, Daniel Greenberg, por sua experiência e conhecimento e por todos os cafés e tutoriais de divulgação, e a todos os demais na Levine Greenberg Rostan Literary Agency, entre eles, Tim Wojcik.

Obrigada aos amigos e colegas que trocaram observações comigo sobre escrita, publicação e processo criativo: Chris Parris-Lamb, Bernice Yeung, Andrea Bernstein, Samin Nosrat, Laurel Brightman, Grace Bonney, Conor Knighton, Ann Friedman, Aminatou Sow, Laura Bell, James Proseck, Carvel Wallace, Matt Katz, Eric Eyre, Saeed Jones, Lulu Miller, Nate Vinton, Kelly Corrigan, Matt Inman, Jon Matthews e W. Kamau Bell.

Só tenho a agradecer aos maravilhosos amigos que discutiram tantas ideias deste livro e os sentimentos que trouxeram à tona: Jim Colgan, Matt Lieber, Melissa Bell, Kelly Jensen, Noel King, Sue Simpson, Jane

Bell, Catie Talarski, Danielle Mussafi, Sharif Youssef, Margaret Polyak, Dominique Foxworth, Lesley McCallister, Zena Barakat, Molly Webster, Clara Webb, Max Bernstein, Anya Bourg, Casey Miner, Najib Aminy, Hollis Lewis, Sara Flitner, Lealah Pollock, Adam Wade, Maya Nye, Justin e Katrina Brashares e Al e Ann Simpson. Carol Bell, nossas sessões iniciais de escrever e falar estabeleceram o curso para muito do que está neste livro, e seu apoio e os comentários que fez ao longo do processo me ajudaram. Mary Gallegos, você deu um jeito de ler os rascunhos quando tinha tanta coisa exigindo sua atenção, e não vou me esquecer jamais de como nossas conversas sobre estas páginas aprofundaram nossa relação. Steven Valentino, você é um editor incrível de originais e um amigo maravilhoso. Espero que tenhamos muitos e muitos mais anos produtivos ajudando um ao outro.

Obrigada aos meus pais, June e Bill Sale. Quando há questões difíceis, vocês assumem a responsabilidade e se debruçam sobre elas. Amo muito vocês e sinto muito orgulho de ser sua filha. Agradeço a Frank e Catherine Middleton e a Jay Middleton pelo amor, incentivo e apoio. Às minhas irmãs – Elizabeth, Catherine, Ellen e Mary – digo que tenho muita sorte de ter vocês ao meu lado ao longo da vida. Muito obrigada por todas as conversas e por toda a diversão!

Agradeço a Phurbu Dolma por todo o trabalho e cuidado dedicado à nossa família. Não teria conseguido chegar aqui sem você. Você me tornou uma mãe melhor, e nossas crianças não seriam pessoas tão confiantes, corajosas e boas sem o seu exemplo.

June e Eve, amo muito vocês. Quero protegê-las das coisas difíceis e, quando eu não puder, quero ser capaz de ouvi-las do jeito que precisarem. Espero que este livro tenha me deixado mais preparada para isso.

E a Arthur Middleton, meu amor e meu companheiro, muito obrigada pelo seu apoio e por todas as notas de edição. E obrigada também por nunca hesitar diante de uma conversa difícil. Só fui capaz de escrever este livro pelo tanto que amadureci com você.

Notas

Introdução

1 George Packer, *The Unwinding: An Inner History of New America* (Nova York: Farrar, Straus and Giroux, 2014), p. 4. [Ed. bras. *Desagregação: por dentro de uma nova América*. São Paulo: Companhia das Letras, 2014.]

2 "In U.S., Decline of Christianity Continues at Rapid Pace", *Pew Research Center*, 17 de outubro de 2019, https://www.pewforum.org/2019/10/17/in-u-s-decline-of-christianity-continues-at-rapid-pace/.

3 Justin McCarthy, "U.S. Confidence in Organized Religion Remains Low", *Gallup*, 8 de julho de 2019, https://news.gallup.com/poll/259964/confidence-organized-religion-remains-low.aspx.

4 Megan Brenan, "Amid Pandemic, Confidence in Key U.S. Institutions Surges", *Gallup*, 12 de agosto de 2020, https://news.gallup.com/poll/317135/amid-pandemic-confidence-key-institutions-surges.aspx.

5 Jacob Hacker, *The Great Risk Shift: The New Economic Insecurity and the Decline of the American Dream* (Oxford: Oxford University Press, 2019).

6 Jonathan Rothwell e Jessica Harlan, "Gig Economy and Self-Employment Report, 2019", *Gallup*, 2020, https://quickbooks.intuit.com/content/dam/intuit/quickbooks/Gig-Economy-Self-Employment-Report-2019.pdf.

7 Andrew F. Haughwout, Donghoon Lee, Joelle Scally e Wilbert van der Klaauw, "Who Borrows for College—and Who Repays?", *Liberty Street* Economics, Federal Reserve Bank of New York, 9 de outubro de 2019, https://libertystreeteconomics. newyorkfed.org/2019/10/who-borrows-for-collegeand-who-repays.html.

8 William J. Wiatrowski, "The Last Private Industry Pension Plans: A Visual Essay", *Monthly Labor Review*, Bureau of Labor Statistics, dezembro de 2012, p. 318; "51 Percent of Private Industry Workers had Access to Only Defined Contribution Retirement Plans", *TED: The Economics Daily*, Bureau of Labor Statistics, 2 de outubro de 2018.

9 Lee Rainie e Andrew Perrin, "The State of Americans' Trust in Each Other Amid the COVID-19 Pandemic", *Pew Research Center*, 6 de abril de 2020, https://www.pewresearch.org/fact-tank/2020/04/06/ the-state-of-americans-trust-in-each-other-amid-the-covid-19-pandemic/.

10 Idem.

11 Michael Nichols, *The Lost Art of Listening: How Learning to Listen Can Improve Relationships, Second Edition* (Nova York: The Guilford Press, 2009), p. 3.

12 Claudia Rankine, *Just Us: An American Conversation* (Minneapolis: Greywolf Press, 2020), p. 50. [Ed. bras. *Só nós: uma conversa americana*. São Paulo: Todavia, 2021.]

13 Andrew Solomon, *Far from the Tree: Parents, Children and the Search for Identity* (Nova York: Scribner, 2013), p. 5. [Ed. bras. *Longe da árvore: pais, filhos e a busca da identidade*. São Paulo: Companhia das Letras, 2013.]

Morte

1 Anne Lamott, Facebook, 15 de janeiro de 2017, https://www.facebook.com/ AnneLamott/posts/when-people-we-cant-live-without-die-everyone-likes-to-quote-john-donne-death-be/1056041481192161/.

2 Sara J. Marsden, "What is the 2018 Cremation Rate in the US? And How Is This Affecting the Death Industry?", *US Funerals Online*, 18 de julho de 2018, https://www. us-funerals.com/funeral -articles/2018-US-Cremation-Rate.html#.X6rHQduIaqQ.

3 Idem.

4 "In U.S., Decline of Christianity Continues at Rapid Pace", Pew Research Center, 17 de outubro de 2019, https://www.pewforum.org/2019/10/17/ in-u-s-decline-of-christianity-continues-at-rapid-pace/.

5 Art Raney, Daniel Cox e Robert P. Jones, "Searching for Spirituality in the U.S.: A New Look at the Spiritual but Not Religious", *Public Religion Research Institute*, 6 de novembro de 2017, https://www.prri.org/research/religiosity-and-spirituality-in-america/.

6 Frank Newport, "Why Are Americans Losing Confidence in Organized Religion?", *Gallup*, 16 de julho de 2019, https://news.gallup.com/opinion/polling-matters/260738/why-americans-losing-confidence-organized-religion.aspx.

7 "Paradise Polled: Americans and the Afterlife", *The Roper Center for Public Opinion*, sem data, https://ropercenter.cornell.edu/paradise-polled-americans-and-afterlife.

8 Megan O'Rourke, *The Long Goodbye: A Memoir* (Nova York: Riverhead Books, 2011), p. 17.

9 William Faulkner, *As I Lay Dying* (Nova York: Vintage, Reissue Edition, 1990), p. 39. [Ed. bras. *Enquanto agonizo*. Porto Alegre: L&PM, 2013.]

10 Megan Devine, *Refuge in Grief*, www.refugeingrief.com.

11 Megan Devine, *It's OK That You're Not OK: Meeting Grief and Loss in a Culture That Doesn't Understand* (Louisville, CO: Sounds True, 2017), p. xviii. [Ed. bras. *Tudo bem não estar tudo bem: vivendo o luto e a perda em um mundo que não aceita o sofrimento*. Rio de Janeiro: Sextante, 2021.]

12 "Katie Couric on Death and Dishonesty", *Death, Sex & Money*, WNYC Studios, 23 de agosto de 2017, https://www.wnycstudios.org/podcasts/deathsexmoney/episodes/katie-couric-death-sex-money.

13 Atul Gawande, *Being Mortal: Medicine and What Matters in the End* (Nova York: Picador, 2014), p. 8-9. [Ed. bras. *Mortais: nós, a medicina e o que realmente importa no final*. Rio de Janeiro: Objetiva, 2015.]

14 Maggie Koerth, "The Uncounted Dead", *FiveThirtyEight.com*, 20 de maio de 2020, https://fivethirtyeight.com/features/coronavirus-deaths/.

15 Kathrin Boerner e Richard Schulz, "Caregiving, Bereavement and Complicated Grief", *Bereavement Care*, v. 28, n. 3, p. 10-3.

16 Sigmund Freud, *The Standard Edition of the Complete Psychological Works of Sigmund Freud* (Londres: The Hogarth Press, 1957), p. 290. [Ed. bras. *Obras completas Sigmund Freud: edição standard*. Rio de Janeiro: Imago Editora, 1996.]

17 Steven Woolf e Heidi Schoomaker, "Life Expectancy and Mortality Rates in the United States, 1959-2017", *Journal of the American Medical Association*, v. 322, n. 10, 2019, p. 1996-2016.

18 "Risk for COVID-19 Infection, Hospitalization, and Death by Race/Ethnicity", *Centers for Disease Control and Prevention*, 18 de agosto de 2020, https://www.cdc.

gov/coronavirus/2019-ncov/covid-data/investigations-discovery/hospitalization-death-by-race-ethnicity.html.

19 Les Leopold, "COVID-19's Class War", *The American Prospect*, 28 de julho de 2020.

20 Alicia Garza, *The Purpose of Power: How We Come Together When We Fall Apart* (Nova York: One World, 2020), p. 110-1. [Ed. bras. *O propósito do poder: vidas negras e movimentos sociais no século XXI*. Rio de Janeiro: Zahar, 2021.]

21 Alan Blinder, "Michael Slager, Officer in Walter Scott Shooting, Gets 20-Year Sentence", *The New York Times*, 7 de dezembro de 2017.

22 "This Senator Saved My Love Life", *Death, Sex & Money*, WNYC Studios, 7 de maio de 2014, https://www.wnycstudios.org/podcasts/deathsexmoney/episodes/this-senator-saved-my-love-life.

23 Marie de Hennezel, *Intimate Death: How the Dying Teach Us How to Live* (Nova York: Knopf, 1997). [Ed. bras. *A morte íntima*. 3. ed. São Paulo: Editora Ideias & Letras, 2010.]

24 Idem, p. xiv.

25 Idem, p. 27.

26 Idem, p. xii.

27 Idem, p. 16.

28 Harvey Max Chochinov, *Dignity Therapy: Final Words for Final Days* (Oxford: Oxford University Press, 2012), p. 27.

29 Shelley Simonton, "Journey Takes a Turn...", *CaringBridge*, 29 de março de 2017, https://www.caringbridge.org/visit/shelleysimonton/journal.

30 Elizabeth Alexander, "Lottery Ticket", *The New Yorker*, 2 de fevereiro de 2015.

31 Cory Taylor, "Questions for Me about Dying", *The New Yorker*, 31 de julho de 2017.

32 Alex Ronan, "The Art of the Obituary: An Interview with Margalit Fox", *The Paris Review*, 23 de setembro de 2014.

33 Shelley Simonton, "2017 is off!", *CaringBridge*, 10 de janeiro de 2017, https://www.caringbridge.org/visit/shelleysimonton/journal.

Sexo

1 Dan Savage, Facebook, 21 de setembro de 2017, https://www.facebook.com/DanSavage/posts/use-your-words-is-some-good-adviceits-so-good-in-fact-that-i-give-it-all-the-tim/10155757334246252/.

NOTAS 223

2 Nikki Graf, "Key Findings on Marriage and Cohabitation in the U.S.", *Pew Research Center*, 6 de novembro de 2019, https://www.pewresearch.org/fact-tank/2019/11/06/key-findings-on-marriage-and-cohabitation-in-the-u-s/.

3 Gretchen Livingston, "The Changing Profile of Unmarried Parents", *Pew Research Center*, 25 de abril de 2018, https://www.pewsocialtrends.org/2018/04/25/the-changing-profile-of-unmarried-parents/.

4 Jamie Ballard, "Millennials Are Less Likely to Want a Monogamous Relationship", *YouGov.com*, 31 de janeiro de 2020, https://today.yougov.com/topics/relationships/articles-reports/2020/01/31/millennials-monogamy-poly-poll-survey-data.

5 Alexandra Schwartz, "Love Is Not a Permanent State of Enthusiasm: An Interview with Esther Perel", *The New Yorker*, 9 de dezembro de 2018.

6 David Brooks, "The Nuclear Family Was a Mistake", *The Atlantic*, março de 2020.

7 Theda Hammel, "Brooklyn Drag Queen Talks Casual Sex & Sister Identities", *Cakeboy*, 14 de agosto de 2017.

8 Estes não são os nomes reais, troquei-os e subtraí detalhes que poderiam identificá--los para proteger a privacidade deles.

9 Jesse Kornbluth, "Mating in Captivity: Esther Perel Reconciles 'Sex' and 'Marriage'", *HuffPost*, 17 de novembro de 2011.

10 Uso apenas os primeiros nomes dos envolvidos nesta história para proteger a privacidade deles.

11 Brittany Wong, "We Need to Talk about How We Deal with Sexual Rejection", *HuffPost*, 25 de junho de 2018.

12 Julie Beck, "Romantic Comedies: When Stalking Has a Happy Ending", *The Atlantic*, 5 de fevereiro de 2016.

13 Cord Jefferson, "Men Aren't Entitled to Women's Time or Affection. But it's a Hard Lesson to Learn", *The Guardian*, 18 de julho de 2014.

14 "Jane Fonda After Death and Divorce", *Death, Sex & Money*, WNYC Studios, 18 de junho de 2014, https://www.wnycstudios.org/podcasts/deathsexmoney/episodes/death-and-divorce-gave-jane-fonda-strength.

15 Nancy Friday, *My Secret Garden* (Nova York: Simon and Schuster, 1973). [Ed. bras. *Meu jardim secreto*. Rio de Janeiro: Record, 1973.]

16 Carmen Maria Machado, "A Girl's Guide to Sexual Purity", *Los Angeles Review of Books*, 5 de março de 2015.

17 American Cancer Society, *Cancer Facts & Figures for African Americans 2019-2021* (Atlanta: American Cancer Society, 2019), p. 3, 10-1.

18 Henry V. Dicks, *Marital Tensions: Clinical Studies Toward a Psychological Theory of Interactions* (Londres: Routledge, 2014), p. 36.

Dinheiro

1 "Financial Therapy: Meet Amanda Clayman", *Death, Sex & Money*, WNYC Studios, 18 de maio de 2020, https://www.wnycstudios.org/podcasts/deathsexmoney/episodes/financial-therapy-amanda-death-sex-money.

2 Frank Newport, "Middle-Class Identification in U.S. at Pre-Recession Levels", *Gallup*, 21 de junho de 2017, https://news.gallup.com/poll/212660/middle-class-identification-pre-recession-levels.aspx.

3 "The American Middle Class Is Losing Ground: No Longer the Majority and Falling behind Financially", *Pew Research Center*, 9 de dezembro de 2015, https://www.pewsocialtrends.org/2015/12/09/the-american-middle-class-is-losing-ground/.

4 "Income Inequality Report", *NPR/Robert Wood Johnson Foundation, and T. H. Chan School of Public Health*, janeiro de 2020, p. 18, https://apps.npr.org/documents/document.html?id=6603517-Income-Inequality-Report-January-2020.

5 Joe Neel, "Is There Hope For The American Dream? What Americans Think About Income Inequality", *NPR*, 9 de janeiro de 2020, https://www.npr.org/sections/health-shots/2020/01/09/794884978/is-there-hope-for-the-american-dream-what-americans-think-about-income-inequalit.

6 "Income Inequality Report", p. 16.

7 Idem, p. 15.

8 Nikole Hannah-Jones, "What Is Owed", *The New York Times Magazine*, 30 de junho de 2020.

9 Brad Klontz, Sonya L. Britt, Jennifer Mentzer e Ted Klontz, "Money Beliefs and Financial Behaviors: Development of the Klontz Money Script Inventory", *The Journal of Financial Therapy*, v. 2, n. 1, 2011, p. 1-22.

10 Estes não são os nomes verdadeiros. Eles me pediram para mudá-los e ocultar detalhes que os identificassem para proteger a privacidade deles e a de suas famílias.

11 Joseph N. DiStefano, "Analyst: 20,000 Bank Branches or More Could Close After COVID-19", *Philadelphia Inquirer*, 8 de julho de 2020.

12 Ashley C. Ford, "The Truth About Money", *The Helm*, 19 de janeiro de 2018.

13 Idem.

14 Viviana A. Zelizer, "Do Markets Poison Intimacy?", *Contexts*, v. 5, n. 2, 2006, p. 33-8; Viviana A. Zelizer, "How I Became a Relational Economic Sociologist and What Does That Mean?", *Politics and Society*, v. 40, n. 2, junho de 2012, 145-74.

15 Zelizer, "Do Markets Poison Intimacy?"

16 Cynthia D'Aprix Sweeney, *The Nest* (Nova York: Ecco, 2016). [Ed. bras. *A grana*. Rio de Janeiro: Intrínseca, 2016.]

17 Nina LaCour, *We Are Okay* (Nova York: Dutton Books for Young Readers, 2017), p. 154. [Ed. bras. *Estamos bem*. São Paulo: Plataforma21, 2017.]

18 "Spring Enrollment Sets New Record", *Sacramento State News*, 1º de março de 2017; Alexa Reene, "Sacramento Experienced the Fastest Growing Rent in the Nation in 2017", *abc10*, 5 de janeiro de 2018, https://www.abc10.com/article/news/local/sacramento/sacramento-experienced-the-fastest-growing-rent-in-the-nation-in-2017/103-505203427.

19 Alejandra não é o nome real. Ela pediu para trocá-lo para preservar a privacidade dela e a de sua família.

20 "MARSHA LINEHAN – How She Learned Radical Acceptance", YouTube, 14 de abril de 2017, https://www.youtube.com/watch?v=OTG7YEWkJFI; Steven C. Hayes, Victoria M. Follette e Marsha M. Linehan, *Mindfulness and Acceptance: Expanding the Cognitive-Behavioral Tradition* (Nova York: The Guilford Press, 2004).

21 "REPORT: Class of 2018 Four-Year Graduates' Average Student Debt Is $29,200", Institute for College Access & Success, 19 de setembro de 2019, https://ticas.org/affordability-2/student-aid/student-debt-student-aid/report-class-of-2018-four-year-graduates-average-student-debt-is-29200/.

22 "Preschool Teachers", U.S. Bureau of Labor Statistics, 1º de setembro de 2020, https://www.bls.gov/ooh/education-training-and-library/preschool-teachers.htm.

23 Samantha Smith, "Why People Are Rich and Poor: Republicans and Democrats Have Very Different Views", *Pew Research Center*, 2 de maio de 2017, https://www.pewresearch.org/fact-tank/2017/05/02/why-people-are-rich-and-poor-republicans-and-democrats-have-very-different-views/.

24 "Opportunity Costs: More Is Not More", *Death, Sex & Money*, WNYC Studios, 25 de janeiro de 2018, https://www.wnycstudios.org/podcasts/deathsexmoney/episodes/opportunity-costs-vik-and-nishant.

25 Dylan Matthews, "Chris Hughes Wants Another Chance", *Vox*, 22 de janeiro de 2020.

26 Chris Hughes, *Fair Shot: Rethinking Inequality and How We Earn* (Nova York: St. Martin's Press, 2018), p. 37.

27 Idem, p. 38.

28 Idem, p. 40.

Família

1 "Hasan Minhaj's Honest Mistakes", *Death, Sex & Money*, WNYC Studios, 20 de novembro de 2019, https://www.wnycstudios.org/podcasts/deathsexmoney/episodes/hasan-minhaj-death-sex-money.

2 "Mahershala Ali & Rafael Casal: Envy Is a Hell of a Drug", *Death, Sex & Money*, WNYC Studios, 12 de junho de 2019, https://www.wnycstudios.org/podcasts/deathsexmoney/episodes/mahershala-ali-rafael-casal-death-sex-money.

3 Murray Bowen, *Family Therapy in Clinical Practice* (Lanham: Rowman & Littlefield Publishers, 2004), p. xiii; Michael E. Kerr, *One Family's Story: A Primer on Bowen Theory* (Washington: The Bowen Center for the Study of the Family, 2003).

4 Michael E. Kerr e Murray Bowen, *Family Evaluation* (Nova York: W. W. Norton, 1988), p. 94.

5 "The Power of Yesi Ortiz", *Death, Sex & Money*, WNYC Studios, 21 de outubro de 2015, https://www.wnycstudios.org/podcasts/deathsexmoney/episodes/power-yesi-ortiz.

6 Eu me refiro ao filho mais velho de Yesi pela inicial do seu nome para proteger a privacidade dele.

7 "Adrian" me pediu para usar um nome diferente para proteger a privacidade da família e da sua família de origem.

8 "Anne" me pediu para não ser chamada pelo seu nome verdadeiro a fim de proteger sua privacidade e a história da doença da sua mãe.

9 Xavier Amador, *I Am Not Sick, I Don't Need Help! How to Help Someone with Mental Illness Accept Treatment* (Estonia: Vida Press, 2010), p. xiv.

10 Karl Pillemer, *Fault Lines: Fractured Families and How to Mend Them* (Nova York: Avery, 2020).

11 Paula Span, "The Causes of Estrangement, and How Families Heal", *The New York Times*, 10 de setembro de 2020.

12 Devon Price, "Laziness Does Not Exist", *Human Parts*, 23 de março de 2018. Descobri esta citação no artigo de Anne Helen Petersen no *Buzzfeed* "How Millennials Became the Burnout Generation", em que ela analisa os desentendimentos ao longo de gerações, o que certamente se aplica a famílias. Anne Helen Petersen, "How Millennials Became the Burnout Generation", *Buzzfeed News*, 5 de janeiro de 2019, https://www.buzzfeednews.com/article/annehelenpetersen/millennials-burnout-generation-debt-work.

13 UPI, "Number of Divorces Reached Record in 1981", *The New York Times*, 2 de fevereiro de 1984, https://www.nytimes.com/1984/02/02/garden/number-of-divorces-reached-record-in-1981.html.

Identidade

1 Isabel Wilkerson, *Caste: The Origins of Our Discontents* (Nova York: Random House, 2020), p. 106. [Ed. bras. *Casta: As origens de nosso mal-estar*. Rio de Janeiro: Zahar, 2021.]

2 "College Sweethearts: Transformed", *Death, Sex & Money*, WNYC Studios, 3 de dezembro de 2014, https://www.wnycstudios.org/podcasts/deathsexmoney/episodes/college-sweethearts-transformed-death-sex-money.

3 Hilton Als, "My Mother's Dreams for Her Son, and All Black Children", *The New Yorker*, 21 de junho de 2020.

4 Wesley Morris, "The Year We Obsessed Over Identity", *The New York Times Magazine*, 6 de outubro de 2015.

5 W. E. Burghardt Du Bois, "Strivings of the Negro People", *The Atlantic*, agosto de 1897, https://www.theatlantic.com/magazine/archive/1897/08/strivings-of-the-negro-people/305446/.

6 Virou Srilangarajah, "We Are Here Because You Were With Us: Remembering A. Sivanandan (1923-2018)", *Verso*, 7 de fevereiro de 2018.

7 John a. powell, "john a. powell Talks about Structural Racism and Housing", YouTube, 21 de janeiro de 2020, https://www.youtube.com/watch?v=7RTQxPfi5qg.

8 Anpo também usa um nome anglicizado, mas prefere usar seu nome Lakota para proteger sua privacidade e a da sua família.

9 Paul Fees, "Wild West Shows: Buffalo Bill's Wild West", *The Buffalo Bill Center of the West*, sem data, https://centerofthewest.org/learn/western-essays/wild-west-shows/.

10 André B. Rosay, "Violence Against American Indian and Alaska Native Women and Men", *NIJ Journal*, 1º de junho de 2016, http://nij.gov/journals/277/Pages/violence-againstamerican-indians-alaska-natives.aspx; Ronet Bachman, Heather Zaykowski, Rachel Kallmyer, Margarita Poteyeva e Christina Lanier, "Violence Against American Indian and Alaska Native Women and the Criminal Justice Response: What Is Known", relatório de pesquisa submetido ao Departamento de Justiça, agosto de 2008, https://www.ncjrs.gov/pdffiles1/nij /grants/223691.pdf.

11 "Hate in America: Native Women Are 10 Times More Likely to Be Murdered", *Indian Country Today*, 20 de agosto de 2018.

12 Katherine J. Sapra, Sarah M. Jubinski, Mina F. Tanaka e Robyn R. M. Gershon, "Family and Partner Interpersonal Violence among American Indians/Alaska Natives", *Injury Epidemiology*, v. 1, n. 1, 2014, p. 7.

13 Jake Flanagin, "Native Americans Are the Unseen Victims of a Broken US Justice System", *Quartz*, 27 de abril de 2015.

14 Frank Edwards, Hedwig Lee e Michael Esposito, "Risk of Being Killed by Police Use of Force in the United States by Age, Race-Ethnicity, and Sex", *Proceedings of the National Academy of Sciences of the United States of America*, v. 116, n. 34, 2019, p. 16793-8.

15 "Implicit Association Test", *Project Implicit*, https://implicit.harvard.edu/implicit/takeatest.html.

16 Robin DiAngelo, *White Fragility: Why It's So Hard For White People to Talk about Racism* (Boston: Beacon Press, 2018).

17 Peggy McIntosh, *On Privilege, Fraudulence, and Teaching as Learning: Selected Essays, 1981-2019* (Nova York: Routledge, 2020), p. 19-22.

18 W. E. B. Du Bois, *Black Reconstruction in America: An Essay Toward a History of the Part Which Black Folk Played in the Attempt to Reconstruct Democracy in America, 1860-1880* (Oxford: Oxford University Press, 2007), p. 941.

19 Joe Pinsker, "How Well-Intentioned White Families Can Perpetuate Racism", *The Atlantic*, 4 de setembro de 2018.

20 TEDx Talks, "'How Studying Privilege Systems Can Strengthen Compassion': Peggy McIntosh at TEDxTimberlaneSchools", YouTube, 5 de novembro de 2012, https://www.youtube.com/watch?v=e-BY9UEewHw.

21 Jelani Cobb, "An American Spring of Reckoning", *The New Yorker*, 14 de junho de 2020.

22 Jane Junn e Natalie Masuoka, *The Politics of Belonging: Race, Public Opinion and Immigration* (Chicago: University of Chicago Press, 2013).

23 Idem, p. 5.

24 "Redress Payments", *National Museum of American History*, outubro de 1990, https://americanhistory.si.edu/righting-wrong-japanese-americans-and-world-war-ii/redress-payments.

25 Mudei os nomes de Michelle e Alex para proteger a privacidade da família deles.

26 Sarah Shulman, *Conflict Is Not Abuse: Overstating Harm, Community Responsibility, and the Duty of Repair* (Vancouver: Arsenal Pulp Press, 2016), p. 41.

27 Troquei o nome de Antonio para proteger a privacidade dele e a da família.

28 Jack Crowe, "Stacey Abrams: 'Identity Politics Are the Politics That Win'", *National Review*, 3 de abril de 2019.

Conclusão

1 Stanford Graduate School of Business, "Margaret Neale: Negotiation: Getting What You Want", YouTube, 13 de março de 2013, https://www.youtube.com/watch?v=MXFpOWDAhvM.

Índice

abandono, sensação de, 15, 61, 73, 80, 94, 95, 106, 143, 159, 161, 205

abertura, 14, 61, 93-4, 161, 174-5, 178, 191, 212

    falando sobre dinheiro, 137

    falando sobre morte, 38-9, 44, 47, 54, 57

    falando sobre sexo, 61, 64, 70, 79-80

    iniciar a, 18-9, 34-5, 122

abordagens desajeitadas, 19, 149, 159, 165, 166, 174, 175, 180-2, 186-8

    sobre dinheiro, 120-2, 136

    sobre morte, 31, 48-50, 54-7, 64, 72

    sobre relacionamentos, 84, 94

Abrams, Stacey, 207

aceitação radical, 127-8

Adrian, 147-50, 167

agências bancárias, 115-6

agressão passiva, 158

Akhavan, Desiree, 151-3, 167-8

Alejandra, 126-9, 136

Alex, 198-204, 208

Alexander, Elizabeth, 54

Allen, Ellen, 85-90, 95

Als, Hilton, 176

Amador, Xavier, 155

American Prospect, 41

Angelita (mãe de Maldonado), 33-36

Anne, 153-7, 168

Antonio, 204-8

Arapaho, 180-1

Arapaho do norte, 180

Arizona, 197

Arthur (marido da autora), 44-5, 60-9, 85, 94, 112-5, 135

Atlantic, The, 62, 81

Bailey (tio-avô da autora), 23-4, 54

Beck, Julie, 81

Becky, 116-7
Black Lives Matter, 41, 101
Boerner, Kathrin, 35
Bowen, Murray, 143-4, 194
Brooklyn, 99, 122
Brooks, David, 62-3
Bush, George H. W., 197
Buzzfeed, 118

Cakeboy, 70
Califórnia:
    crise de moradia na, 126
    identidade racial na, 195-6
Califórnia, Universidade da, em Los
    Angeles, 195-6
Califórnia, Universidade da, em
    Berkeley, 41, 177
    Othering & Belonging
    Institute, 177
campanha de Obama, 130
câncer de mama, 33-5, 83, 90-3
    aceitação do corpo depois de, 92-3
    "festas de químio" e, 91
capacidade de ouvir, 126
    importância da, 18-9, 26, 30, 47, 55,
        141, 142, 161, 178, 193-4, 207
    linguagem corporal na, 18
    paciência na, 18, 19, 146, 147, 208
CaringBridge (website), 51
Casal, Rafael, 142
Casta (Wilkerson), 173
Castile, Philando, 43
catolicismo, 147-50
Center of the West, museu, 179
Chochinov, Harvey Max, 46-7

classe média, 101, 108, 131
classe social, 101, 108-9, 131-4,
    173, 195
Clayman, Amanda, 99
clube de dinheiro, 108
Cobb, Jelani, 195
Cody, Buffalo Bill, 179
Cody, Wyoming, 44-5, 47, 179, 184
comunidade, declínio da, 16-7
Conflict Is Not Abuse, 204
consultores financeiros, 99, 110, 117,
    125-30
conversas de apoio, 30-2, 35, 36, 48-50,
    54-7, 61
conversas difíceis:
    evitar, 13, 18, 20, 29, 33, 42,
        47-9
    ver também tópicos específicos
Costa Leste, 195-6
Couric, Katie, 32
covid-19:
    e pobreza, 41
    efeitos da, 16, 27, 33-4, 99, 129,
        162
    raça e, 41
Craigslist (*website*), 74, 77
crise, 30, 51, 105, 111, 117-9, 125-9, 154-
    5, 157, 167
cuidado individualizado, 126
culturas indígenas, 178-85
cura, 27, 29, 34, 90-1, 161, 212

Daghlian, Pam, 159-62, 168
de la Cruz, Joy, 43
de Hennezel, Marie, 46

232 VAMOS ABRIR O JOGO?

Death, Sex & Money (WNYC
  podcast), 12-4, 32, 44, 85, 99, 102,
  133, 141, 144
  Katie Couric no, 32
  origem do, 12-3
Degges-White, Suzanne, 81
demência, 159, 161
Denver, John, 173
Departamento do Censo, 101
Desagregação (Packer), 15
desemprego, 127
desfavorecido, 172-3
desigualdade:
  racial, *ver* racismo, desigualdade
    racial
  renda, 101-2, 129, 130, 131-4
Devine, Megan, 20, 29-32, 37, 56
DiAngelo, Robin, 189
Dicks, Henry, 94
Dignity Therapy (Chochinov), 46-7
dinheiro, 96-137
  autovalorização e, 17, 118, 119, 121-2,
    131-2, 134-5, 136
  contas conjuntas e, 107, 110, 112
  conversas delicadas sobre,
    120-2, 136
  crenças culturais sobre, 107-12, 134-7
  desigualdade de renda e, 101-2, 129,
    130, 131-4
  discussões sobre, 99, 104-5, 107, 109
  doações, 124-5, 133-4
  e forças além do nosso controle,
    101-3, 130, 132
  emergências e, 115-20, 125-9
  emoções e, 100, 104, 106, 111, 115,
    119-20, 123-4, 127

  escolhas pessoais e, 103, 105-7
  identidades financeiras e, 103-5,
    108, 111, 135
  famílias e, 108-12, 116, 118, 120,
    121-4, 128, 131, 132, 134
  forças estruturais e, 102-3, 120, 126-7,
    129
  medos, 98, 100, 104, 137
  partilhar histórias sobre, 136
  planilhas pessoais, 114-5, 135
  relacionamentos íntimos e, 100,
    104-16, 118-9, 135
  símbolo e ferramenta, 99-100, 103,
    119-20, 135
  sorte e, 134
  tipos de personalidade e, 103-5,
    112-3
  trabalho e, 130-1
  tolerância a risco e, 103, 105-11,
    113, 136
  valores e, 100, 104-5, 113, 114-5, 130,
    131, 133, 135, 137
divórcio, 11-2, 64, 65-8, 84-5, 88, 89,
  164-6, 198, 204
  da autora, 106, 107, 112, 165, 213
dízimo, 131
Du Bois, W. E. B., 176, 190

economia, grande risco de mudança na,
  15
Economic Security Project, 130-1
encarceramento, 182, 197
Enquanto agonizo (Faulkner), 28
episódios paranoides, 154-7
esquizoafetivo, transtorno, 153-7

ÍNDICE 233

estadunidenses negros:
conversas inter-raciais e, 185-90
covid-19, taxa de mortalidade da, 41
duas identidades, 176
oportunidades desiguais para, 125
reparações e, 102
taxa de mortalidade por câncer de
mama, 90
violência policial e, 42-3
ver também racismo, desigualdade
racial
Estamos bem (LaCour), 125
expectativa de vida, 40
expedição de Lewis e Clark, 180

Facebook, 40, 91, 130-1, 134
Fair Shot (Hughes), 134
família, 138-69
agradar outros na, 61, 76, 151, 154
brigas em, 140, 142, 152-3, 155, 157-9,
167, 198-202, 203-7
divórcio e, 139-40, 152-3, 154, 164-5,
166
histórias e contextos de, 161-5, 166-7,
168-9, 183, 193-4, 197-8, 211
independência e conexão na, 141-6,
149, 157, 167-8
irmãos, 39, 57, 86, 107, 110, 151, 153,
163-4; *ver também* irmãs
limites e, 140-3, 145, 150-2, 157,
168
melhores coisas, da, 140-1, 168-9
papéis e padrões na, 140-1, 143-4,
147, 152-4, 167-8, 198-205,
212

família ampliada, 62, 110-1, 128-9,
147-50, 167-8
família nuclear, 62
familiar, base, 124
familiar, estrutura, 63
familiares, teoria dos sistemas, 143-4
Family Feud (programa de tevê), 160
Faulkner, William, 28
FDIC, 116
feminismo, 191-2, 198-202
filipino-americano, 147-50
Financial Psychology Institute, 99
Floyd, George, 43, 176, 195
Fonda, Jane, 85
Ford, Ashley C., 116-20, 128, 135
fortalecimento, 18-20, 135, 176-7, 188
Fox, Margalit, 55
Fox News, 160
fragilidade branca, 189
frases que ajudam, 17, 20, 61-2, 63, 64, 69,
72, 73, 77
em conflitos, 141-2, 250-7
em discussões identitárias, 178, 118-9,
194-5, 197-8, 203-5
lidar com a família e, 142, 143, 147,
150, 153, 157, 162
luto e, 29, 32, 36, 43
mudança e, 90, 93
na rejeição, 80, 84
para a duração do casamento, 106
para a recuperação, 76
para discutir dinheiro e valores,
107-8, 111, 112, 120, 125,
130
Friday, Nancy, 85
fundos de investimentos, 120

234 VAMOS ABRIR O JOGO?

Gallup, 15, 101

Garner, Eric, 43

Garza, Alicia, 41-4, 56

Gawande, Atul, 33

George (padrasto de Daghlian), 158-62, 168

Gilt, 109

Guardian, The, 81, 84

grana, A (Sweeney), 120, 123-4

grupos de recuperação, 76-7, 90-3, 204-7

Hacker, Jacob, 15

Hagerman, Margaret, 193

Hannah-Jones, Nikole, 102

Hien, 107-12, 135

HuffPost, 81

Hughes, Chris, 130-3, 136

"Invictus" (Henley), 185

I Am Not Sick, I Don't Need Help! (Amador), 155

identidade, 170-209

  ásio-americano, 196-7, 208-9

  categorias de, 174-5, 191-2, 194-5, 197-8

  de grupos marginalizados, 173, 175-89, 191-4, 207-8

  diferenças e conexões em, 175-8, 186, 188, 203, 207-9

  dupla consciência em, 176

  estadunidense negro, 176, 185-90

  financeira, 103, 104, 107, 111-4, 134-5

  forças institucionais e, 181-4, 195-6, 207

  hierarquia e, 173-4, 184, 185, 189-92, 194-5

  mulheres e, 190-3, 198-204, 207-8

  múltiplas camadas em, 191-6

  nativos norte-americanos, 178-85

  pertencimento vs. inclusão na, 176-7

  privilégio e, 175-6, 183-4, 188-94, 202-3, 207-8

  proximidade e, 177-8

  sensibilidade a, 176-9, 181, 182, 185-6

  senso de, 171-209

  transformação e, 198-204

  ver também racismo, desigualdade racial

identidade financeira, 103, 104, 107, 111-4, 134-5

igualdade de gênero, 198-204

  ver também feminismo

igreja batista, 86, 158

imigrantes, 108, 147-8, 150-2, 176-7, 195-8

  e grupos raciais, 195-6

injustiça, 42-3, 173, 176-8, 182, 188-90

irmãs, 12, 23-4, 50-2, 54, 109-10, 144, 145, 154, 163-4, 166, 167

Isleta, 184

Jefferson, Cord, 81-4, 94

Joe (marido de Ellen Allen), 85-9

Just Us: An American Conversation (Rankine), 18-9

justiça restaurativa, 177-8

Kadish, 27

Kaplan, Erin Aubry, 189-90

Karla, 77-80, 94

Klontz, Brad, 99-100, 104, 123

Kummel, Patricia, 113-4

LaCour, Nina, 125-6 ·

Lakota, 180

Lamott, Anne, 26-7

Las Vegas, 70

latinos, 41, 195

LEAP, 155-7

LGBTQ+, comunidade, 88

   direitos da, 160

   revelar-se na, 85-90, 109, 151, 152

   sexo e, 69-72

   transgênero, 174

limites:

   de controle, 19-20, 101, 102, 130-2, 139-40, 145, 147

   de conversas difíceis, 212-4

   de membros da família, 143, 157, 167-8

   de palavras, 11-12, 20, 21, 27-8, 37-8, 45-6, 56, 194, 195, 207-8, 211

   para a empatia e o entendimento, 177-8

limites emocionais, 130, 136, 151-2, 167-8, 212

linguagem corporal, 18-9

Longe da árvore (Solomon), 20

Long Goodbye, The (O'Rourke), 27

Lorde, Audre, 7

Los Angeles Review of Books, 90

Lost Art of Listening, The (Nichols), 18

Lowery, Liam, 174

Machado, Carmen Maria, 90

Maldonado, Cynthia, 34

Maldonado, Fernando, 33-6, 55

Manny, 77, 79-80

Marable, Benjamin Franklin, 179

Marital Tensions (Dicks), 94

Martin, Trayvon, 41

Masuoka, Natalie, 195-7, 208

Matt (marido de Devine), 29-31

Matt (marido de Simonton), 51-3

McCallister, Lesley, 36-40, 56

McIntosh, Peggy, 190-4, 208

Megan, 73-7, 94

melanoma, 50-2

meritocracia, mito da, 131-2, 136

MeToo, movimento, 165

Meu jardim secreto (Friday), 85

mexicanos, 129

Michelle, 198-203, 208

Mike (irmão de Simonton), 50-5, 57

Millennials, 62

Minhaj, Hasan, 141

Mitch, 116-7

Mitchell, 107-112, 135

Mitchell, Ty, 69-73, 94

monumentos confederados, 187-8

Montag, Karena, 177-8

236 VAMOS ABRIR O JOGO?

Morris, Wesley, 176
morte, 22-57
    abordagens médicas para a, 33-7
    aceitação da, 45-7, 49-50, 52-6
    conversas constrangedoras sobre,
        31-2, 48-50, 54-7
    cremação depois da, 26
    desespero e, 40-1
    e comentários equivocados, 27, 29-31,
        37, 39-40
    e conversas solidárias, 26-8, 30-3,
        45-6, 54-6
    e cuidados para a, 32-6, 46-8, 55
    e indústria do funeral, 26-7
    e longa doença, 33-4
    e templos religiosos, 26-7
    e vida depois da, 26-7
    envelhecimento e, 44-9
    eufemismos para a, 40, 42
    inevitabilidade da, 20, 28, 46-7
    invisível e muito visível, 42-3
    luto e, 29, 30-1, 35-6, 38-9, 41-2, 53-4,
        148-9
    muitas formas de, 28, 55-6
    nível de renda e, 40-2
    no aborto, 36-40, 147-9
    preparar para a, 32-6, 45-54
    por assassinato, 42-3
    rituais de luto e, 15-6, 20, 24-6,
        36-9
    serviços fúnebres e a, 43-4, 49-50,
        52-3
morte íntima, A (de Hennezel), 45-6
mudança social, 62-3
mulheres, 90-1, 191-2, 207-8
Muñoz, Danielle, 125-9, 136

National SEED Project, 194
nativos norte-americanos, 176-85
"Negociação: como conseguir
    o que quer" (Neale; vídeo), 213
Neale, Margaret, 213
New York Times, The, 55, 62, 158, 189
New York Times Magazine, The, 102, 176
New Yorker, The, 55, 62, 176, 195
Nichols, Michael, 18, 141
nipo-americanos, 197
NPR, 101-2
NPR/Robert Wood Johnson
    Foundation pesquisa, 101-2

O'Brien, Conan, 122
Occupy Wall Street, 101
Onion, 81
O'Rourke, Meghan, 27
Ortiz, Yesi, 144-7, 167

Packer, George, 15
palavras, limitações das, 11-2, 20-1, 27,
    37-8, 45-6, 55-7, 193-5, 207, 221
parceiros:
    amorosos, *ver* sexo
    para conversas difíceis, 13, 17-9, 61-2,
        80, 115-6
Paul, 73-77, 94
"pele a pele", 61
Perel, Esther, 62, 75
perguntas abertas, 17-8, 19-20, 197, 214
pessoas brancas, 108, 123-4, 147, 149,
    173-4, 176-83, 185-96, 203-4
Pew Research Center, 16, 101, 131

Pillemer, Karl, 158

platitudes, 29-31, 42, 51-2, 55-6

política, 12, 102-3, 131-4, 158-61, 177-8, 195

Politics of Belonging, The (Junn e Masuoka), 195

Poore, Meshea, 185-9, 208

powell, john a., 177

powwow, 178-9, 184-5

Price, Devon, 162

privacidade, 46, 136-7, 154

privilégio branco, 189-94, 207-8

progressistas, 193

psicoterapia, 18, 29, 46, 62, 79-80, 82, 87, 113-4, 127

    familiar, 140-1, 143-4, 149-50, 193-4, 204-5

reparações:

    para estadunidenses negros, 102-3

    para nipo-americanos, 197

reserva indígena Pine Ridge, 180

reserva indígena Wind River, 180, 182

riscos:

    assumir, 13, 14, 31, 54-5

    em conversas sobre dinheiro, 100-1, 123, 131-2

    em conversas sobre identidade, 207-8, 211

    em conversas sobre sexo, 61-4, 74-5, 94-5

rituais:

    necessidade de, 27

    novos tipos de, 35-6, 38-9, 43-4

    prescritos, 24-5

racismo, desigualdade racial, 16-7, 40-3, 173, 175-8, 181, 184, 186-8, 190-3, 207-8

rádio WNYC, 12, 113

raiva, controle da, 38, 82-3, 145, 148-9, 160, 201-7

Rankine, Claudia, 18-9

"reparação" vs. desculpas, 206-7

redes informais de apoio, 16, 24-7, 31-2, 37, 43, 51, 56-7, 90-1, 108, 157

Refuge in Grief (website), 29

Reino Unido, 176, 199

religião:

    confiar na, 15

    ligações com a, 15-16, 25-7, 62

    não ter religião e, 26

renda garantida, 130-1

Sacagawea, 180

Sacramento State University,

    centro de apoio em crises da, 125-8, 136

Sale, June, 24

San Francisco Mint, 130-1

Sara (filha de Ellen Allen), 85-9

saúde mental, decisões sobre cuidados com, 90-1, 153-7

Savage, Dan, 62

Schulman, Sarah, 7, 204

Schulz, Richard, 35

Scott, Walter, 42-3

sexo, 58-95

    agressão e, 63, 77-80, 182, 212

    casual, 69, 70, 73

    como comunicação, 61

confiança e, 63, 79-80
conversas com múltiplas camadas
sobre, 61-2, 72, 74-5, 79-80,
87-9, 93
cultura gay e, 69-70
depois do parto, 59-60
expectativas e, 62-3, 64-5, 72,
80
intimidade e, 59-62, 63, 80,
93-4
lésbicas e, 85-90
monogamia e, 62, 71, 74
mudança de desejos e, 90
poder e, 69-71, 79-80, 207-8
pornografia e, 69, 74, 76-7
raiva e, 82-3
rejeição e, 81-84, 94
risco no, 63-4, 94-5
traição e, 73-7, 87
transacional, 70-2
vício em, 73-7
sexual, abuso, 62-3, 77-80, 182,
212
Shoshone, 180
Shoshone do leste, 180
Simonton, Shelley, 50-4, 56
Simpson, Al, 44, 48
Simpson, Ann, 7, 44-9, 55
Sivanandan, Ambalavaner, 176
Slager, Michael, 42
Smith, Traci, 90-3, 95
solidão, 57, 132
entre estadunidenses, 16-8
Solomon, Andrew, 20
Sterling, Alton, 43
Sue (filha de Ann Simpson), 49-50

Sue (companheira de Ellen), 88-9
Sweeney, Cynthia D'Aprix, 120-5,
136

"Take Me Home, Country
Roads" (Denver), 173
tabus, 100, 132, 152
tarefas domésticas, 200-3
tatuagens, 92-3
Taylor, Cory, 54-5
técnicas de sobrevivência, 105, 154
terapia cognitivo-comportamental, 127
terapia financeira, 99
teste de associação implícita, 188
trabalho sexual, 69-72
Traci's BIO, 91-2
trauma, 18, 42, 62, 181
tribos socioeconômicas, 123, 131
Trump, Donald, 159-61
Turner, Ted, 85
Twitter, 173, 193

"Uma conversa franca sobre dinheiro"
(apresentação no Economic
Security Project), 130-1
Universidade da Virgínia Ocidental, 185
Universidade Stanford, 171
Universidade Tufts, 195
US Funerals Online, 26

Vale do Silício, 97, 172
vida espiritual, 148
vidas paralelas, 87-8

vídeos, de tiroteios, 42-3

Vietnã, 108

Vik, 133

violência, 42-3, 88, 182-4

    sexual, 63, 77-80, 182, 212

Virgínia Ocidental, 23, 86, 97, 105, 171-3, 177, 185, 188, 214-5

Vox, 133

Wellesley, faculdade de, 190-1

When Homosexuality Hits Home, 88

Wild West Show, 179

Wilkerson, Isabel, 173

Win, Anpo Kuwa, 178-86, 189, 208

Wyoming, 44, 47, 51, 65-6, 68, 112, 178, 180, 184

You Can't Ask That (programa de tevê), 54-5

YouGov (website), 62

YouTube, 213

Zelizer, Viviana A., 118

Zimmerman, George, 41

Zuckerberg, Mark, 130

Compartilhe a sua opinião
sobre este livro usando a hashtag
#VamosAbrirOJogo?
nas nossas redes sociais:

 /EditoraAlaude

 /EditoraAlaude

 /EditoraAlaude

 /AlaudeEditora